南京旅游职业学院"酒店管理与数字化运营"国家级职业教育
教师创新团队建设成果
江苏省教学名师项目建设成果

大思政

格局下

职业教育课程改革研究与实践

张 骏 等 ◎ 著

中国旅游出版社

习近平总书记指出要坚持不懈用新时代中国特色社会主义思想铸魂育人,实施新时代立德树人工程。不断加强和改进新时代学校思想政治教育工作,教育引导青少年学生坚定马克思主义信仰、坚定中国特色社会主义信念、坚定中华民族伟大复兴信心,树立报国、强国的伟大志向,做挺膺担当奋斗者。职业教育作为培养大国工匠、能工巧匠、高素质技术技能人才的重要教育类型,要因时而进、因事而化、因势而新,精准把握职业院校思想政治工作的规律和行业产业发展对人才的新需求,将构建"大思政格局"贯穿职业教育改革的全过程。

职业教育改革,改到深处是课程,课程也是职业教育大思政格局构建的主要阵地,开展职业教育课程的思政改革研究是促进大思政工作开展,深刻认识和把握新时代职业教育新使命,为职业教育发展锚定目标、校准方向的必然要求。基于此,本书从"行业"和"职教"两个维度出发,构建大思政格局下职业教育课程改革模型,为研究奠定理论基础。再分别从职业教育思政课程、通识课程、专业课程等显性课程角度探讨不同类型课程改革的理念、目标、路径和重点任务,结合实例开展实证分析;并从隐性课程的角度对职业教育学生社团管理、网络文化打造和生活育人等工作中的思政建设展开阐述,形成显性课程与隐性课程改革兼备,第一课堂与第二、第三课堂融通的完整课程改革体系。以期激活思政教育效能,形成思政教育合力,体现职业教育特色,并促进职业教育思政教学论、职业教育课程与教学论、职业教育教师发展论等相关理论的进展。

具体而言,本书第一章"立德树人——大思政格局下职业教育课程改革体系研究",在分析职业教育大思政格局内涵及研究、建设现状基础上,厘清职业教育课程改革内在逻辑及运行机制,构建与解析大思政格局下职业教育课程改革模型,提出课程改革总体策略。第二章"培根铸魂——大思政格局下职业教育思政课程改革研究",聚焦职业教育思政课程培根铸魂的功能,分析大思政格局下职业教育思政课程改革理念与目标,阐述思政课程师资培养、教学协作体建设、数字化转型发展、大中小学思政课一体化建设等重点任务的实施,提出思政课改革具体路径,并针对红色资源融入旅游职教思政课程建设开展实证分析。第三章"五育并举——大思政格局下职业教育通识课程改革研究",从五育并举工作开展出发,对大思政格局下职业教育通识课程改革的理念与目标进行分析,针对人文与社会类、自然与科技类、体育与健康类、艺术与审美类、劳动与生活类等通识课程大思政改革进行具体研究,提出通识课程改革路径,并以美育与德育一体化建设为例开展实证分析。第四章"德技并修——大思政格局下职业教育专业课程改革研究",从德技并修的人才培养目标入手,分析职业教育专业课程的思政改革,解析专业课程思政改革工作的重点任务,提出改革推进路径,结合酒店管理类专业课程思政建设进行实证研究。第五章"三全育人——大思政格局下职业教育隐性课程改革研究",秉持三全育人理念,以学生社团思政教育、网络文化思政教育、校园生活思政教育为重点,分析职业教育隐性课程的思政改革理念、目标、现状与发展路径,并以大思政类学生社团组织管理为例,开展实证研究。

本书主要以旅游职业教育为例进行实证研究和案例分析,这是因为旅游职业教育,尤其是高等职业教育旅游大类专业门类齐全,既涉及操作技能较高的烹饪工艺与营养、导游等专业,又涉及对管理、策划等能力要求较高的酒店管理与数字化运营、旅游管理等专业,同时,还有符合新质生产力发展要求的智慧旅游技术应用等专业,是综合性较强的专业大类。而且,随着文旅深度融合的推进,旅游行业承担起"更好服务美好生活、促进经济发展、构筑精神家园、展示中国形象、增进文明互鉴"的重要职责,思想政治教育对于旅游职业教育的重要意义更加凸显，以此为例，开展研究，更具典型性，对其他类型职业教育大思政教育改革也具有借鉴意义和参考价值。

　　本书是南京旅游职业学院"酒店管理与数字化运营"国家级职业教育教师创新团队建设过程中的成果，体现了团队加强师德师风建设、促进职业教育大思政改革的思路与举措；也是江苏省教学名师项目和江苏省高校哲学社会科学重点研究基地"新时代应用型旅游人才研究中心"的研究成果。本书在撰写过程中参考了许多前人的文献，在此一并表示感谢！

　　思想政治教育工作关系着"培养什么人、怎样培养人、为谁培养人"这个根本问题，关乎党和人民的事业后继有人，任何时候都不能懈怠。作为职业教育教师，在职业教育发展的康庄大道上，聚焦立德树人的根本任务，锚定德技并修的培养目标，既是教书育人的奋斗方向，也是砥砺前行的初心使命。

张　骏

2025 年 1 月

第四章 德技并修——大思政格局下职业教育专业课程改革研究

第五章 三全育人——大思政格局下职业教育隐性课程改革研究

参考文献

第一章

立德树人——大思政格局下职业教育课程改革体系研究

　　高校思想政治工作关系着"培养什么人、怎样培养人、为谁培养人"这个根本问题,关乎党和人民事业后继有人,任何时候都不能削弱。党的十八大以来,习近平总书记对高校思想政治工作高度重视,为加强和改进高校思想政治工作作出了一系列重要论述,高校思想政治工作被忽视和边缘化的境况得到了根本性扭转。当前,高校思想政治工作仍然存在着育人主体合力有待增强、优质育人资源有待丰富、育人方式有待创新等不足,亟须在改进中加强,在创新中提高,全面提升高校思想政治工作质量。"大思政"理念的提出为破解高校思想政治工作困境提供一种全新的思路,旨在把思想政治工作贯穿高校教育教学全过程,围绕着立德树人的根本任务,"充分利用和发挥各类主体、各门课程、各种资源的思想政治教育功能,形成协同育人效应"[1],培育德智体美劳全面发展的社会主义建设者和接班人。

　　职业教育是指为了培养高素质技术技能人才,使受教育者具备从事某种职业或者实现职业发展所需要的职业道德、科学文化与专业知识、技术技能等职业综合素质和行动能力而实施的教育。职业教育是与普通教育具有同等重要地位的教育类型,是国民教育体系和人力资源开发的重要组成部分,是培养多样化人才、传承技术技能、促进就业创业的重要途径,是培养高素质人才的

---

[1] 石书臣,韩笑."大思政课"协同机制建设:问题与策略 [J].思想理论教育,2022(6):71-76.

基础工程。习近平总书记参加十四届全国人大二次会议江苏代表团审议时指出，"大国工匠是我们中华民族大厦的基石、栋梁""我们要实实在在地把职业教育搞好，要树立工匠精神，把第一线的大国工匠一批一批培养出来。"[1] 职业教育也要因时而进、因事而化、因势而新，精准把握职业院校思想政治工作的规律和行业发展对人才的新需求，将"大思政格局"的构建贯穿职业教育改革的全过程。职业教育改革，课程是关键，课程是学校为实现培养目标而选择的教育内容及其进程的总和，是教育活动开展的主要抓手。教学改革改到深处是课程，课程是大思政格局构建的主要阵地，开展职业教育课程的思政改革体系化研究是促进大思政工作实施，深刻认识和把握新时代职业教育的新使命，为职业教育的发展锚定目标、校准方向的必然要求。

一、职业教育大思政格局内涵及研究、建设现状

（一）职业教育大思政格局构建内涵分析

1. 大思政格局构建的内涵

列宁指出："范畴是区分过程中的梯级，即认识世界的过程中的梯级，是帮助我们认识和掌握自然现象之网的网上纽结。"[2] 要进行"大思政"相关研究，首先需要厘清基本概念，把握其科学内涵。究竟什么是大思政格局呢？结合相关研究成果，本研究将其界定为：大思政格局是综合性思想政治教育体系，旨在通过构建全方位、多层次、宽领域的教育模式，将思想政治教育融入所有课程和教育活动，实现立德树人的根本任务，培育具有正确世界观、人生观和价值观，堪当民族复兴大任的社会主义建设者和接班人。

为了更好地理解"大思政格局"的内涵，有必要对这一概念进一步阐述，把握其核心要义。其一，大思政格局厚植思政底色。人才的培养是教育最基本的职能，从古至今教育都具有鲜明的政治性，突出地体现在教育要为国家当前的政治经济服务，每个国家也都是按照自己的政治标准来培养人。我国作为

---

[1] 本报评论员. 深刻认识和把握新时代职业教育的新使命 [N]. 中国教育报，2024-03-22（02）.

[2] 列宁. 列宁全集（第五十五卷）[M]. 北京：人民出版社，2017：78.

社会主义国家,办的是社会主义教育,培养的是拥护党的领导、为社会主义建设事业奋斗终身的有用人才,而不是"培养社会主义破坏者和掘墓人",更不是"培养出一些'长着中国脸,不是中国心,没有中国情,缺少中国味'的人"[1]!这就意味着要把思想政治教育贯穿人才培养的全过程,坚持不懈抓好马克思主义理论教育,用科学的理论武装学生头脑。"大思政教育"突出"铸魂育人"的价值导向,注重学生价值观的塑造,解决学生的理想信念问题,强化对学生的政治引领和思想引领。

其二,大思政格局凝聚育人合力。"大思政格局"注重多元主体的协同,让所有教师都担负起育人的责任。一方面,坚持思政课教师的主体作用。"思政课是落实立德树人根本任务的关键课程"[2],是对学生系统地进行马克思主义理论教育的主渠道,作用不可替代。"大思政格局"建设并不意味着要削弱思政课在"立德树人"中的核心地位和作用,也不是要削弱思政课教师的主体地位。相反,"大思政格局"对思政课教师提出了更高的要求,需要思政课教师整合教学资源、丰富教学内容、创新教学方法、拓展育人的空间等,打造思政"金课",让学生真心喜爱、终身受益。另一方面,"大思政格局"要求专业教师及其他育人主体也参与其中,着力构建政府、学校、家庭、社会"四位一体"的协同育人格局,形成全员育人,最大限度地凝聚起育人合力,"保证学生在不同成长阶段思政教育'不缺席',思政学习'不掉队'"[3]。

其三,大思政格局拓宽育人场域。"大思政格局"之大还体现在育人空间之大,既立足于课堂教学主渠道,又不限于课堂。一是善用社会大课堂。要注重运用社会大资源,把校内小课堂和社会大课堂结合起来,用生动鲜活的实践教育学生,同时,组织学生开展实践教学,深入实践,更好地理论联系实际,做到以知促行、以行促知、知行合一。二是建构网络云课堂。互联网的广泛运用开辟了育人的新空间。根据第53次《中国互联网络发展状况统计报告》显示,截至2023年12月,我国网民规模达10.92亿人。作为网络的原住民,"00后"青年一代伴随着网络成长,对互联网的依赖性强,受互联网的影响大。大思政

[1] 习近平.论党的宣传思想工作[M].北京:人民出版社,2020:343.

[2] 习近平.论党的宣传思想工作[M].北京:人民出版社,2020:372.

[3] 徐晓明.构建"大思政"育人格局(新论)[N].人民日报,2019-10-08(05).

格局要因时而进,注重网络阵地建设,构建网络工作矩阵,搭建网络教育体系,提升网络育人成效。正是通过育人场域的拓展和延伸,形成课堂、实践、网络"三位一体"的育人格局。

2. 职业教育大思政格局构建的内涵

"大思政格局"的构建为破解当前学校思想政治教育中的突出问题提供了有效路径。习近平总书记明确提出,政策的"具体落实要因地制宜、因时制宜、因材施教,结合实际把统一性要求落实好,鼓励探索不同方法和路径"[1]。因此,职业教育大思政格局构建既要遵循"大思政"的一般原则和规律,也要体现"行业"和"职业教育"的特点。新时代职业教育的大思政格局构建,需要精准把握职业院校思想政治工作的规律和行业发展对人才的新需求,实现理论教学、实践教学与职业岗位的精准对接,打通课堂教学、社会活教材与职业生涯发展的壁垒,广泛吸收蕴藏于社会广阔天地的思政素材,结合新时代中国特色社会主义的生动实践,服务新时代职业院校人才的培养与塑造。概括而言,职业教育大思政格局是指以培养"德技并修"的技能型人才为目标,紧密结合"行业"和"职教"对人才培养的新要求,以思政课程为主体,充分挖掘各门课程的思政资源,拓宽多维度思政教育渠道,发挥各教育主体的思政教育协同作用,更好提升育人效果的职业教育体系。准确理解职业教育大思政格局的内涵,需要把握以下几个要点。

首先,职业教育大思政格局构建要契合职业院校人才培养目标。立德树人是学校教育的根本任务,是检验学校办学成效的根本标准。职业教育和普通教育在国民教育体系中的地位同等重要,但是在人才培养方面各有侧重。职业教育更加偏向于实践应用,主要是培养高素质技术技能人才,使受教育者具备从事某种职业或者实现职业发展所需要的职业道德、科学文化与专业知识、技术的政治觉悟、道德品质和思想水平。技是立业之本。要教育学生"学文化、学科学、学技能、学各方面知识,不断提高综合素质,练就过硬本领"[2]。德技并修的培养目标客观要求职业教育大思政格局构建要"与职业院校人才培养

[1] 习近平.论党的宣传思想工作[M].北京:人民出版社,2020:385.

[2] 习近平.在知识分子、劳动模范、青年代表座谈会上的讲话[M].北京:人民出版社,2016:8.

方式紧密融合，在产教融合、校企合作中有效嵌入思政教育或者将思政教育放到产教融合、校企合作的'社会大课堂'中开展，方可在有限的空间和时间中实现并强化思政教育应有的价值"[1]。

其次，职业教育大思政格局构建要立足行业发展，突出行业特色。职业教育的实践性和应用性要求必须坚持产教融合的办学模式。职业教育大思政格局构建也要扎根行业，深挖行业资源，形成具有行业特色的"大思政教育"模式。一方面，要把行业人才需要贯穿人才培养的全过程。职业教育坚持"面向市场、促进就业"的办学原则，培养的是职业人，需要学生具有较强的职业能力，包括职业道德、职业技能、职业知识等。因此，职业教育大思政格局构建要密切结合行业发展对人才需要的特点，更好地促进学生职业发展，提升学生服务行业发展的能力。另一方面，要深入挖掘行业资源的育人价值，彰显育人特色。例如，红色旅游资源作为一种特殊的旅游资源，具有教育性、社会性、经济性等特点，旅游职业教育大思政格局构建就可以将红色旅游资源引入课程建设和人才培养之中，与红色旅游目的地合作，开展思政课实践教学活动等，促进学生道德品质和工作技能的互促互进。

最后，职业教育大思政格局构建要注重以文化人、以文育人。文化是一个国家的灵魂和血脉，也是一个国家最深厚的软实力，"总是'润物细无声'地融入经济力量、政治力量、社会力量之中，成为经济发展的'助推器'、政治文明的'导航灯'、社会和谐的'黏合剂'"[2]。从职业教育育人角度而言，文化具有重要的育人价值，总是潜移默化地影响着人的价值观念和行为方式。习近平总书记曾经讲述自己小时候听母亲讲述岳母刺字的故事，并坦言道"'精忠报国'四个字，我从那个时候一直记到现在，它也是我一生追求的目标"[3]。可见，文化对人具有深远持久的影响，一旦形成，就很难改变。在中华民族几千年的发展中，形成了独特的中华文化，蕴含着丰富的哲学思想、人文精神、价值观念、道德规范，要坚持把马克思主义基本原理同中华优秀传统文化相结合，推动中华优秀传统文化创造性转化和创新性发展，深入挖掘中华优秀传统文

[1] 曹群.适应性视域下职业院校"大思政课"教学探索[J].思想教育研究，2022（10）：118-124.

[2] 习近平.之江新语[M].杭州：浙江人民出版社，2007：149.

[3] 习近平总书记的文学情缘[N].人民日报，2016-10-14（24）.

化的育人价值，以文化人、以文育人，引导学生传承和弘扬中华优秀传统文化、革命文化和社会主义先进文化，用中华文化培育学生的文化素养、道德品质和高尚情操，不断增强文化自觉，坚定文化自信。

（二）职业教育大思政格局构建研究现状

"大思政格局"为破解思政教育中存在的重要性认识不够到位、课堂效果不够明显、教材内容不够鲜活、建设氛围不够浓厚等诸多问题提供了新的遵循，成为思政教育研究和实践的重点。梳理学界研究成果，主要集中在以下几个方面。

第一，关于大思政格局构建的内涵研究。对于大思政格局的内涵，学界的认识较为统一，认为大思政格局构建就是要突破传统的单靠思政课承担思政教育的任务，把思想政治教育贯穿学校教学、管理、服务等各个环节，构建大思政育人体系，让所有课程、所有老师都承担起育人的责任。蒋先立指出，所谓"大思政"，就是打破课堂局限，实现课堂与课外、理论与实践、学校与企业、学校与社会、理性与感性的有效对接，以达到全面育人的目的。[1]孙其昂认为，"大思政"是指坚持"育人为本，德育为先"，有效形成思想政治教育合力，实现全员育人、全过程育人、全方位育人的方法和理念。[2]杨晓慧指出，所谓"大思政"，就是一体化领导、专业化运行、协同化育人的理念和体制机制，旨在通过构建思想政治教育的大格局和有效协同的体制机制，打好组合拳，推动各领域、各环节、各要素协同育人，以增强思想政治教育的实效性。[3]

第二，关于大思政格局构建的依据研究。对于大思政格局提出的依据，学界主要从两方面进行阐述。一是政策依据。叶安胜、赵倩等通过梳理《关于加强和改进新形势下高校思想政治工作的意见》《高校思想政治工作质量提升工程实施纲要》《关于加快构建高校思想政治工作体系的意见》等党和国家关于高校思想政治教育的相关政策文件，指出大思政格局构建是贯彻"三全育人""十大育人体系"等工作要求的客观需要。[4]二是现实依据。陈海娜、刘志

[1] 蒋先立."大思政"视野下高职学生生态文明观教育[J].北京教育（高教），2015（2）：62-64.

[2] 孙其昂.推进高校构建"大思政"格局[J].群众，2018（9）：45-46.

[3] 杨晓慧.以"大思政"理念创新思政育人格局[J].思想教育研究，2020（9）：6-8.

[4] 叶安胜、赵倩等.新时代背景下"大思政"育人格局的构建与探索[J].中国大学教学，2021（7）：16-20.

文等（2021）认为，大思政格局构建是针对德育工作和人文教育方面的资源投入相对不足，分散在学生管理、社团活动、校园文化和社会实践等方面，尚未形成完整的育人体系而提出的。[1]

第三，大思政格局构建的困境研究。一是"大思政"理念尚未深入人心。大思政格局的构建本质体现了协同育人的要求，在学校思想政治工作中，还存在"九龙治水、各管一摊"的状况。叶安胜、赵倩等指出，大思政理念尚未深入人心，存在思政教育主体单一、专业教育与思政教育融合度不高等问题。二是育人资源整合不够。龚艳、闫丽娟（2019）指出，高校内部思政工作者之间单打独斗、各自为战的现象较为普遍，教育资源相对松散，没有形成"思想政治教育共同体"，缺乏内部的协同育人资源的有机整合。[2]莫少聪指出，大思政教育背景下，高校在社会资源整合方面还存在缺乏整合意识、整合深度和广度不足、整合机制不完善等问题。[3]三是大思政育人机制不健全。刘晓平指出，在顶层设计中，思想政治教育工作尚未建立起协同统一的统筹机制，缺乏合力，各部门之间的协调和统一难以实现，也无法有效激发各育人主体的积极性。[4]

第四，大思政格局构建的实施路径研究。一是建立大思政教育的领导机制。刘晓平指出，要建立科学、合理的领导机制，明确各部门的责任和权利，形成上下联动、横向协调的领导体系，充分发挥各层面的领导力量，确保工作机制有序运转、高效协同。[5]二是构建思政育人的课程体系。杨晓慧认为，构建"大思政"格局，要以课程为依托，建强思政课育人主渠道，促进思政课程与"课程思政"协同育人，实现大中小学思政课一体化衔接递进。[6]三是组建思政育人的队伍。贺才乐、黄洁萍认为，要推进高校党政干部和共青团干部、思想政治理论课教师和哲学社会科学课教师、辅导员班主任和心理咨询师等队伍建设，实现高校思想政治教育主体协同。[7]四是要注重育人资源的整合。刘

[1] 陈海娜，刘志文，等.职业院校"大思政"育人体系：价值、模型与路径探索[J].职教论坛，2021（4）：129-134.

[2] 龚艳、闫丽娟."大思政"格局下思政教育协同创新机制探索[C].天津市社会科学界联合会.天津市社会科学界第十五届学术年会优秀论文集：壮丽七十年 辉煌新天津（中）.中共天津市委党校天津行政学院；天津师范大学法学院，2019：7.

[3] 莫少聪.大思政背景下高校思想政治教育社会资源整合思路[J].世纪桥，2024（6）：68-70.

[4] 刘晓平.大思政格局下高职院校思政协同育人体系研究[J].河北能源职业技术学院学报，2024（2）：27-30.

[5] 刘晓平.大思政格局下高职院校思政协同育人体系研究[J].河北能源职业技术学院学报，2024（2）：27-30.

[6] 杨晓慧.以"大思政"理念创新思政育人格局[J].思想教育研究，2020（9）：6-8.

[7] 贺才乐、黄洁萍."大思政课"视域下高校思想政治教育协同育人论[J].湖南第一师范学院学报，2023（2）：62-69.

晓平指出，大思政背景下，要有效挖掘整合校内和校外的育人资源，使之成为落实立德树人根本任务的鲜活素材。[1] 五是要与其他课堂联动。陈秀秀认为，大思政格局下，要充分利用现有资源、挖掘拓展新兴资源，探索育人功能各有侧重的"课堂教学、职业实践、校园文化、网络媒体"四个课堂，实施课程思政、实践思政、文化思政、网络思政四级联动。[2]

总的来看，现有研究从思政教育体系化发展的角度诠释了"大思政格局"的内涵、价值、建设路径等内容，初步形成了研究体系，为本书的研究奠定了重要基础，提供了理论指导和实践遵循。但目前关于职业教育大思政建设的研究相对较少，已有研究主要是基于实践经验的总结，缺乏系统性构建和深层次理论性分析，尤其对大思政格局下职业教育课程改革的研究还不够充分，尚未形成可供参照的建设模式，这正是本书研究的方向。

（三）职业教育大思政格局构建实践现状

学界对大思政相关理论研究持续深入，取得了较为丰硕的成果。各地围绕着大思政格局构建的实践探索也在如火如荼地进行，对大思政教育的规律性认识不断深化和拓展，积累了有益的经验。如何坚持统一性和多样性相统一的原则，在习近平总书记的相关重要论述和政策文件的指导下，用活本地资源，立足学校实际，建设具有特色的大思政育人格局，增强思政育人效果，是职业院校亟须思考和回答的问题。以旅游职业院校为例，通过对旅游职业院校进行广泛调研，结合相关院校关于大思政建设的公开报道，从中归纳一般做法，可从实践角度，总结职业教育大思政格局构建的成效、经验和不足，明确职业教育大思政格局构建未来努力的方向。

第一，注重顶层设计，系统规划大思政教育。党的十八大以来，习近平总书记对学校的思想政治工作作出了一系列重要论述，深刻阐明了思想政治工作的重要意义，就如何加强思想政治工作作出部署、提出要求。党和国家制定出台了一系列政策，推动思想政治工作制度化发展。推进大思政教育是一项系统的工程，涉及方方面面，需要多元主体和多种资源协同配合、共

[1] 刘晓平. 大思政格局下高职院校思政协同育人体系研究 [J]. 河北能源职业技术学院学报，2024（2）：27-30.

[2] 陈秀秀. 大思政格局下高职院校思政教育方法探究 [J]. 天津职业院校联合学报，2019（2）：33-36+45.

同推进，必然要求加强对大思政教育的顶层设计、系统规划。如南京旅游职业学院以"时代新人铸魂工程"为依托，推进落实《"时代新人铸魂工程"实施细则》，形成党委统一领导、党政齐抓共管的常态长效领导体制与运行机制，以实施"十项行动"为指引，聚焦课程建设，拓宽课堂教学，建强思政队伍，筑牢校园文化阵地，推动创新赋能，结合育人实际，突出旅游职教特色，构建新时代思想政治工作新格局。

第二，加强思政课程建设，改革创新主渠道教学。思政课是落实立德树人任务的关键课程，是对学生进行思想政治教育的主渠道。职业教育大思政教育，要建强课堂教学主渠道，狠抓"三教改革"，推进课堂革命，把牢课程立德树人主阵地。一是创新教学手段。比如，浙江旅游职业学院马克思主义学院构建"12346"模式，即每门课程1个统一教案，每学年2次学生调研，教研室内部、教研室之间、校际3级备课制度，4大实践教学载体，6化教学法等。二是建强思政课课程群。在保持现有思政课课程体系相对稳定的基础上，结合学校实际，开设系列选择性必修课程，彰显行业特色。例如，南京旅游职业学院开设"旅游美学"选修课，坚持以德育美、以美树德，实现德育美育一体化发展；建设好红色旅游课程，编写《红色旅游概论》教材，用好红色资源，抓好红色教育，引导学生传承红色基因，赓续红色血脉。浙江旅游职业学院开设"课说浙江""习近平论旅游""中国传统文化漫谈"等选修课等。三是拓展课堂教学内容。将地方文化资源、行业资源、校史资源融入课堂教学，丰富教学内容。例如，南京旅游职业学院将江苏地方文化、旅游发展史等融入课堂教学。河北旅游职业学院将塞罕坝精神融入思政课教学，持续研究塞罕坝精神中蕴含的职业品质，推动开设"培育具有塞罕坝精神特质的职业人"课程等。

第三，推进课程思政建设，形成各类课程协同育人。大思政格局之"大"体现在"大系统"上，让所有课程都肩负起育人的责任，守好一段渠、种好责任田，促进各类课程和思政课程同向同行，形成"门门有思政、人人讲育人"的课程思政育人体系。如南京旅游职业学院制定《南京旅游职业学院课程思政建设实施方案》，提出要结合不同课程特点、思维方法和价值理念，全面梳理和深入挖掘其他课程中蕴含的思政元素，将马克思主义基本原理、中华优秀传统文化、"四史"等思想政治教育内容与学生的专业知识学习、专业技能训练的有机融合，使专业教育和思政教育相互渗透，潜移默化地影响学生的价值理念、行为习惯，实现知识传授、能力培养和价值塑造的有机统一，建设一批"课程思政"示范课程。同时，为了增强专业课程中思政元素挖掘的精准性和全面性，学校建立了马克思主义学院与专业学院结对共建制度，每个专业学院指派若干名思政课教师参与课程思政建设，搭建专业课教师与思政课教师的交流平台，共同探讨知识传授与价值引领的契合点，实现课程思政与思政课程"同频共振"。

第四，坚持课程贯通，推进大中小学思政课一体化建设。"'大思政课'不仅显示空间形态的延展，还展现出时间形态的相接"[1] 也就是在纵向上要推进大中小学思政课一体化建设。这是因为人的思想的形成是一个渐进的过程，如同人的身体发育，要注重循序渐进、螺旋上升，在原有基础上不断提高和完善。2022 年 4 月，习近平总书记在中国人民大学考察时指出，"鼓励各地高校积极开展与中小学思政课共建，共同推动大中小学思政课一体化建设"[2]。高校要明确自身之位、之为，引领大中小学思政课一体化建设。比如，南京旅游职业学院牵头成立大中小学思政课一体化建设联盟，开展一体化教学资源库建设、集体备课、教学改革、"行走课堂"建设等活动，打通各学段之间的教学壁垒。浙江旅游职业学院牵头成立大中小学思政课一体化理实中心，通过内容协同、教师协同、资源协同、专业协同、教法协同和评价协同，实现大中小学有效衔接、三阶贯通，达到"启蒙道德情感、打牢思想基础、提升政治素养、增强使命担当"的教学目标等。

第五，善用社会资源，加强实践育人。"大思政格局"之大体现在汇聚"大资源"，充分调动全社会力量和资源参与人才培养。在专业课程方面，主动对接行业资源，加强学生实践锻炼。如南京旅游职业学院酒店管理与数字化运营国家级教师创新团队主动对接南京旅游产业集团、金陵饭店集团等单位，共建党建思政教育研学基地，合作育人，提升师生思政水平和专业技能，促进德技并修。在思政课程方面，进行"行走课堂"实践教学改革。如南京旅游职业学院主动对接雨花台烈士陵园、南京渡江胜利纪念馆、淮安周恩来纪念馆等

[1] 吴增礼, 高美月. 何以为"大": "大思政课"科学意涵的多维探讨 [J]. 马克思主义理论教学与研究, 2023（1）: 104-115.

[2] 坚持党的领导传承红色基因扎根中国大地 走出一条建设中国特色世界一流大学新路 [N]. 人民日报, 2022-04-26（01）.

场馆，加强合作交流，盘活历史资源，共建"实践育人共同体"，鼓励学生深入田间地头、农家院落、工厂车间、社区广场等开展调查研究，用脚步丈量祖国大地，用心灵感受时代脉搏，增强对社会的感知能力。在教师队伍建设方面，聘请行业模范、大国工匠、道德模范、先进人物、红色场馆讲解员等参与学校思想政治工作，提高思想政治工作的亲和力、感染力等。

第六，创新第二课堂，促进学生全面发展。大思政格局之大还体现在育人场域之宽，不仅要立足传统的课堂教学，还要拓展到学生的校园生活中去。2018年，共青团中央、教育部联合印发《关于在高校实施共青团"第二课堂成绩单"制度的意见》，要求紧紧围绕思想素质养成、政治觉悟提升、文艺体育项目、志愿公益服务、创新创业创造、实践实习实训、技能特长培养等内容，创新第二课堂管理。职业教育大思政教育在"第二课堂成绩单"制度要求下，还要结合行业和职教的特色，开展品牌化的育人活动，促进学生的全面发展。例如，南京旅游职业学院在志愿服务方面，坚持"志愿服务与实现个人发展相统一"的原则，结合学生的专业优势、职业发展和地方需求开展，旅游外语类专业充分发挥外语学科专业优势，围绕"语言＋旅游"模式，做好志愿服务工作的"旅外文章"，在进行旅游产品策划的同时，对乡村的非遗产品和相关宣传内容进行英文阐释，为美丽乡村建设和文化对外传播提供有力支持。让青年学生在为他人送温暖、为社会作贡献过程中经受锻炼、增长才干，激发学生服务他人、奉献社会的责任与担当。

总结所调研的职业院校的大思政格局构建，具有两个突出特点。一是注重横向贯通和纵向衔接，打造育人的大时空、大场域，开展全员、全程、全方位的育人工作。二是注重从行业、产业挖掘育人资源，形成特色的育人方式。这些有益的探索为职业教育大思政教育提供了借鉴参考。但仍有不足之处，主要体现在：一是实践探索多，理论总结少，缺乏理论上的建构；二是大思政教育的举措较为零散，未能形成完整的体系。

教学改革改到深处是课程，课程是大思政格局构建的主要阵地。基于此，本书从"行业"和"职教"两个维度出发，探索职业教育大思政的内涵、研究与建设现状，首先在大思政格局下职业教育课程改革内在逻辑及运行机制的基础上，构建大思政格局下职业教育课程改革模型，奠定研究的理论基础。其次，分别从职业教育思政课程、通识课程、专业课程的显性课程角度探讨不同类型课程改革的理念、目标、路径和重点任务，并结合实例开展实证性分析，探索课堂教学大思政格局构建问题。最后，从隐性课程的角度对职业教育学生社团工作、网络文化建设工作和生活育人等校园文化建设中的大思政格局构建展开阐述，形成显性课程与隐性课程兼备，第一课堂与第二课堂、第三课堂结合的完整课程改革体系架构。

本书秉持问题意识构建的大思政格局下职业教育课程改革模型和相应的策略分析有利于激活思政教育课堂，形成思政教育合力，体现职业教育特色，解决职教思政教育改革方向不明，路径不清，思政教学模式单一，立德树人合力有待提升等系列问题。同时，也有利于职业教育思政教学论、职业教育课程与教学论、职业教育教师发展论等相关理论的发展。在实证研究方面，本书主要以旅游职业教育为例，对大思政格局下职业教育课程改革的实施进行案例分析，这是因为旅游职业教育，尤其是高等职业教育旅游大类专业门类齐全，既涉及操作技能较高的烹饪工艺与营养、导游等专业，又涉及对管理、策划等能力要求较高的酒店管理与数字化运营、旅游管理等专业，同时，还有符合新质生产力发展要求的智慧旅游技术应用等专业，是综合性较强的专业大类。而且，随着以文塑旅、以旅彰文的文旅深度融合的推进，旅游行业承担起"更好服务美好生活、促进经济发展、构筑精神家园、展示中国形象、增进文明互鉴"[1]的重要职责，思想政治教育对于旅游职业教育的重要意义更加凸显，以此为例，开展大思政格局下职业教育课程改革研究更具典型性，对其他类型职业教育大思政教育改革也具有借鉴意义和参考价值。

二、大思政格局下职业教育课程改革内在逻辑及运行机制

（一）内在驱动力：职教课程改革的"大思政"逻辑

促进人的全面发展是我国教育改革发展的目标。习近平总书记明确指

---

[1] 习近平.着力完善现代旅游业体系加快建设旅游强国 推动旅游业高质量发展行稳致远 [N].人民日报，2024-05-18（01）.

出："我们办教育，就是要提高人民综合素质，促进人的全面发展。"[1]2022年12月，中共中央办公厅、国务院办公厅印发《关于深化现代职业教育体系建设改革的意见》，再次明确了职业教育的定位，强调职业教育要"服务学生全面发展"，实现由"谋业"向"人本"的转变。职业教育的"大思政"逻辑是契合人才培养规律和学生成长规律，聚焦于"人的自由全面发展"，形成"成人"和"成才"的职教内在驱动力。

实现人的全面发展是马克思主义追求的根本价值目标。马克思主义产生于19世纪，当时正处于资本主义发展的上升期。随着工业革命的发生，机器生产的广泛应用，机器大工业逐渐取代手工生产，极大地促进了生产力的发展和劳动生产率的提高。在《共产党宣言》中马克思、恩格斯对这一现象有过充分的描述，指出"资产阶级在它的不到一百年的阶级统治中所创造的生产力，比过去一切世代创造的全部生产力还要多，还要大……过去哪一个世纪料想到在社会劳动里蕴藏有这样的生产力呢？"[2]生产力的发展促进了生产关系的变革和社会的进步。然而，在资本主义制度下，追求剩余价值成为资本主义生产的唯一目的。资本家占据着大量生产资料，在生产中占主导地位，拥有产品的所有权决定着产品的分配。工人为了生存，不得不将劳动力卖给资本家，实现与生产资料的结合，以此取得低廉的工资，维持生存和发展的需要。工人越是努力工作，生产的产品越多，他占有的就越少，越贫困。劳动本应是"自由的生命表现"，是"生活的乐趣"，但在资本主义条件下，工人的劳动是被迫的强制劳动，是"满足劳动需要以外的那些需要的一种手段"[3]。由于旧式分工的存在，机器的使用，使工人成为机器的附庸，重复着极其简单的动作，压抑人的个性，使工人变得扭曲，使人的发展片面化。"劳动越机巧，工人越愚钝，越成为自然界的奴隶。"[4]因此，实现人的解放，实现人的全面发展就成为马克思穷极一生追求的真理。即使遭受国家驱逐，饱尝颠沛流离的艰辛和贫病交加的煎熬，他依然初心不改、矢志不渝。

那么，究竟什么是人的全面发展呢？马克思进一步做了阐述。一是人的

[1] 解放思想改革创新再接再厉 谱写陕西高质量发展新篇章 [N]. 人民日报，2021-09-16（01）.

[2] 马克思，恩格斯. 共产党宣言 [M]. 北京：人民出版社，2014：32.

[3] 马克思，恩格斯. 1844 年经济学哲学手稿 [M]. 北京：人民出版社，2018：202.

[4] 马克思，恩格斯. 马克思恩格斯全集（第四十二卷）[M]. 北京：人民出版社，1979：92.

需要的全面发展。马克思认为，人的需求具有多样性和广泛性，最基本的就是物质需求。"当人们还不能使自己的吃、喝、住、穿在质和量方面得到充分供应的时候，人们就根本不能获得解放。"[1] 正是这些需要构成了人们活动的原动力，推动人类的实践，促进生产力的发展。而生产力的发展创造出丰富的物质财富，使人们摆脱贫困状态，摆脱物的奴役，社会发展不再以多数人的牺牲为代价，使人的全面发展逐渐成为现实。二是人的能力得到全面发展。人的能力是指人所具有的从事对象性活动的力量。人的能力的全面发展既是实现人的全面发展的基本手段，也是人的全面发展所追求的目标。因而，马克思提出"任何人的职责、使命、任务就是全面地发展自己的一切能力"[2]。人的能力是一个复合结构，"人的才能的全面发展，包括了人的体力、智力、自然力和社会力等最大限度的发挥"[3]。三是人的社会关系得到全面发展。人是现实的人、社会的人，总是处在一定的社会关系中，"人的本质是一切社会关系的总和"[4]。人的全面发展离不开人的社会关系的全面发展。在原始社会中，由于生产力落后，各个地域处在相对封闭的状态，每个人都是孤立地发展着。在资本主义社会中，随着生产力的发展、生产方式的变革，"形成了普遍的社会物质交换、全面的关系、多方位的需求以及全面的能力体系"[5]，但也使人为物所奴役。在共产主义社会，随着阶级的消灭和国家的消亡，人的交往范围不断扩大，开始建立全面的社会关系，逐渐克服自身的狭隘性，成为社会的主人。四是人的个性得到全面发展。马克思主义追求全人类普遍的解放，但并不排斥人的个性发展。相反，他们认为个性的自由发展是所有人能够获得自由发展的首要前提。在马克思看来，个性是"人们在社会生活和实践中逐渐所产生的一种区别于他人的独特的心理与行为特征"[6]，是人的独特性和主体性最充分的体现。随着个性得到充分发展，人的创造性、自主性和能动性不断增强，激发了人的全面发展的内在动力。

[1] 马克思，恩格斯. 马克思恩格斯文集（第1卷）[M]. 北京：人民出版社，2009：527.

[2] 王磊. 马克思恩格斯论道德 [M]. 北京：人民出版社，2011：149.

[3] 马克思，恩格斯. 马克思恩格斯全集（第三卷）[M]. 北京：人民出版社，1972：330.

[4] 马克思，恩格斯. 马克思恩格斯文集（第1卷）[M]. 北京：人民出版社，2009：501.

[5] 马克思，恩格斯. 马克思恩格斯选集（第1卷）[M]. 北京：人民出版社，1995：107.

[6] 骆静. 论马克思哲学中人的个性 [D]. 南京：河海大学，2007：9

马克思不仅阐明了人的全面发展的必要性和科学内涵，还进一步论证了人的全面发展的实现方式，强调教育"是造就全面发展的人的唯一方法"[1]。这是因为教育能够促进人的综合素质的提升，包括身体素质、科学文化素质、思想道德修养和精神境界等方面。在新时代背景下，促进人的自由而全面发展落实到职业教育工作中，就是要坚持"德智体美劳"五育并举。其中，德育是灵魂，"育人的根本在于立德"[2]。教育不仅要传递知识，更要塑造学生的价值观，提升学生的思想觉悟和道德品质，实现知识性和价值性相统一。正如蔡元培所言，"德育实为完全人格之本，若无德则虽体魄智力发达，适足助其为恶，无益也"[3]。因此，学校要以德育为先，把德育贯穿于智育、体育、美育、劳动教育全过程，保证人才培养的正确方向，这正是职业教育大思政建设的着眼点和落脚点，也是大思政格局下职业教育课程改革的内在驱动力。

（二）外在驱动力：行业产业发展的"大思政"逻辑

习近平总书记指出："职业教育与经济社会发展紧密相连，对促进就业创业、助力经济社会发展、增进人民福祉具有重要意义。"[4]在社会主义新时代背景下，各行业、产业的发展都对从业者思想政治素质的提升提出了新的要求，形成了促进人才培养的外在驱动力，是职业教育课程改革的实践着力点，也是职业教育课程改革的价值生长点。

以旅游职教大思政格局构建为例，新时代新征程上，旅游行业的发展面临难得的机遇，同时，也肩负着新的使命，即"服务美好生活、促进经济发展、构筑精神家园、展示中国形象、增进文明互鉴"[5]。旅游行业的特点和使命塑造了行业的"大思政"逻辑，构成了旅游职业教育大思政建设的外在驱动力。

旅游要满足人民美好生活的需要。中国共产党自成立以来，就把"为中国人民谋幸福，为中华民族谋复兴"当作自己的初心和使命，团结带领人民进行

[1] 马克思，恩格斯．马克思恩格斯全集（第二十三卷）[M].北京：人民出版社，1972：530.

[2] 习近平．在北京大学师生座谈会上的讲话 [M].北京：人民出版社，2018：7.

[3] 蔡元培．蔡元培教育论集 [M].长沙：湖南教育出版社，1987：156.

[4] 习近平向世界职业技术教育发展大会致贺信 [N].人民日报，2022-08-20（01）.

[5] 习近平．着力完善现代旅游业体系加快建设旅游强国 推动旅游业高质量发展行稳致远 [N].人民日报，2024-05-18（01）.

革命、建设、改革事业，都是为了让人民过上好日子，这是党的一切工作的根本出发点和落脚点。党的十八大闭幕后，在新一届中共中央政治局常委中外记者见面会上，习近平总书记就向世界庄严宣告："人民对美好生活的向往，就是我们的奋斗目标"。[1] 改革开放以来，我们党坚持以经济建设为中心不动摇，把发展生产力摆在首位，紧紧扭住不放，经济建设成效显著，综合国力显著提升，从前"落后的社会生产"面貌已经发生了根本性的改变。与此同时，人民群众的需求也在发生改变，"不再单纯围绕着生存资料进行，而是围绕着享受资料和发展资料进行"[2]，对美好生活的向往更加强烈。旅游是修身养性之道，"是提高人民生活水平的重要产业"[3]。因此，旅游业要增加有效供给和优质供给，更好地满足人民群众特色化、多层次的精神文化需求，充分发挥为民、富民、利民、乐民的积极作用，让人民群众在旅游中放松心情，增长见识，拓宽眼界，获得精神上的愉悦和满足，成为具有显著时代特征的幸福产业。

　　旅游要成为传承中华文化的载体。文化和旅游有着天然的联系，文化是旅游的灵魂，旅游是文化的载体。要坚持以文塑旅、以旅彰文，实现经济效益和社会效益的有机统一。习近平总书记十分强调旅游的文化传承功能，多次进行了论述。例如，在城市建设中，习近平总书记指出历史文化遗产是城市的灵魂，是宝贵的不可再生资源，是前人留下的宝贵精神财富。要处理好城市改造建设和历史文化保护的关系，以对历史和人民负责的态度守护好历史文化遗产，延续历史文脉，让城市留下记忆，让人们记住乡愁。再如，我国具有极其丰厚的红色资源，近年来红色旅游掀起新热潮，进入高质量发展新阶段。如何正确认识红色旅游的功能定位，习近平总书记指出"发展红色旅游要把准方向，核心是进行红色教育、传承红色基因，让干部群众来到这里能接受红色精神洗礼"[4]。因此，要推动文化和旅游的深度融合、相互促进，使旅游在传播中华优秀传统文化、革命文化和社会主义先进文化方面发挥更大作用，"让旅游成为人们感悟中华文化、增强文化自信的过程"[5]。

[1] 习近平.习近平谈治国理政（第四卷）[M].北京：外文出版社，2022：58.

[2] 马克思，恩格斯.马克思恩格斯文集（第九卷）[M].北京：人民出版社，2009：548.

[3] 习近平向联合国世界旅游组织第22届全体大会致贺词[N].人民日报，2017-09-14（01）.

[4] 习近平.在河北省阜平县考察扶贫开发工作时的讲话[J].求是，2021（4）：4-13.

[5] 习近平.全面建成小康社会 乘势而上书写新时代中国特色社会主义新篇章[N].人民日报，2020-05-13（01）.

旅游要成为展现中国形象的窗口。新时代是我国从富起来到强起来的时代，也是我国不断为人类社会发展作出更大贡献的时代，国际社会对我国愈加关注。如何讲好中国故事、传播好中国声音，展现好中国文化，塑造可信、可爱、可敬的中国形象，成为当前亟须破解的难题。习近平总书记十分重视旅游在外交工作中的桥梁作用，强调"旅游是传播文明、交流文化、增进友谊的桥梁"[1]。要通过旅游"展示中国历史底蕴深厚、各民族多元一体、文化多样和谐的文明大国形象，政治清明、经济发展、文化繁荣、社会稳定、人民团结、山河秀美的东方大国形象"[2]，帮助外国朋友加深对中国的认识和了解，为我国改革发展稳定营造有利外部舆论环境。可见，新时代旅游业作为对外交流的文化窗口，具有文化宣传、价值引导、成就展示等鲜明的行业思政特征。近年来，"中国旅游年"活动、"一带一路"旅游合作、亚洲旅游促进计划等向纵深发展，"欢乐春节""美丽中国""东亚文化之都"等品牌活动影响力不断扩大，旅游业成为加强对外交流合作和提升国家文化软实力的重要渠道。

文旅融合背景下旅游行业的新转型、新变化，对旅游人才提出了更高的思想政治要求，思政素养的提升往往也意味着新时代旅游行业从业能力的发展。理想信念坚定，懂四史，爱文化，乐于和善于为人民服务，积极为中国故事代言的职教学生更具有旅游行业的职场竞争力。因此，旅游行业的"大思政"逻辑着眼和落脚在"以人民为中心"和"展现可信、可爱、可敬的中国形象"之上，是旅游职业教育课程改革的外在驱动力。

（三）大思政格局下职业教育课程改革运行机制

大思政格局下职业教育课程改革运行机制是指为了达成立德树人的根本任务，将大思政体系的各个要素按照一定的方式连接起来组成的工作系统，保证整个系统的有效运行。具体而言，大思政格局下职业教育课程改革运行机制由目标机制、动力机制、课程机制、环境机制和保障机制构成。

1. 目标机制

立德树人是高校的根本任务，也是职业教育课程改革的着眼点。要围绕

[1] 习近平. 在俄罗斯"中国旅游年"开幕式上的致辞 [N]. 人民日报，2013-03-23（002）.

[2] 习近平. 习近平谈治国理政（第一卷）[M]. 北京：外文出版社，2018：162.

职业教育的办学实际、学情特征、育人目标开展精准化教育教学，全过程深化对新时代职业教育课程教什么、怎么教、在哪里教、如何评等重大理论问题与实践问题的探索与解答，精细化开展大思政教育教学实践。聚焦时代之"变"与青年之"责"，遵循"一引领、两对接、三凸显、四融入"的理念开展大思政格局下职业教育课程改革的实践。即：以习近平总书记关于新时代青年工作与思想政治教育的重要论述为引领，对接经济社会发展需要，对接新时代行业人才的成长需要，在德育为先、厚积底蕴的前提下凸显家国情怀、工匠精神与创新素养的培养，融入中华优秀传统文化、红色文化资源、中国式现代化的地区治理实践，以及"爱岗敬业、诚实守信、办事公道、服务群众、奉献社会"的职业道德，将历史与未来相结合，讲好马克思主义中国化时代化的道理、讲好中华民族伟大复兴的道理、讲好新时代好青年成长成才的道理，激励新时代应用型人才的使命担当，使其思索并关注行业与民族复兴休戚相关的历史与现实，献身于民族复兴的理想与奋斗中，同时，以行业和职岗实际为主要元素拟定课堂与课外实践环节，启发学生在职业生涯的具体实践中践履崇高理想信念和道德品质追求，促成思政课的普遍性理论与行业具体实际、专业岗位的具体实践相结合，着力整合知、信、行一体化的思政教育逻辑。推进习近平新时代中国特色社会主义思想铸魂育人，坚持服务经济社会发展需求及立德树人导向，打造职业教育大思政课实施特色，深度推进中华优秀传统文化、革命文化与社会主义先进文化进教材，进课堂，进学生头脑，使新时代青年"情有所归""心有所寄""身有所往"，成为"德技并修"的新时代技术技能型人才。

2.动力机制

思想政治教育动力"是保证思想政治教育过程得以不断进行、教育效果不断得到巩固的核心问题"[1]，回答了思想政治教育为什么能够发展，是思想政治教育理论的"元"问题之一。大思政格局下职业教育课程改革的运行也有其自身的动力。离开了动力，整个运行机制就难以正常运转。总体而言，大思政格局下职业教育课程改革运行的动力主要有两个方面。一是来自本体性主体的动力。如前所述，教育都具有鲜明的阶级性。任何一个国家和阶级都是按

---

[1] 张栓兴，武炎 等．试论思想政治教育的动力保障机制 [J].理论导刊，2006（3）：60.

照自己的标准来培养人的。我国作为社会主义国家,培养的是社会主义的建设者和接班人,对学生的思想品德、能力素质等都有具体的要求。然而在现实生活中,受教育者的思想和行为与社会的要求总是存在差距,因此必然要想办法解决这个矛盾,实现教育的目标。职业教育课程改革从根本上来说就是为了解决"培养什么人、怎样培养人、为谁培养人"这个根本问题而进行的尝试。二是来自行业的动力。职业教育坚持以教促产、以产助教,形成产教深度融合发展的行业特点。职业教育面向行业产业的特点决定了要将产业需求更好融入人才培养全过程,使教育和产业统筹融合、良性互动。因此,行业的新使命和对人才能力素质的新要求构成了职业教育课程改革的又一动力。

3. 课程机制

课程是育人的根本途径,也是学生获取知识的最直接来源。在大思政格局下,职业教育课程改革要从思政课堂拓展到所有的课堂,构建完整的课程体系,让所有课程都肩负起立德树人的任务,凝聚起育人合力。职业教育课程改革要以课程改革机制建设为重点,构建起包括思政课程、通识课程和专业课程在内的课程体系,搭建育人的载体。具体而言,在思政课程建设方面,要逐步完善以"习近平新时代中国特色社会主义思想概论"为中心的思政课程群,结合丰富的校史资源、地区资源和行业资源开设选修课程,形成"必修课+公共选修课+专业选修课"的思政类课程体系,建设具有"职教"和"行业"特色的思政课。同时,大力推进思政课教学改革,提高思政课的亲和力和感染力、针对性和实效性,使思政课能够打动心灵、感动学生、入脑入心,成为学生真心喜欢、终身受益的课程。在通识课程建设方面,要以"五育协同"为核心,聚焦人文与社会、经典阅读与写作、劳动与生活、艺术与审美、自然与科技五大模块构建通识课程体系,培养具备良好品格素养、思维素养、公民素养、科学素养、生态素养、审美素养的人才,促进学生的全面发展。在专业课程建设方面,要贯彻课程思政的理念,围绕全面提高人才培养能力这个核心点,聚焦知识类专业课程、技能类专业课程和实践实习类课程等课程思政建设,实现学生德技并修。通过建立横向贯通的课程体系,实现思政育人工作的整体效能提升。

4. 环境机制

环境是影响思想政治教育的重要因素，对人的思想品德的形成发展具有潜移默化的影响，也历来受到人们的关注。孔子提出"性相近，习相远"；荀子提出"蓬生麻中，不扶而直；白沙在涅，与之俱黑"等，这些论述都强调了环境的影响。在我国古代，更有"孟母三迁""橘化为枳"等众多历史典故论证这一观点。马克思、恩格斯也十分重视环境的作用，指出"环境的改变和人的活动或自我改变一致"[1]。他们认为，环境制约人的活动，同时，人也具有主观能动性，能够改变环境，使之更加符合人自身的发展。人改变环境的过程也是改造自身的过程。大思政格局下职业教育课程改革要重视环境的塑造，注重挖掘环境的隐性教育价值。要充分依托学生社团、校园生活等开展健康向上的文化活动，注重以文化人、以文育人，营造良好的校园小环境。要营造风清气正的网络空间，建设好广大青少年的精神家园，营造良好的网络"云环境"。要旗帜鲜明地反对和驳斥思政课"取消论""无用论"等错误观点，及时总结宣传"大思政课"建设的好经验好做法，充分调动全学校、全社会力量和资源建设好思政教育的隐性课程体系，营造良好的育人大环境。

5. 保障机制

大思政格局下职业教育课程改革要求更高，难度更大，任务更重，要确保整个系统的高效运转和各项工作的正常进行，离不开有效的保障。一是健全组织领导。大思政格局下职业教育课程改革涉及范围广，涵盖多元育人主体、多元课程建设和多种育人资源，要做好顶层设计，健全组织领导，加强统筹协调，"形成党委统一领导、党政齐抓共管、有关部门各负其责、全社会协同配合的工作格局"[2]，促进不同主体间的沟通合作，凝聚起职业教育课程改革的合力，实现整体力量的充分发挥，确保目标的实现。二是健全队伍保障机制。"为政之要，莫先于用人。"规划、蓝图制定好了，都要靠人来推动落实。人的素质和能力很大程度上就决定了任务的落实和目标的实现情况。要把教师队伍建设作为

---

[1] 马克思, 恩格斯. 马克思恩格斯选集（第1卷）[M]. 北京: 人民出版社, 1995: 59.

[2] 习近平. 论党的宣传思想工作 [M]. 北京: 中央文献出版社, 2020: 387.

着力点，坚持量与质并重，配齐建优教师队伍，不断提升教师的思想道德素质和教育教学能力，以大师资体系的构建助力职业教育课程改革。三是健全经费保障。要加大投入，设立专项经费支持教师培训、教学改革、资源库建设、实践基地建设等工作，为职业教育课程改革提供坚实的经费支撑。

三、大思政格局下职业教育课程改革模型构建与解析

（一）大思政格局下职业教育课程改革模型构建

秉持"大思政"理念，融合职业教育与行业发展的"大思政"逻辑。结合职业教育发展现状，可构建"12345"大思政格局下职业教育课程改革模型，即：聚焦一个中心，激发两重驱动力，注重三新融入，重构四维空间，促进五个向度的有效协同，从而形成职业教育课程改革的合力，推动职业教育思政工作实现新的发展。模型如图1-1所示：

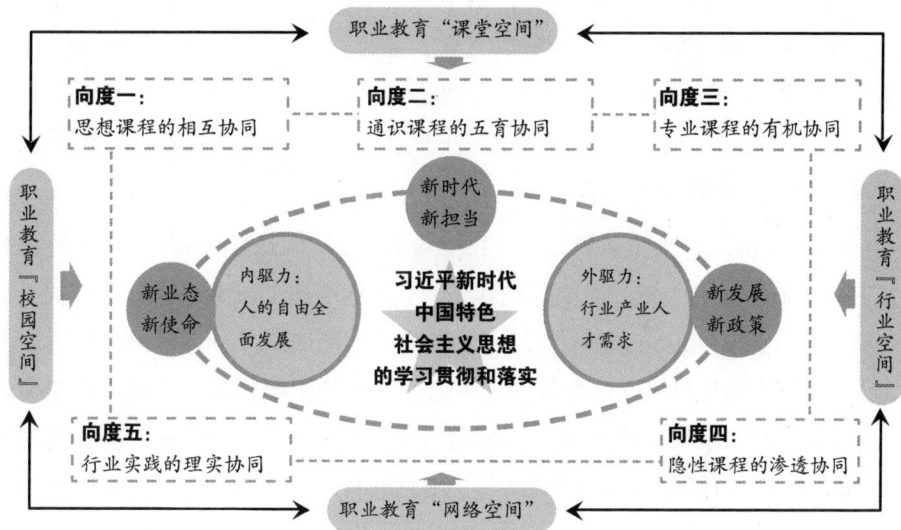

图 1-1 大思政格局下职业教育课程改革模型

1. 聚焦一个中心，推进学思践悟

青少年阶段是人生的"拔节孕穗期"，"如果不加以正确引导和长期教育，青少年就难以树立正确理想信念，甚至可能走偏"[1]。当然，这里的教育首先是思想政治教育。大思政格局下，职业教育课程改革要全面推动习近平新时代中国特色社会主义思想进校园、进教材、进课堂、进学生头脑，坚持不懈地用习近平新时代中国特色社会主义思想铸魂育人。

党的十八大以来，面对世界之变、时代之变、历史之变，以习近平同志为主要代表的中国共产党人坚持把马克思主义基本原理同中国具体实际相结合、同中华优秀传统文化相结合，总结党治国理政的新鲜经验，不断推进实践基础上的理论创新，在科学回答"中国之问、世界之问、人民之问、时代之问"中创立了习近平新时代中国特色社会主义思想。党的十九大正式将这一思想写入党章确立为党的指导思想，党的十九大、十九届六中全会提出的"十个明确""十四个坚持""十三个方面成就"概括了这一思想的主要内容。习近平新时代中国特色社会主义思想既坚守了马克思主义的"魂脉"和中华优秀传统文化的"根脉"，没有丢弃老祖宗。同时立足于新的时代课题和新的实践发展，讲了很多新话，提出了许多新理论新观点，为马克思主义增添了新的内容，实现了马克思主义中国化时代化新的飞跃，为党和国家事业的发展提供了根本遵循。

马克思指出："理论只要彻底，就能说服人。"[2] 习近平新时代中国特色社会主义思想是系统严密的科学理论体系，不仅从理论上思考回答了新时代关系党和国家事业发展的重大问题，还在实践上指引新时代党和国家事业取得历史性成就、发生历史性变革，充分彰显了这一思想的实践伟力。理论创新每前进一步，理论武装就要跟进一步。高校是人才培养的主阵地，青年是民族复兴的先锋力量。党的二十大报告指出，要"用党的科学理论武装青年"[3]。大思政格局下职业教育课程改革要以学思践悟习近平新时代中国特色社会主义思想

[1] 中共中央宣传部. 习近平新时代中国特色社会主义思想学习问答 [M]. 北京：人民出版社，2021：339.

[2] 马克思，恩格斯. 马克思恩格斯文集（第 1 卷）[M]. 北京：人民出版社，2009：11.

[3] 习近平. 习近平著作选读（第一卷）[M]. 北京：人民出版社，2023：58.

为中心，将其贯穿教育教学全过程，引导学生全面掌握这一思想的时代背景、核心要义、精神实质、科学内涵、历史地位和实践要求，不断增强学生对党的创新理论的政治认同、思想认同、理论认同、情感认同，坚定"四个自信"，立志听党话、跟党走，为强国伟业、民族复兴接续奋斗。

2. 激发两重驱动，注重三新融入

激发两重驱动力即以"人自由全面发展的需求"和"行业产业的人才需求"为大思政格局下职业教育课程改革的内外驱动力；注重三新融入，是将"新时代新担当""新业态新使命""新发展新政策"融入大思政格局下职业教育课程改革全过程。"两重驱动"与"三新融入"有着密切的联系，"两重驱动"是从职业教育育人要求的内驱力以及行业人才需求的外驱力两方面促进职业教育课程改革，"三新融入"则是从大思政格局下职业教育课程改革的育人内容角度呼应内外驱动力的要求。

"新时代新担当"指涉激励和引导青年学生"坚定不移听党话、跟党走，努力成长为堪当民族复兴重任的时代新人"[1]的职业教育责任。中华民族具有悠久的历史和深厚的文化，为人类文明的进步做出了重要贡献。近代以来，由于列强入侵和封建统治的腐败，中华民族开始由盛转衰，国家蒙难，人民蒙辱，文明蒙尘，遭遇前所未有的危机。从那时起，为了挽救民族危亡，实现民族复兴，无数仁人志士进行了不屈不挠的斗争。直到马克思主义传入中国，中国共产党成立，中国人民才找到民族复兴的思想武器和领导核心。经过几代共产党人的接续奋斗，新时代的中国站在新的更高的历史起点上，迎来了实现中华民族伟大复兴的光明前景。一代人有一代人的使命，新时代中国青年的使命就是为实现中华民族伟大复兴而奋斗。习近平总书记指出，职业教育要为"实现中华民族伟大复兴的中国梦提供有力人才和技能支撑"[2]。大思政格局下职业教育课程改革要引导学生深刻认识自身的责任担当，激发学生的爱国情、强国志，正确认识个人成长和国家发展的关系，将小我融入祖国和人民的大我中，

[1] 习近平.论党的青年工作[M].北京：中央文献出版社，2022：241.
[2] 习近平对职业教育工作作出重要指示强调 加快构建现代职业教育体系 培养更多高素质技术技能人才能工巧匠大国工匠[N].人民日报，2021-04-14（01）.

为实现中华民族伟大复兴贡献青年力量。

"新业态新使命"指新时代以来我国产业、行业发展呈现出许多新业态、新趋势，承担着新的发展使命。以旅游行业为例，在文旅融合背景下，旅游业发展对旅游人才提出了服务于人民对美好生活的向往，讲好中国故事，促进文化交流等新的发展要求。随着当前社会主要矛盾的变化，人民群众的旅游消费需求也日益增长，"从低层次向高品质和多样化转变，由注重观光向兼顾观光与休闲度假转变"[1]。旅游业需要围绕人民群众的需求转型升级，更好地满足人民群众的期待。同时，建设文化强国的宏观背景赋予了旅游业新的任务，即推动文旅和旅游的深度融合发展，"充分发挥旅游业在传播中国文化、展示现代化建设成就、培育社会主义核心价值观方面的重要作用"[2]。旅游业新使命对旅游人才有了新的更高的要求，亟须培养大量的复合型旅游人才，建设一支与旅游业发展相适应的高素质人才队伍。

"新发展新政策"则是指引导青年学生了解时代的要求和社会发展趋势，明晰党和国家对青年人的期许，在接受职业教育的过程中有意识地实现全面自我提升，在服务行业的过程中积极奉献社会。要引导学生认识国家对职业教育的目标和要求，明确职业教育在整个国民教育体系中的地位和作用，了解职业教育和普通教育人才培养的差异性，努力成为德技双修的技能型人才。要引导学生认识行业产业的新变化新要求，明确行业产业的发展趋势和发展方向，明确行业产业的思想道德要求、行业标准规范和职业技能要求，找准自身发展的定位、目标和路径。要引导学生认识新时代青年的使命担当，努力成为"有理想、敢担当、能吃苦、肯奋斗的新时代好青年"[3]。正是通过引导青年了解职业教育、行业产业和自身责任，培养青年的使命意识和担当意识，使青年学生在接受职业教育的过程中找差距、明方向、抓提升，在全面建设社会主义现代化国家的新征程中展现青春作为、彰显青春风采、贡献青春力量。

[1] "十四五"旅游业发展规划 [EB/OL].（2022-01-20）[2024-10-12]. https://www.mct.gov.cn/preview/whhlyqyzcxxfw/zhgl/202201/t20220126_930708.html.

[2] "十四五"旅游业发展规划 [EB/OL].（2022-01-20）[2024-10-12]. https://www.mct.gov.cn/preview/whhlyqyzcxxfw/zhgl/202201/t20220126_930708.html.

[3] 习近平. 习近平谈治国理政（第四卷）[M]. 北京：外文出版社，2022：273.

3. 重构四维空间，促进五向协同

大思政格局下职业教育课程改革的四维空间主要涉及"课堂空间""校园空间""行业空间""网络空间"四个方面，不同的空间承载不同的大思政教育类型，包含以思政课程和课程思政为主体的课程教学，以文化浸润和社团活动等为主体的校园思政氛围营造；体现职教特色，与行业需求相对接，将思政育人与行业实训实习相融合的实践活动；以轻松的氛围关注学生成长的话题，回应学生思想困惑，将网络空间由最大变量转变为推动思想行为和社会实践发展的最大增量，潜移默化地开展思政教育的网络交流等。四维空间涉及显性和隐性课程的教学，学习、实践、社交等不同的时段，现实生活与网络世界等不同的场景，从而为全时段，全空间的思政教育融入与渗透提供了时空保障。

"四维空间"中大思政格局的顺利构建，需要实现五个向度的有效协同，即"思政课程的相互协同""通识课程的五育协同""专业课程的有机协同""隐性课程的渗透协同""行业实践的理实协同"。"思政课程的相互协同"是指职业教育的各门思政必修课和具有区域特色、院校专业特色的思政类选修课之间要形成互补互促的关系，共同守好思政教育的主阵地，进一步推进思政课程改革，让思政课始终充满新思想砥砺的深度、新理论阐发的力度和社会关怀的温度。"通识课程的五育协同"是指思政教育要与职业教育的通识课程形成促进德智体美劳全面发展的高素质人才培养合力，尤其需要指出的是，"五育并举"的过程，德育不但居于首位，而且与其他素养的养成有着天然的联系性，比如，旅游职业教育中"旅游美学"课程就具有德育美育一体化建设的优势，可以在旅游资源的审美体验过程中，在中国美学话语的学习中激发爱国主义情怀，坚定"四个自信"等。"专业课程的有机协同"主要体现为专业课程的课程思政与思政课程的同向同行，共同守好一段渠、种好责任田。前三个向度的协同主要聚焦"课堂空间"思政教育的开展，而"隐性课程的渗透协同"则是指在隐性课程改革过程中，在"校园"和"网络"等空间，充分发挥思政育人的联动性、广泛性、普及性，增强思政教育全方位融入的意识，拓展全方位融入的渠道。"行业实践的理实协同"主要在"行业空间"中展开，比如，在旅游职业教育红色导游的讲解实训中，在研学导师的指导实践中，在酒店服务以游客为中心的竭诚工作中，要将思政教育的理论转化为旅游行业社会服务

的实践，通过理实协同，促进"真信"到"真行"的提升。

本书的主要架构体系就是以"12345"大思政格局下职业教育课程改革模型为依托，分别从大思政格局下职业教育的思政课程改革、通识课程改革、专业课程改革三类显性课程的改革，以及包含学生社团建设、网络思政教育、校园生活教育等维度的隐性课程改革的角度加以具体阐释。由于职业教育的特殊性，与行业实践的理实协同在各类课程改革中均有涉及，不再另设章节阐述，而是在各类课程改革中均加以具体分析。

（二）大思政格局下职业教育课程改革特征分析

大思政格局下职业教育课程改革以立德树人为核心，坚持价值塑造与能力培养相统一、理论教育与实践教育相统一、显性教育与隐性教育相统一，培养"德技并修"的新时代技术技能型人才。

1.坚持价值塑造与能力培养相统一

"德"和"才"的问题历来受到人们的关注，中国古人对此有过诸多论述。北宋政治家司马光指出："才者，德之资也；德者，才之帅也。"曾国藩也强调"德若水之源，才若水之波；德若木之根，才若木之枝"。这些论述深刻形象地阐明了德和才的关系。人的品德如同树之根，根深才能叶茂，本固方可枝荣。同样地，一个人只有拥有崇高的品德和过硬的本领，才能更好实现自身抱负，造福国家和人民。反之，有才无德给社会带来的危害更大。正所谓"挟才以为善者，善无不至矣；挟才以为恶者，恶亦无不至矣"。

党的十八大以来，针对"培养什么人、怎样培养人、为谁培养人"的问题，习近平总书记指出："人才培养一定是育人和育才相统一的过程，而育人是本。人无德不立，育人的根本在于立德。"[1]要坚持德技并修，以德驭技，以技育德。2021年，中共中央办公厅、国务院办公厅印发了《关于推动现代职业教育高质量发展的意见》，提出要"坚持立德树人、德技并修，推动思想政治教育与技术技能培养融合统一"[2]。"德"是立身之本，是学生成长成才中方向性、根本

[1] 习近平.在北京大学师生座谈会上的讲话[M].北京：人民出版社，2018：7.

[2] 关于推动现代职业教育高质量发展的意见[EB/OL].（2021-10-12）[2024-09-08].https：//www.gov.cn/zhengce/2021-10/12/content_5642120.htm.

性的问题。学校所培养学生的德包含了"大德、公德和私德"三个方面。大德是对学生政治生活领域的要求,要厚植学生的爱国情怀,坚持爱党爱国爱社会主义的统一,把"小我"融入祖国和人民的"大我"之中。公德是对学生公共生活领域的要求,要自觉践行"文明礼貌、助人为乐、爱护公物、保护环境、遵纪守法"的道德要求。私德则是对学生在私人生活领域的要求,包括职业道德、家庭美德、个人品德建设等方面。技是立业之基。职业教育坚持面向市场、促进就业,以培养"职业人"为目标,必然要求学生拥有过硬的技能,具备从事某种职业的专业技能。

大思政格局下职业教育课程改革秉持德技并修的理念,坚持学生价值塑造与能力培养相统一。在价值塑造方面,构建以学思践悟习近平新时代中国特色社会主义思想为中心的教育体系,以思政课课堂教学为主渠道,以课程思政改革为重要抓手,以隐性课程改革为必要依托,深入挖掘行业各类思政资源的育人价值,对学生进行马克思主义理论教育,引导学生树立崇高的理想信念,让学生深刻认识"马克思主义为什么行、中国共产党为什么能、中国特色社会主义为什么好",切实增强学生运用马克思主义立场、观点、方法看待问题、分析问题、解决问题的能力,切实增强学生在百年未有之大变局和中华民族伟大复兴全局中审视自身社会责任、担当时代使命的责任感。在能力培养方面,建立以职业技能为核心的育人体系,坚持"岗课赛证"综合育人机制,优化课程体系设置,坚持以赛促学,提升学生专业知识、专业技能、职业素养和实践能力,全面提升人才培养质量。需要注意的是,大思政格局下职业教育课程改革的价值塑造与能力培养并不是相互剥离的,而是相互交融、相互渗透的。"专业教学中蕴含价值观念、伦理道德、精神意志等德育元素的同时,将道德精神的价值理性科学地融入专业知识与技能工具理性的教育中。"[1]

2. 坚持理论教育与实践教育相统一

理论教育与实践教育是教学过程中两种重要的方法。理论教学通过对学生进行系统的理论灌输,让学生学习和掌握基本的概念、原理、理论,形成知识体系,提升学生的理性思维能力。实践教学是指通过实验、实习等实践环节,

---

[1] 刘晓莉. 技能人才德技并修的时代内涵、价值逻辑与培育路径 [J]. 职业技术教育,2023(19):13-18.

将学生所学知识应用于实践中，巩固课堂教学内容，培养学生理论联系实际的能力，提高学生实操技能。换言之，理论教学主要解决的是"知"的问题，实践教学解决的是"行"的问题。尽管两者在教学中各有侧重，但绝不是割裂和对立的，而是有机统一、不可分割的。习近平总书记指出："学到的东西，不能停留在书本上，不能只装在脑袋里，而应该落实到行动上，做到知行合一、以知促行、以行求知。"[1]

职业教育是和经济社会发展关系最为紧密的教育类型，服务发展、促进就业是职业教育的办学方向，这就要求职业教育必须把理论教育和实践教育统一起来，把社会的需求和学生能力培养结合起来。一方面，职业教育要密切关注经济社会发展，动态调整专业设置、人才培养方案和课程体系等，使培养的人才最大限度地符合市场需求和岗位需求，形成教育和产业的良性互动。另一方面，在人才培养过程中，要把理论知识的学习和职业能力的提升结合起来，打破理论和实践的边界，不能让学生躲在大学的"象牙塔"里，而是要让学生深入社会、深入企业，在实践中提升职业能力。要"坚持产教融合、校企合作，坚持工学结合、知行合一"[2]，实现教育和生产劳动相结合，引导学生树立"劳动最光荣、劳动最崇高、劳动最伟大、劳动最美丽"的劳动观，养成好的劳动习惯，掌握劳动技能。

大思政格局下职业教育课程改革坚持理论教育和实践教育相统一，以理论教学夯实学生知识基础，以实践教育提升学生应用能力，促进学生素质和能力的双重提升。例如，在思政课程建设中，优化课程体系，改革课堂教学，融入行业特色资源，稳步开展行业特色鲜明的"行走课堂"教学改革。比如，在旅游职业教育中，利用各类红色基地联动思政小课堂与社会大课堂，通过虚拟资源、现场教学等多维度拓展理论教学与实践教育空间，凝思红色文物，重温红色记忆，缅怀革命英烈，同时，把思政教育与职岗规律相结合，设计"红色精神微讲解"等教学项目，促使学生探明红色旅游的深层文化基因与价值逻辑，激发其学习"四史"以及弘扬中国共产党人精神谱系的内生动力，在亲近红色文化、认同精神密码的基础上激活红旅情怀、力行红色讲解。在

[1] 习近平. 在北京大学师生座谈会上的讲话 [M]. 北京：人民出版社，2018：13-14.

[2] 习近平. 论党的青年工作 [M]. 北京：中央文献出版社，2022：87.

专业课程建设中，以课程思政理念为指导，围绕全面提高人才培养能力开展专业课程改革，深度挖掘提炼专业知识体系中蕴含的思想价值和精神内涵，提升学生的思想道德素质和职业道德修养，坚持学以致用、知行统一，注重"在实践中学真知、悟真谛，加强磨练、增长本领"[1]，使学生形成良好的职业精神、职业品格、职业规范和职业技能，增强职业责任感，进而实现技与德的互促互进。

3. 坚持显性教育与隐性教育相统一

显性教育是指教育者公开地、有组织有计划地对被教育者施加影响，以改变受教育者的思想状况，理论灌输是显性教育最直接的方式。列宁认为，科学的理论不可能自发地在工人头脑中形成，只能通过灌输的方式对工人进行教育，用科学的理论武装工人的头脑。隐性教育是指通过间接的、含蓄的方式对被教育者施加影响，从而实现提升受教育者思想道德素质的目的，潜移默化、润物无声是隐性教育最突出的特点。习近平总书记指出，思想政治教育"既要有惊涛拍岸的声势，也要有润物无声的效果"[2]，要将显性教育和隐性教育结合起来。课程是学校为实现培养目标而选择的教育内容及其进程的总和，是教育活动开展的主要抓手。相应地，显性课程与隐性课程也是显性教育和隐性教育开展的主要抓手，因此，本书尤其注重这两类课程改革的具体阐述分析。

显性教育和隐性教育是辩证统一的。一方面，两者的目标具有一致性。立德树人是高校的根本任务，高校的各项工作都必须服务和服从这个根本任务。习近平总书记指出："要把立德树人内化到大学建设和管理各领域、各方面、各环节"。[3]尽管显性教育和隐性教育是两种有所区别的思想政治教育方式，具体的实现方式和功能地位有所差异，但是在目标上却是一致的，都是为了更好地达成立德树人的根本任务，提高学生的思想道德素质、政治觉悟和科学文化素养，培养人格健全、全面发展、本领过硬的时代新人。另一

---

[1] 习近平. 筑牢理想信念根基树立践行正确政绩观 在新时代新征程上留下无悔的奋斗足迹 [N]. 人民日报，2022-03-02（01）.

[2] 习近平. 论党的宣传思想工作 [M]. 北京：中央文献出版社，2020：387.

[3] 习近平. 在北京大学师生座谈会上的讲话 [M]. 北京：人民出版社，2018：7.

方面，两者的功能具有互补性。思政课是实施显性思想政治教育的主要方式，是对青年学生进行马克思主义理论教育的主渠道，能够帮助学生系统全面地掌握马克思主义的立场、观点和方法，引导学生树立正确的政治观。然而，思想政治教育是一个连续的过程，单靠思政课的课堂教学是不够的，并且"显性教育的说教性质可能会让受教育者产生厌烦和逆反心理，不利于受教育者主观能动性的发挥"[1]。因此，思政教育还需要发挥校园文化等隐性教育的功能，通过渗透性和潜隐性的教育使受教育者在潜移默化中接受协同教育。

大思政格局下职业教育课程改革坚持显性教育与隐性教育相统一，构建全员全程全方位育人格局。一是让所有教师都肩负起育人责任。有种观点认为，思政教育是思政课教师的事情，专业课教师讲好专业知识就可以了，这种观点无疑是错误的。习近平总书记指出："教师不能只做传授书本知识的教书匠，而要成为塑造学生品格、品行、品味的'大先生'。"[2]大思政格局下职业教育课程改革要充分激发教师的内生动力，努力让所有教师都承担起育人的职责，寓价值观引导于知识传授之中，帮助学生扣好人生第一粒扣子。二是让所有课程都肩负起育人责任。"有人提出把思政课变成隐性课程，完全融入其他人文素质课程中，这是不对的。"[3]大思政格局下职业教育课程改革要理直气壮开好思政课，建强课堂教学主渠道，理直气壮讲好马克思主义，用真理的力量感召学生，解决好学生的理想信念问题，抓好显性教育。同时，也深入挖掘其他课程中的德育元素，实现专业教育和思政教育相互渗透，潜移默化地影响学生的价值理念、行为习惯，实现课程思政和思政课程的同频共振。三是让校园文化活动成为育人的载体。大思政格局下职业教育课程改革注重以文化人、以文育人，依托学生社团、节日庆典、专业文化节等开展系列形式多样、内容丰富、构思新颖、特色鲜明的校园文化活动，寓教于乐，建设好隐性课程，促进思想政治教育入脑入心，增强育人效果。

[1] 黄建军，赵倩倩.高校思想政治教育显性教育和隐性教育相统一的内在逻辑与路径优化 [J].思想教育研究，2020，（11）：118-122.

[2] 习近平.把思想政治工作贯穿教育教学全过程 开创我国高等教育事业发展新局面 [N].人民日报，2016-12-09（01）.

[3] 习近平.论党的宣传思想工作 [M].北京：中央文献出版社，2020：386.

4. 坚持思政小课堂和社会大课堂相统一

习近平总书记指出,要"把思政教育'小课堂'和社会'大课堂'有效融合起来,把德育工作做得更到位、更有效"[1]。大思政格局下职业教育思政课程改革不再局限于传统的思政课课堂教育,而是要打破"思政小课堂"和"社会大课堂"之间的隔阂,促进教学空间和场域向社会延伸和拓展,用好鲜活的社会资源,凝聚社会力量,共同办好思政课。

大思政格局下职业教育课程改革要坚持思政小课堂和社会大课堂的有机结合,共同致力于时代新人的培养。一方面,改革课堂教学,建强主渠道。思政课是落实立德树人的关键课程,作用不可替代,任何时候都不能弱化课堂教学。然而,教材提供的只是基本结论和简要论述,具有高度的抽象性和凝练性,学生在理解方面存在困难。如果教师上课只是照本宣科,就会陷入空洞的说教,难以做到入脑入心。这就要求思政课教师要善于挖掘和运用社会大课堂的生动素材,活化和丰富思政小课堂的教学内容,让思政课课堂教学更加生动形象,能够吸引学生、感染学生并打动学生。另一方面,要将思政课的"触角"从教室、教材延伸至学生的生活世界、职业生涯与社会大环境,将中国共产党领导下的革命与建设的光辉历史以及生动实践有机融入行走课堂的教学设计与实施,在"社会生活"中讲思政课,让城市发展、社区治理、居民生活都成为立德树人的"活教材";通过实境考察感知中国式现代化的地区探索与治理实践,通过走访居民传递新时代的自豪感与幸福感等,通过教学平台分享、评比推动感性认知到理性认识的转化与升华,在与原住居民、旅游者等互动交流过程中见证新时代人民群众美好生活,形成走中国特色社会主义历史必由之路的思想自觉,坚定听党话、跟党走的政治自觉,领会新时代爱国主义的实践要求,增强全面建设社会主义现代化强国的使命感,投身于民族复兴伟大实践。

四、大思政格局下职业教育课程改革总体策略

大思政格局下职业教育课程改革,需要从师资队伍打造、思政教学资源建

---

[1] 强化教育对科技和人才支撑作用 形成人才辈出人尽其才才尽其用生动局面 [N]. 人民日报,2025-03-07(01).

设、教学方式方法优化、政策与制度保障等多方面发力，构建"大思政教育共同体"，形成支撑职业教育课程改革顺利开展的组织架构和良性运转的一揽子策略体系。

（一）大思政格局下职业教育"大先生"师资培育

教师是立教之本、兴教之源。大思政格局下职业教育课程改革的首要任务是师资队伍的培育。要按照习近平总书记提出的"大先生"要求，建立高素质的教师队伍。

首先，补齐量的差距，配齐教师队伍。职业教育师资队伍的建设，首先要保证教师队伍的数量充足，解决好结构失衡的问题。据数据显示，2021 年全国职业院校教师总数是 129 万人，"高职院校教师 59.58 万人，高职（专科）学校生师比 19.85 ：1"[1]。2023 年，中国民主促进会中央委员会做了《关于构建新时代职业教育教师培训体系的提案》，进一步指出"如果按 2022 年教育部等五部门印发的《职业学校办学条件达标工程实施方案》中 18 ：1 的生师比标准测算，当前我国高职院校专任教师数量缺口约为 31 万人"[2]。教师队伍的不足制约了教学质量的提升和人才培养质量。职业院校要解决好教师数量不足的问题，配齐教师队伍。尤其是在思政课教师队伍方面，要按照师生比不低于 1 ：350 的比例核定专职思政课教师岗位，建立一支专职为主、专兼结合的思政课教师队伍。在辅导员队伍建设方面，要按照师生比不低于 1 ：200 的比例设置专职辅导员岗位，足额配备到位。同时，还可以吸收行业教师加入。通过建立特聘教师制度，聘请一批行业模范、大国工匠、道德楷模、红色场馆负责人等参与大思政课的建设，用他们的亲身经历"现身说法"，提升教育的感染力，增强育人效果。

其次，加强德的塑造，提升队伍素养。"师也者，教之以事而喻诸德者也。"教师是学生的一面镜子。他们自身的形象、行为、品德都会潜移默化地影响学生的言行举止。教师不仅要传授知识，还要成为学生道德修养的榜样，坚持以德立身、以德立学、以德施教、以德育德。要大力弘扬以"心有大我、至诚报

[1] 任友群. 优化职业教育类型定位 建设高质量职业教育教师队伍 [J]. 中国职业技术教育，2023（5）：5-11.

[2] 民进中央：关于构建新时代职业教育教师培训体系的提案 [EB/OL]. 中国共产党新闻网，2023-2-27.

国的理想信念，言为士则、行为世范的道德情操，启智润心、因材施教的育人智慧，勤学笃行、求是创新的躬耕态度，乐教爱生、甘于奉献的仁爱之心，胸怀天下、以文化人的弘道追求"[1]为主要内容的教育家精神，加强教师队伍的师德师风建设，提升教师队伍的综合素养。一是要加强师德师风的理论学习。广大教师要认真学习习近平总书记关于教育的重要论述和《关于加强和改进新时代师德师风建设的意见》《新时代高校教师职业行为十项准则》等内容，明确师德师风的底线和红线，规范教师的职业行为，筑牢思想之魂。二是要大力开展优秀教师选树宣传。深入挖掘优秀教师的典型事迹，大力宣传引导，开展巡讲等活动，在全社会形成良好的舆论氛围，发挥先进模范的示范效应，引导教师向先进看齐、以典型为范。三是要加强师德的考核评价。坚持师德为第一标准，发挥师德考核的激励约束作用，加强对师德考核结果的运用，对违反师德师风的行为实行"一票否决"。

最后，抓好能力的培养，增强育人能力。教学是一项综合性、创造性的工作，对教师有较高的能力要求。例如，需要教师有扎实的知识储备，具有宽广的知识视野、国际视野和历史视野；需要教师有较强教学实施能力，能够根据学生的知识水平和课程目标开展教学，坚持主导性和主体性相统一，实现知识传授、价值塑造和能力培养；需要教师有较强的数字化能力，能够掌握数字技术，利用现代信息技术开展教学；等等。习近平总书记指出，"人才的培养，关键在教师""教师队伍素质直接决定着大学办学能力和水平"[2]。因此，要始终抓好教师能力培养，全面提升教师的能力结构，提高教师的教育教学水平。一是要做好教师培训。建立完善的培训制度体系，用好国家、省级等各类培训基地，坚持定期培训和专项培训相结合，丰富培训内容，优化培训方式，助力教师持续成长。二是要激发教师的内驱力。激发教师的荣誉感、责任感和使命感，牢固树立"躬耕教坛、强国有我"的志向和抱负，增强身份认同，加强自我教育，主动解决"本领恐慌、能力不足"的问题，促进自我能力提升。三是做好教师的行业实践锻炼。"职业教育的职业性与教育性决定了教师双师能力的内容维度是职教理论素养、专业理论素养、职教教育教学实践能力与专业实

[1] 习近平. 大力弘扬教育家精神 为强国建设民族复兴伟业作出新的更大贡献 [N]. 人民日报，2023-09-10（01）.

[2] 习近平. 在北京大学师生座谈会上的讲话 [M]. 北京：人民出版社，2018：7.

践能力的融合。"[1] 要搭建教师实践平台，引导教师深入行业企业挂职和实践，让教师在一线实践中了解行业发展，提升理论修养，提升专业水平。

（二）大思政格局下职业教育"大资源"共建共享

大思政格局下职业教育课程改革需要有广泛的思政教育大资源的支撑，要注重交流平台的搭建，加强教学资源的开发和建设，丰富优质思政教学资源的供给，促进教学资源的共享，更好地满足不同主体教育教学的需要，实现课程教学的目标。

首先，注重交流平台的搭建。大思政格局下职业教育课程改革在课程体系上包括横向贯通和纵向衔接两个维度，涉及高校思政课教师、通识课教师、专业课教师、中小学思政教师等不同主体，要加强多元主体的交流合作，更好地凝聚起育人的合力。一是建立思政课常态化的备课机制。针对思政课教学中的重点和难点问题开展交流研讨，群策群力、集思广益，发挥集体智慧创新教学方法、研究教学策略，提升教师对教学规律的认识和把握，促进教材体系向教学体系的转化，提升教学效果。二是建立思政教师和其他教师的定期交流机制。思政课程和课程思政要形成彼此呼应的同向同行关系，思政课程一方面要提供"论点"，引导学生坚定理想信念，树立正确的世界观、人生观、价值观，另一方面要善于在行业的发展中寻找"论据"，通过具体生动且与学生专业密切结合的案例来印证"论点"，更好地培育学生的认同感，激发学习兴趣和主动性。通过思政教师和其他教师的交流机制，能够更加精准地找到两者的结合点，实现专业教育和思政教育的有机融合，让课程思政既不游离于专业教学，也不脱离思政教育本身，防止出现"两张皮"的现象。三是建立大中小学思政课沟通机制。以大中小学思政课一体化联盟为载体，加强不同学段思政课教师的交流，更好地了解不同学段教学内容和学生的特点，科学设置学段教学目标，打通各学段之间的教学壁垒，循序渐进、螺旋上升开好思政课，有效减少思政课教学内容"低级重复"的问题，使思政课建设顺应思想政治工作规律、教书育人规律和学生成长规律。

其次，注重信息化资源体系的建设。信息技术的发展推动了教育的变革

[1] 任友群. 优化职业教育类型定位 建设高质量职业教育教师队伍 [J]. 中国职业技术教育，2023（5）：5-11.

和创新,给教育手段、教学模式、教学方法、学习方式等带来了深刻影响。党和国家高度重视信息化的发展,将教育信息化纳入国家信息化发展整体战略部署推进。习近平总书记指出:"努力以信息化为手段扩大优质教育资源覆盖面"[1]。职业教育"大资源"建设,要以信息技术为依托,加快信息化资源体系建设,建立优质的教育资源平台。例如,建设教学案例库,根据课程属性和要求,注重行业产业典型案例的挖掘,开发高质量教学案例,打造教学重难点问题库,针对思政课教学的重难点、课程思政建设的重难点和大中小学思政课一体化建设的重难点问题,开展集体研讨、集体攻关,形成成熟的教学思路。建设教学素材库,坚持统一性和多样性,围绕课程教学建立优秀课件、讲义、教案等优质教学素材,给教师教学提供参考,建立在线示范课程库,遴选建设一批优质的示范课程,带动"金课"建设,提高课程建设水平。通过网络教学资源体系建设,促进优质教育资源共享,提高教育、教学质量;等等。

最后,注重社会资源的整合。"大思政理念下的高校思想政治教育活动不能局限于高校内部,而必须充分调动一切可使用的社会资源为思想政治教育工作服务,从而提升高校思想政治教育工作质量。"[2]要提升调动各种社会资源的意识和能力,使鲜活的社会资源成为育人的生动素材。例如,在思政课建设方面,要重点加强同革命博物馆、纪念馆、烈士陵园等场馆的合作。因为历史遗迹、革命文物作为历史的见证者,承载着党领导人民艰辛探索的光辉历史,记录了党的伟大历程和辉煌成就,是铸魂育人的生动教材。习近平总书记指出:"要在提炼、转化、融合上下功夫,让收藏在馆所里的文物、陈列在大地上的遗产、书写在古籍里的文字成为教书育人的丰厚资源。"[3]学校可以和红色场馆共建"实践育人共同体",盘活历史资源,将思政课搬到红色场馆中,让学生在沉浸式实地教学中感受革命先烈坚定的理想信念、强烈的爱国情怀、高尚的人格品质等,使红色场馆"成为教育人、激励人、塑造人的大学校"[4]。同时,还可以以红色场馆的丰富资源为依托,开发系列特色课程,加强青年的思想政

[1] 中共中央党史和文献研究院编.习近平关于网络强国论述摘编[M].北京:中央文献出版社,2021:17.

[2] 朱静.新时期实现高校思政课程教育资源的有效整合[J].湖北开放职业学院学报,2020(20):70-72.

[3] 习近平.坚持中国特色社会主义教育发展道路 培养德智体美劳全面发展的社会主义建设者和接班人[N].人民日报,2018-9-11(01).

[4] 中共中央党史和文献研究院.习近平关于社会主义精神文明建设论述摘编[M].北京:中央文献出版社,2022:168.

治教育，引导青年赓续红色血脉，传承红色基因。在专业课方面，实训实践基地要注重思政性和专业技能提升性的兼备特点，以旅游职业教育为例，红色旅游文旅景区就具有丰富的思政教育资源，也符合旅游职业教育的实训要求，可以在旅游行业技能提升的过程中，引导学生深入学习党史，了解革命先烈的感人事迹，领悟中国共产党发展壮大的密码，深刻认识红色政权来之不易，新中国来之不易，中国特色社会主义来之不易，坚定"四个自信"，增强历史自觉和使命担当。总之，职业教育"大资源"建设要注重从社会资源中汲取养分，促进社会资源有效转化为育人资源。

（三）大思政格局下职业教育"大课堂"互融互促

大思政格局下职业教育课程改革要促进"大课堂"互融互促，坚持理论课堂与实践课堂、显性课堂与隐性课堂、现实课堂和网络课堂有机贯通，拓宽教学空间，实现全方位育人。

其一，改革思政课的课堂教学。中华人民共和国成立后，党和国家对旧社会的教育体系进行了根本性的改造，一个重要的变革就是在学校开设思政课，对青年学生进行思想政治教育，培育社会主义新人。尽管课程的名称和体系经过多次变化，但思政课作为对青年学生进行思想政治教育主渠道的地位从来没有改变。习近平总书记指出："思政课是落实立德树人根本任务的关键课程，思政课作用不可替代。"[1] 思政课只能在改进中加强，绝不能削弱。职业教育"大课堂"互融互促，首先要改革思政课的课堂教学，建强主渠道。一是要建立具有职教特色的思政课课程体系，突出行业和职教的特色。以旅游职业教育为例，要围绕习近平总书记关于文化和旅游工作的重要论述、红色旅游、中国旅游文化、旅游职业道德等开设系列选修课，牢牢占领课堂主阵地。二是要活化思政课教学内容。思政课教材作为教学的基本遵循，有自身的特点，主要是"语言定性多，论证较少；语言规范化，讲究出处；语言理性化、抽象性强"[2]。思政课教师不能干巴巴地读教材，念文件，而是要善于运用丰富的"社会大资源"，将鲜活的理论讲鲜活、把彻底的理论讲彻底，让思政课"有血有肉"，推动

---

[1] 习近平. 论党的宣传思想工作 [M]. 北京：中央文献出版社，2020：373.

[2] 张会峰. 高校思想政治理论课讲道理的叙事逻辑与语言转换 [J]. 思想教育研究，2023（5）：106-110.

思想政治教育入脑入心。三是要创新思政课教学方法。讲好思政课不仅要有"道"和"学",还要有"术",讲究方式方法。要坚持"八个相统一",通过综合运用问题式教学、混合式教学、讨论式教学等方法,打好组合拳,切实提高思政课育人效果。

其二,发挥课程思政协同育人。对青年学生的思想政治教育不能局限于某一门课程,聚焦于某一个时段,而是要突破课程、时间和人员的限制,把思想政治教育贯穿人才培养的全过程,让所有课程和教师都肩负起育人的责任。课程思政是充分体现了"'课程承载思政'与'思政寓于课程'"[1]的教学理念,进而与思政课程形成协同效应。需要注意的是,无论是专业课还是通识课,都有着具体的教学目标和任务,不能把所有的课程都讲成千篇一律的思政课,而是要深入梳理不同课程的教学内容,立足课程的特点挖掘思政元素,实现有机融合,达到润物无声的效果,正如习近平总书记所讲的"盐溶于水"。具体而言,在通识课程中,要注重提高学生的人文素质、法治观念、审美能力等,使学生形成健全的人格。例如,在传统文化的课程中,要重点讲清楚中华优秀传统文化的独特魅力和当代价值,以文化人、以文润心,增强学生的文化自信。在专业课程中,"要根据不同学科专业的特色和优势,深入研究不同专业的育人目标,深度挖掘提炼专业知识体系中所蕴含的思想价值和精神内涵"[2],在知识传授和能力培养过程中塑造学生的价值观。

其三,善用社会实践的大课堂。习近平总书记指出,要"重视实践育人,坚持教育同生产劳动和社会实践相结合"[3]。大思政格局下职业教育"大课堂"建设,要把理论课堂和实践课堂结合起来,开展各类社会实践活动,让学生在实践中了解国情,接受教育,提高认识,增长才干。首先,要做好思政课实践教学,形成具有行业特色的实践教学模式。比如,南京旅游职业学院大力推进"行走课堂"建设,围绕培养"文旅结合、德技并修"的时代新人的目标,紧密结合思政课教学内容,选定"红色旅游""中国式现代化""乡村振兴"等实践主题开展调查研究,撰写调查报告。这一举措使学生在了解国情的基础上,系统

[1] 邱伟光.课程思政的价值意蕴与生成路径 [J].思想理论教育,2017(7):10-14.

[2] 教育部关于印发《高等学校课程思政建设指导纲要》的通知 [EB/OL].(2020-05-28)[2024-10-05].https://www.gov.cn/zhengce/zhengceku/2020-06/06/content_5517606.htm.

[3] 中共中央党史和文献研究院.习近平关于青少年和共青团工作论述摘编 [M].北京:中央文献出版社,2017:77.

地把握党的基本路线、方针和政策,更好地运用习近平新时代中国特色社会主义思想指导工作实践,在思考如何学以致用、知行合一,增强投身新时代社会主义现代化建设的自觉性等方面取得了良好的效果。其次要做好学生专业实践,提升学生的职业技能。职业教育以促进就业为导向,以培养"职业人"为目标,坚持工学结合的培养方式,必然要求学生深入行业、企业进行实践锻炼。要建立多元专业实践途径,让学生在实践之中了解岗位职责和技能要求,提升学生的职业道德和技术技能,提高就业能力。要打造社会实践育人新范式,用好大学生暑期社会实践、志愿服务等载体,引导广大学生"用脚步丈量祖国大地,用眼睛发现中国精神,用耳朵倾听人民呼声,用内心感应时代脉搏,把对祖国血浓于水、与人民同呼吸共命运的情感贯穿学业全过程、融汇在事业追求中"[1]。

(四)大思政格局下职业教育"大环境"有效浸润

人的思想品德是在一定的环境中形成和发展的,环境对人的思想品德的形成具有重要影响。正如马克思所言:"人创造环境,同样,环境也创造人。"[2]大思政格局下职业教育课程改革要加强隐性课程建设,润物无声给学生以人生启迪、智慧光芒、精神力量。

"隐性课程"是与"显性课程"相对的一个概念,最早是由美国教育学家杰克逊提出的。《国际教育百科全书》将其解释为"学生在进行非正式学习时,所接触到的所有内容,这些内容在学校的教学大纲或计划中并没有明文规定,其通常是以隐蔽的状态存在,其可以被看作对待学习生活、处理各种事件的经验,不过,这些经验对学生的日常学习生活有着十分突出的影响"[3]。隐性课程尽管带有"课程"两字,但并不是指具体的课程形态,而是指"学校除正规课程教育之外的所有学生活动"[4],通过实践活动和人文环境将教育内容传递给受教育者,推进受教育者思想、行为的改变。

相较于显性课程,隐性课程也有突出的特点。一是隐蔽性。显性课程往

[1] 习近平. 论党的青年工作 [M]. 北京: 中央文献出版社, 2022: 242.

[2] 马克思, 恩格斯. 马克思恩格斯选集(第 1 卷)[M]. 北京: 人民出版社, 1995: 92.

[3] 符文忠. 高校德育与隐性课程的建设 [J]. 课程. 教材. 教法, 2006(5): 74-78.

[4] 吴慧玲. 大学隐性课程的建设研究 [D]. 贵州财经大学, 2014: 7.

往是通过正式的教学来进行，对受教育者公开且直接地施加影响。隐性课程则是通过非正式的形式进行教育，将教育目的、内容等隐藏在各类活动之中，让受教育者在参加活动中不知不觉地受到影响，寓教于无形。二是广泛性。显性课程主要是依靠课堂教学进行，育人的主体是教师，教育途径较为单一。隐性课程的教育途径和育人主体更加广泛。例如，教师身上所展现的人格魅力和深厚情怀，校园内的建筑、宣传横幅等"硬环境"，校园各类文化活动，学生中的先进分子和优秀事迹等，这些都具有育人的功能。三是渗透性。显性课程无论是课程设置还是教学内容，都十分明确规范，通过正式的途径——课堂教学，将知识、价值灌输到学生头脑中，是一种"硬性"的教学方式。隐性课程在教育过程中则是通过"软性"的方式，它不是直接告诉受教育者是什么，应该怎么样，而是将教育内容、教育目的等掺揉在各类载体中，"通过渗透到受教育者内心深处并通过学生无意识的摄取机制而实现教育作用"[1]。正如习近平总书记在谈到思想政治工作时所作的一个比喻，好的思想政治工作应该像盐，但不能光吃盐，最好的方式是将盐溶解到各种食物中自然而然吸收。隐性课程就是要实现这样的效果。

大思政格局下职业教育隐性课程建设要围绕以下几个方面重点进行。其一，要开展丰富多样的校园文化活动。坚持以文化人、以文育人，加强校园精神文明建设，开展文明校园创建，开展内容丰富、形式多样、形式新颖、健康向上的校园文化活动，使学生在活动参与中提升思想素质、道德情操、人文素养和实践能力。如开展各类社团活动，丰富学生的校园生活。其二，要注重校园生活环境的打造。"物体空间里的摆放并不是随心所欲的。房间以其物质形式，代表着该场所与机构的精神和灵魂。"[2]要加强校园生活环境建设，打造清洁优美、思政育人文化氛围浓郁的校园环境，创造良好的育人环境。其三，要加强网络思政育人建设。互联网的迅猛发展深刻改变了教育的方式，拓宽了教育的空间。作为互联网的原住民，青年已将网络作为学习的重要途径。同时，网络空间也因其公共性、匿名性等特点，成为各种信息集散地、舆论策源地和思想交锋主阵地，对青年的价值观念和行为方式带来了深刻影响，加

[1] 符文忠.高校德育与隐性课程的建设 [J].课程.教材.教法，2006（5）：75.

[2] R.梅汉.教育社会学 [M].2 版.北京：人民教育出版社，1998：78.

大了青年思想引领的难度。习近平总书记指出:"宣传思想工作是做人的工作的,人在哪儿重点就应该在哪儿。"[1] 大思政格局下职业教育课程改革要因事而化、因时而进、因势而新,占领网络阵地,构建网络思政育人课堂,"使互联网这个最大变量变成事业发展的最大增量"[2]。要坚持传播为要,充分利用官方微信公众号、视频号、微博、抖音等途径,利用网络媒体传播力强、覆盖面广、时效性强、互动性强等特点,构建起全方位、全覆盖的传播体系。要坚持内容为王,突出价值性和导向性。通过网络空间对学生进行思想政治教育,要坚持正确的政治方向、舆论导向、价值取向,讲好党的故事、革命的故事、英雄的故事等,唱响主旋律。要坚持形式为基,创新宣传的话语形式。各类网络平台不能满足于"传话筒"的角色,要结合教育对象的特点和需求,用学生喜欢的语言讲好党的历史、理论、故事等。在形式上,要注重文字、视频、动画等方式的综合运用,提高网络思政育人的亲和力和吸引力。

(五)大思政格局下职业教育"大保障"全面支持

大思政格局下职业教育课程改革是一项复杂的系统工程,需要政府、学校、社会等不同的主体合作推进以及不同层面的保障支持,以实现育人效能的最大化。

首先,在宏观层面,教育主管部门要提供政策指导和平台搭建。大思政之"大",体现在运用大资源、构建大格局、凝聚大合力、开拓大空间等方面,涉及资源建设、队伍建设、机制建设等方方面面,单靠某个部门是难以实现的,需要教育部门主导,制定相关政策,统筹推进各项工作,打破条块分割、各自为营的局面。在政策制定中,要注重整体上规划大思政教育的目标、原则、任务、举措等,明确大思政建设的根本方向。同时,还要细化政策措施。如大思政教育要求用好社会资源育人,如何促进社会资源的转化,则需要进一步思考。2022 年,教育部等 8 部门联合公布首批"大思政课"实践教学基地,2024 年,国家文物局办公室、教育部办公厅开展以革命文物为主题的"大思政课"优质资源建设推广工作,有助于打通学校和社会的壁垒,将革命文

[1] 习近平. 论党的宣传思想工作 [M]. 北京: 中央文献出版社, 2020: 355.

[2] 习近平. 论党的宣传思想工作 [M]. 北京: 中央文献出版社, 2020: 339.

物、红色资源等社会资源创造性转化为思政课教学的优质资源。在平台建设方面，要进一步完善全国高校思政课教研系统，包括全国高校思政课教师网络集体备课平台、高校思政课教学创新中心资源开发系统、高校思政课教师研修培训系统等。同时还要完善国家智慧教育平台、网络教育宣传云平台，包括云上大思政课、大学生在线、易班等，促进资源共享。在评价体系方面，需要从单纯的思政课程教学评价升级到大思政教育效果的综合评价，将思政师资配比、课程开设课时、学生满意度等定量指标与校园思政氛围、课程思政与思政课程结合度等定性指标相结合，发挥评价的"指挥棒"作用。

其次，在中观层面，各职业院校要加强细化落实。目前，国家和省级层面为大思政建设制定了工作方案，从宏观层面提供了指导。但是要落地落实，还需要各个学校结合自身的办学特点、办学层次和实际情况加以细化，使大思政建设能够因地制宜、彰显特色、体现效果。一是要完善领导机制，形成"党委统一领导、各部门齐抓共管"的工作格局。成立大思政教育领导小组，加强对大思政教育的组织领导和协调工作，明确各部门的责任分工，促进各部门密切协作，增强大思政建设的合力。二是要细化工作方案，确保将各项举措落地落实。比如，南京旅游职业学院在上级文件的指导下，结合工作开展实际情况，制定了《南京旅游职业学院全面推进"大思政课"建设的实施意见》《南京旅游职业学院全面推进大中小学思政课一体化建设实施计划》《南京旅游职业学院课程思政建设实施方案》等文件，进一步将大思政教育的要求细化落实，调动教师大思政教育改革的积极性。三是要完善物质保障，职业院校要设立专项经费，专款专用，保障大思政教育改革实施。同时，还要更加强调大思政教育的硬件保障，比如，旅游职业院校将旅游实训中心、烹饪博物馆、酒店博物馆、非遗中心等场所作为大思政实践基地，为加强学生思想政治教育提供载体。

最后，在微观层面，院校各内设部门要主动作为、善做善成。大思政格局下职业教育课程改革需要各个部门通力合作、抓好落实。比如，南京旅游职业院校在思政课课程体系、教学改革、资源建设等方面取得一系列进展，形成一套有效的做法。思政课备课方面，形成了"334"备课模式，即聚焦说课、评课、磨课；健全"三讲"，即新教师试讲、备课教师说课、骨干教师讲课；

强化"四备",即备教材、备教法、备学生、备设计。通过集体备课,提升了教师对教学规律的认识和把握;在思政课教学方面,坚持"八个相统一"的要求,灵活运用"大班授课+小组专题研讨""教材重难点+社会热点""课堂研讨+社会实践""教师指导+社会专家指导""教师考核+学生互评"等教学模式,全方位打造沉浸式学习共同体,提高思政课的针对性和吸引力等。在课程思政建设方面,各职业教育院校可探索建立职业教育课程思政研究中心,邀请思政教师、专业课教师和通识课教师加入,共同探索具有职教特色的课程思政建设,并可建立思政教师和专业院系结对机制,精准推进课程思政建设。在校园文化活动方面,可由学工和团委等相关部门牵头,依托学生社团、校园文化节、重大节日节点和纪念活动等,开展健康有益、启智润心的文化活动,丰富学生的精神世界,增强思想的力量。

第二章

培根铸魂——大思政格局下职业教育思政课程改革研究

　　大思政格局下,高校思想政治理论课程仍然是思政教育改革的主要阵地。习近平新时代中国特色社会主义思想是中国共产党理论创新成果的集中体现,职业教育思政课程改革一方面要建设以《习近平新时代中国特色社会主义思想概论》课程为核心的课程群,加强必修类思政课程的建设;另一方面,要积极探索建设职业院校思政课"必修＋选修"的课程体系,使不同专业的学生均能够根据专业方向选择更具针对性的思政课程内容,进一步增强思政课程教学的效果。大思政格局下职业教育的思政课程是在教学内容、教学目标、教学方法和教学手段上突出职业教育特点的思政课程,需要更好地结合行业产业特点。大思政格局下职业教育思政课程的改革,本质上就是推进职业教育"大思政课"的建设,更好地达成思政课程在职业教育领域立德树人、培根铸魂的教育功能。职业教育大思政课的改革有助于培养学生认同和践行社会主义核心价值观,进一步实现立德树人根本任务。通过改革引导学生认知大美中国,唤醒家国情怀和历史责任感,建立文化自信,培养民族自豪感,树立正确的世界观、人生观和价值观。职业教育大思政课的改革还有助于培养学生的创新能力和实践能力。通过创新思政教育的内容、模式和方法,激发学生的学习兴趣和主动性,培养学生的创新能力和实践能力,提升思政课程的吸引力,与专业课程、通识课程等形成育人的合力。

一、大思政格局下职业教育思政课程改革理念与目标

党和国家高度重视思政课建设，习近平总书记审时度势，提出"大思政课"理念，为新时代思政课守正创新、与时俱进，培养合格的中国特色社会主义事业建设者和接班人提供了根本遵循，指明了前进方向。教育部等十部门发布的《全面推进"大思政课"建设的工作方案》为思政课改革的具体开展提供了指导和依据。大思政格局下的思政课程改革，就是在思政课的宗旨——培养时代新人、培养社会主义建设者和接班人这一目标下充分利用传统教材和课堂以外的资源与方式，进行课程资源转换，使之成为思政课的课程要素，引导学思践悟，更好地完成思政课立德树人关键课程这一重任。"大思政课"本质上是要围绕思政课进行改革创新。习近平总书记在讲话中多次强调，思政课是帮助大学生树立正确的世界观、人生观、价值观的重要途径，是高等学校落实立德树人根本任务的关键课程。思政课指的是思想政治理论课，"大思政课"理念是在如何进一步办好思政课的要求下提出的。习近平总书记指出，"思政课不仅应该在课堂上讲，也应该在社会生活中来讲""大思政课我们要善用之，一定要跟现实结合起来。上思政课不能拿着文件宣读，没有生命、干巴巴的[1]"。这里讲的"大思政课"的出发点和实质都是思政课，正是为了进一步重视和加强思政课建设，才强调讲好"大思政课"。"大思政课"首先是思政课，必然具有思政课的属性、意义和要求。"大思政课"是思政课的新形态，而不是在思政课以外另外构建一种课程体系。大思政课改革的目的是上好思政课，是围绕思政课建设进行改革创新。大思政格局下的大思政课程是以《习近平新时代中国特色社会主义思想概论》为核心的思政课程必修群和贴近职业教育特点的思政课程选修群的结合。职业教育大思政课程是立足职业教育培养目标、具有各类职业教育特点的思政课程，比如，是围绕"德技并修、文旅融合"教学目标开设的集课程教学、课程实践、社会实践于一体的具有文旅行业特色的思政课程教学体系。

---

[1] "'大思政课'我们要善用之"（微镜头·习近平总书记两会"下团组"·两会现场观察）[N]. 人民日报，2021-03-07（01）.

（一）大思政格局下职业教育思政课程改革理念

在大思政格局下围绕职业教育办学实际、学情特征、育人目标开展精准化思政课教育教学，全过程深化对新时代职业教育思政课教什么、怎么教、在哪里教、如何评价等重大理论问题与实践问题的探索与解答，可遵循"一引领、两对接、三凸显、四融入"的理念进行思政课程改革创新。

1. 以习近平总书记关于新时代青年工作与思想政治理论课开展的重要论述为引领

职业教育大思政发展格局的建设需要牢牢聚焦一个中心，即以"习近平新时代中国特色社会主义思想"的学习贯彻落实为中心。习近平新时代中国特色社会主义思想，是马克思主义中国化时代化新的飞跃，是实现新时代中国特色社会主义各项事业发展的根本指导思想，也是全面推进新时代思政教育的基本遵循。习近平新时代中国特色社会主义思想是对新的时代课题的系统回答与创新突破，科学回答了中国之问、世界之问、人民之问、时代之问，是当代中国马克思主义、二十一世纪马克思主义，是中华文化和中国精神的时代精华。所以，无论是职业教育的发展还是行业产业的转型升级，都是在这一思想的引领下得以开展并持续发展的，以其为中心正是抓住新时代思政教育重点的必然之举。

（1）全面准确把握精髓要义，彰显思想高度

党的十八大以来，习近平总书记围绕党的青年工作和思想政治理论课发表了一系列重要论述，深刻阐明了党的青年工作的地位作用、目标任务、职责使命、实践要求，深刻回答了新时代培养什么样的青年、怎样培养青年等方向性、全局性、战略性重大问题。习近平总书记指出："当前形势下，办好思政课，要放在世界百年未有之大变局、党和国家事业发展全局中来看待，要从坚持和发展中国特色社会主义、建设社会主义现代化强国、实现中华民族伟大复兴的高度来对待。我们正在为实现'两个一百年'奋斗目标而努力。未来30年，我们培养的人要能够完成'两个一百年'的伟业。这就是教育的历史责任。"[1]这一系列重要论述形成了习近平总书记关于青年工作与思想政治理论课的重要

[1] 习近平.思政课是落实立德树人根本任务的关键课程[J].求是，2020（17）：4-17.

思想，把我们党对青年工作的规律性认识和对思想政治理论课的认识提升到了新的高度，为我们做好新时代大思政课背景下职业教育的思政课程改革指明了前进方向，提供了根本遵循。习近平总书记指出，"我们党立志于中华民族千秋伟业，必须培养一代又一代拥护中国共产党领导和我国社会主义制度、立志为中国特色社会主义事业奋斗终身的有用人才"。[1] 在培养什么人、怎样培养人、为谁培养人这个根本问题上，必须牢牢掌握党对思想政治教育工作的领导权，把习近平新时代中国特色社会主义思想贯穿办学治校和教书育人的全过程，为处于"拔节孕穗"期的青年学子扣好人生"第一粒扣子"。职业教育思政课改革要深刻领悟习近平总书记关于新时代青年工作与思想政治理论课的重要论述蕴含的鲜明政治品格，将蕴含其中的道理、学理、哲理转化为人才培养的思想方法和工作方法，健全育人机制，提升人才培养能力和水平。

（2）坚持立德树人根本任务，彰显价值温度

习近平总书记在 2018 年举行的全国教育大会上强调，党的十八大以来，我们围绕培养什么人、怎样培养人、为谁培养人这一根本问题，全面加强党对教育工作的领导，坚持立德树人，加强学校思想政治工作，推进教育改革，加快补齐教育短板，教育事业的中国特色更加鲜明，教育现代化加速推进。以学生为中心的育人立场是中国特色社会主义大学应当具有的显著特征。坚持立德树人的根本任务，这是职业教育思政课改革的"温度"所在。

百年大计，教育为本；育人之要，首在立德。2022 年 7 月，习近平总书记在新疆大学考察调研时指出："育人的根本在于立德。要坚持社会主义办学方向，培养德智体美劳全面发展的社会主义建设者和接班人。[2]""才者，德之资也；德者，才之帅也"[3]，人才培养是育人和育才相统一的过程。其中，育人是根本，是培养社会发展所需要的人的前提和基础。坚持立德树人，关键在于抓住育人这个根本，下大力气培养和提升青少年的思想道德修养，引导广大学生努力成为社会发展、知识积累、文化传承、国家存续、制度运行所要求的优

[1] 习近平.用新时代中国特色社会主义思想铸魂育人 贯彻党的教育方针落实立德树人根本任务 [N]. 人民日报，2019-03-19（01）.

[2] 习近平.在新疆考察时讲话 [N]. 人民日报，2022-07-06（01）.

[3] 习近平.在新疆考察时讲话 [N]. 人民日报，2022-07-06（01）.

秀人才。在新的历史征程上，坚持立德树人，必须科学把握育人和育才的辩证关系，着力推进社会公德、职业道德、家庭美德、个人品德建设，引导学生立大德、成大才，牢固树立马克思主义信仰、中国特色社会主义信念、实现中华民族伟大复兴中国梦信心，自觉培育和践行社会主义核心价值观，努力成为有大爱大德大情怀的时代新人。

坚持把立德树人作为教育的根本任务，说到底就是要将立德树人放置于教育教学的中心，作为检验衡量学校一切工作的根本标准。要形成全方位育人合力，关键在于善用"大思政课"培根铸魂，从校内与校外、课内与课外、线上与线下多个维度聚焦立德树人这一根本任务，将价值追求和精神风范融入人才培养全过程，贯穿整个人才培养体系，提升人才培养能力和水平，彰显育人工作的价值温度，逐步形成时时有育人、处处有育人、事事有育人的"大思政"格局，着力培养堪当民族复兴大任的时代新人。

2. 对接经济社会发展需要，对接新时代应用型职业教育人才的成长需要

"'大思政课'我们要善用之，一定要跟现实结合起来。"[1] 新时代，善用"大思政课"，要对接经济社会发展需要，对接新时代应用型职业教育人才的成长需要。要紧扣中国式现代化这个最大的政治，善用中国故事，把"大思政课"与经济社会发展需要对接起来。思想铸就灵魂，政治引领方向。时代在变迁，社会在发展，学生在成长路上必须面对社会经济发展的需要。当今时代，世界正经历新一轮大发展大变局大调整，各种不确定、不稳定因素明显增多。深刻理解和准确把握"百年未有之大变局"，影响着学生对当今世界发展与中国改革开放的客观认识，影响着学生对中国特色社会主义的政治认同、思想认同、理论认同、情感认同，也影响着学生树立正确的世界观、人生观和价值观。把"大思政"与社会大课堂相结合，就是要坚持理论联系实际，课堂上既讲道理，也摆事实，善于运用近年来的同心抗疫、脱贫攻坚、乡村振兴等典型事件，彰显中国特色社会主义制度的显著优势，教育引导学生坚定"四个意识"，增强"四个自信"，做到"两个维护"。同时，要让学生走出教室、走出学校，

---

[1] "'大思政课'我们要善用之"（微镜头·习近平总书记两会"下团组"·两会现场观察）[N]. 人民日报，
2021-03-07（01）.

走进社会大课堂,目睹时代大变迁,感受中国大发展,在生动直观的亲身体验教育中,引导学生准确识变、科学应变、主动求变,积极面对现实,抢抓发展机遇,勇敢迎接挑战,做到任你千变万化,我自从容应对,并把爱国情、强国志、报国行自觉融入建设社会主义现代化强国、实现中华民族伟大复兴的奋斗中。与经济社会发展需要结合、融入社会生活实践的场景,是讲好思政课,发挥其"大"的优势、实现其"善"的效用的必经之路。

善用行业产业资源,把"大思政课"与新时代应用型职业教育人才的成长需要对接起来。习近平总书记指出,要培养德智体美劳全面发展的社会主义建设者和接班人。党的十八大以来,习近平总书记结合新时代对人才要求的发展变化,赋予了人才新的时代内涵。各行业产业有自身人才培养的特点,比如,文化和旅游部就提出,要努力培养优秀青年旅游专业人才,创新旅游专业人才工作体制机制,全方位培养、引进、用好旅游专业人才,为建设社会主义文化强国、推动旅游业高质量发展提供有力人才支撑。旅游职业院校要充分认识旅游业覆盖面广、涉及面宽、受众面大等特点,大力挖掘文旅行业资源,推进思政教育改革,对接新时代应用型旅游人才的需求,面向广大旅游类专业学生开设思政教育大课堂,深化思政教育全课堂,构建具有旅游业人才培养特色的"大思政"新格局。

3. 凸显家国情怀、工匠精神与创新素养的培养

职业教育思政课程的教学目标是培养"德技并修"的新时代应用型职业教育人才。新时代应用型职业教育人才是建设社会主义文化强国、推动行业产业高质量发展的实践主体,家国情怀、工匠精神和创新素养是职教人才培养的重要内容。家国情怀的培养是个体由家及国的情感诉求和责任担当,是对家庭、社会、国家的深情热爱,是对社会责任、对国家前途命运的初心使命。从历史进程来看,家国情怀是中华民族几千年历经种种挫折磨难而不衰、实现从站起来富起来到强起来的精神支柱,在新时代更是实现中华民族伟大复兴"中国梦"不可或缺的精神动力之源。近年来,国际形势瞬息万变,国外各类思潮通过信息网络和其他媒体不断渗透到国内,家国情怀的培养成为大学生思想政治教育的重要内容。不同类型的职教人才结合行业产业的特征,又具有自身的思

政教育特点。比如，旅游人才本身就具有传播中华文化、促进文明交流的使命，培养这个群体的家国情怀，对于促进旅游人才全面发展，推动旅游业高质量发展，进一步讲好中国故事，为实现中华民族伟大复兴贡献力量具有重要的现实意义。

时代发展，需要大国工匠；迈向新征程，需要大力弘扬工匠精神。自古以来我国就有尊崇和弘扬工匠精神的优良传统。《诗经》有云"如切如磋，如琢如磨"，反映了古代工匠在切割、打磨、雕刻各类器物时精益求精、反复琢磨的工作态度。工匠精神是新时代应用型职教人才应有的精神风貌，是时代精神的最好注解。工匠精神是职业教育思想政治理论课的重要教学内容，也是职业教育思政课程的重要教学目标。将工匠精神有机地融入思政课教学过程，不仅拓展了职业教育思想政治教育的教学空间，而且有助于对职业教育思想政治教学体系进行创新，进一步推进职业教育思政课教学方法的优化，助力培养更多适应行业产业高质量发展的大国工匠。

创新素养是具有新思维、新能力，对过去旧事物进行改造升级的修习涵养，也可以理解为是对未来社会青年提出的一种新的、更高的要求。创新是一个民族、国家不断前进的动力源泉。中共中央、国务院印发的《中国教育现代化 2035》指出，"加强创新人才特别是拔尖创新人才的培养，加大应用型、复合型、技术技能型人才培养比重"[1]。在培养职教人才的过程中，应该始终激励学生把以改革创新为核心的时代精神内化于心、外化于行，坚定成长为具备创新素养的职教人才，适应行业产业的高质量发展，为中华民族伟大复兴做贡献。

4. 融入中华优秀传统文化、红色资源、中国式现代化的地区治理实践以及职业道德

习近平总书记在党的十九大报告中指出：必须坚持马克思主义，牢固树立共产主义远大理想和中国特色社会主义共同理想，培育和践行社会主义核心价值观，不断增强意识形态领域主导权和话语权，推动中华优秀传统文化创造性

---

[1] 中共中央、国务院. 中国教育现代化 2035[EB/OL].（2019-02-23）[2024-09-08]. https://www.gov.cn/zhengce/2019-02/23/content_5367987.htm.

转化、创新性发展，继承革命文化，发展社会主义先进文化。[1]职业教育思政课是立德树人的关键课程，在其教学中融入中华优秀传统文化、红色文化是立德树人的重要举措。同时，行业和产业的发展是实现中国式现代化的重要基础和有力支撑，对实现中国式现代化有着极其重要的意义和作用。融入中国式现代化的地区治理实践对激励新时代应用型职教人才的使命担当有着不可或缺的作用。职业道德是不同行业对从业人员的道德素养要求，以旅游行业为例，"游客为本，服务至诚"作为旅游行业的核心价值观，是社会主义核心价值观在旅游行业的延伸和具体化，是旅游行业持续健康发展的精神指引和兴业之魂。融入"游客为本，服务至诚"的旅游行业职业精神是对旅游职业教育思政课"培养什么样的文旅人"的必然回答。

将历史与未来相结合、理论与实践相结合，讲好马克思主义中国化时代化的道理，讲好中华民族伟大复兴的道理，讲好新时代好青年成长成才的道理，激励新时代应用型职教人才的使命担当，深度推进中华优秀传统文化、红色资源、中国式现代化的地区治理实践以及行业职业道德进教材、进课堂、进学生头脑，使其思索与关注行业产业发展与民族复兴休戚相关的历史与现实，职教人才献身民族复兴的理想与奋斗。同时，以行业和岗位实际需求为主要元素拟定课堂与课外实践环节，启发学生在职业生涯的具体实践中践履崇高理想信念和道德品质追求，促进思政课的基本理论与行业产业具体实际、岗位工作职责的具体实践相结合。

（二）大思政格局下职业教育思政课程改革目标

1. 育人目标的改革

（1）坚定的政治立场和较高的政治觉悟

我国职业教育培养的是社会主义国家行业产业的从业者，在工作中要担负起应有的责任。一是要有坚定的政治信念。只有坚定科学社会主义和共产主义的政治信念，才能构建起坚强的精神支柱。二是要有坚定的政治立场。在新的历史时期，要立足于坚持党的四项基本原则，坚决执行党的基本路线和各项

---

[1] 习近平. 在中国共产党第十九次全国代表大会上的报告[N]. 人民日报，2017-10-28（01）.

方针政策,把党中央精神与自身工作自觉地结合起来,把握正确的政治方向,大力弘扬革命传统和革命精神。三是要有较高的政治水平。对工作要有强烈的事业心和责任感,在工作中坚持为社会、为人民服务的宗旨,把握时代发展的主题。

（2）具备职业道德和社会责任意识

社会主义行业产业从业者需要具备高度的职业道德,以旅游职业教育人才培养为例,旅游人才要能够诚信、热情地为游客提供优质的服务,应该注重个人形象和言行举止,做到言行一致,把"游客为本,服务至诚"作为自身的核心价值观。通过思政教育,可以加深对职业道德的了解和认识,加强从业人员对自身行为的责任感和使命感。职教人才还需要具备较强的社会责任意识,关注社会问题并积极参与相关活动,了解社会的发展变化,关心弱势群体的权益,积极参与社会公益事业。比如,旅游职教人才就可以通过文旅工作,勇于承担社会责任,开展弱势群体的旅游服务,并探索适合残障人士的旅游产品开发等。通过思政教育,提升从业人员对社会问题的认识和理解,为社会发展贡献自己的力量。

（3）具备唯物史观和正确党史观

作为社会主义国家的行业产业工作者,职教学生必须具备唯物史观和正确党史观。强化职教学生党史学习教育,引导学生树立唯物史观和正确党史观,增进历史认同,强化责任意识,是新时代职业教育思政课改革的重要内容,也是培养担当民族复兴大任时代新人的必然要求。职业教育时代新人不仅需要拥有丰富的知识和技能,还需要具备坚定的唯物史观和正确党史观。在面对各种复杂的意识形态挑战时,职教人才必须始终将党、国、家放在心中,才能在具体实践中抵制错误言论和思潮并且和错误言论作斗争。认真学习党的历史,从党的历史中汲取精神力量,把自己融入国家发展的伟大实践,才能更好地在产业转型发展中实现自己的人生价值。职教学生要对标"培养德智体美劳全面发展的时代新人"的要求,唯物史观和正确的党史观教育可以为学生的精神世界提供有力武装,促进其自身的全面发展。

以旅游职业教育为例,对旅游职业院校而言,红色资源在培养学生具备唯物史观和正确党史观的过程中应该发挥更大优势。习近平总书记高度重视红色资源的保护、管理和运用，反复强调用好红色资源、传承好红色基因。党的十八大以来，习近平总书记每到地方考察，都要瞻仰对我们党具有重大历史意义的革命圣地、红色旧址及革命历史纪念场所，重温峥嵘岁月，回顾艰难历程，弘扬革命精神。习近平总书记先后在多个重要场合就弘扬革命文化、用好红色资源、赓续红色血脉发表一系列重要论述。习近平总书记强调，"革命文物承载党和人民英勇奋斗的光荣历史，记载中国革命的伟大历程和感人事迹，是党和国家的宝贵财富，是弘扬革命传统和革命文化、加强社会主义精神文明建设、激发爱国热情、振奋民族精神的生动教材"[1]"红色资源是我们党艰辛而辉煌奋斗历程的见证，是最宝贵的精神财富，一定要用心用情用力保护好、管理好、运用好"[2]。

（4）具备一定的创新创业意识与能力

习近平总书记指出，"创新是第一动力"[3]"坚持抓创新就是抓发展、谋创新就是谋未来"[4]。作为新时代的职教人才，只有具备一定的创新创业意识与能力，才能适应新时代行业产业的变革升级。要通过思政教育，提升学生创新创业意识与能力，拓宽学生的思维方式和视野，培养学生积极进取、勇于创新的精神。比如，旅游职教人才面对信息技术＋、人工智能＋的行业发展大趋势，只有积极投身于智慧出行、智慧酒店、智慧景区、智慧旅行社、智慧城市等领域，才能不断地利用新技术新知识开发出新的智慧旅游产品与旅游服务模式，更好地为行业发展服务。

2. 教学效果目标改革

"大思政课"应将过程性评价与结果性评价结合，实现教、学、评一体化，即以课程目标是否达成为标准，教师"教"、学生"学"与教学的"评"应形成一体化的有效闭环。坚守立德树人评价目标，提高评价的针对性。立德树人是思政课教学评价的根本标尺。立足立德树人的教学实效设计评价目标，确立

[1] 习近平. 切实把革命文物保护好管理好运用好 激发广大干部群众的精神力量[N]. 人民日报，2021-03-31（01）.

[2] 习近平. 加强文化遗产保护传承 弘扬中华优秀传统文化[J]. 求是，2024（8）：4-13.

[3] 习近平. 深入实施新时代人才强国战略 加快建设世界重要人才中心和创新高地[J]. 求是，2021（24）：4-15.

[4] 习近平. 在中国科学院第十九次院士大会、中国工程院第十四次院士大会上的讲话[N]. 人民日报，2018-05-29（01）.

评价标准,从知、情、行、意四个维度评价教学实效。根据"大思政课"涉及的教学形式、方法、主体、对象构建以获得感为核心的综合评价标准体系,并加强过程性评价,比如,将学生的学习兴趣度和学习过程的抬头率作为评价标准一部分等;针对"课堂+实践"的教学形式和"线上+线下"的教学方法的特点,设定整体评价标准;针对不同教学主体的授课特点,如校内思政教师、大国工匠等兼任思政教师等进行针对性研究,设立分类评价标准。在信息化教育改革如火如荼的当下,要善于利用大数据,利用信息化平台全程记录,开展学生思政类增值性评价。

（三）大思政格局下职业教育思政课程体系建设

为深入学习贯彻习近平总书记在全国高校思想政治工作会议、全国教育大会、学校思想政治理论课教师座谈会等会议上的重要讲话精神,从培养新时代职业教育新人的战略高度,要把思政课作为落实立德树人根本任务的关键课程,充分挖掘红色资源等校内外思政教育资源,构建职业教育大思政课程体系。2019年8月,两办印发《关于深化新时代学校思想政治理论课改革创新的若干意见》[1],明确提出在保持现有思政课课程体系相对稳定的基础上,结合职业院校实际,可围绕马克思主义经典著作、中华优秀传统文化、五史等开设选择性必修课程。结合以上要求,可以对职业教育尤其是高职教育,开展以下思政课程的体系建设。

1. 始终坚持党的全面领导,打造以"德技并修"为精神内核的思政课程体系

构建以思政金课为代表的思政课程体系,逐步完善"习近平新时代中国特色社会主义思想概论"课程群,形成"4+N"课程群架构体系。其中4指的是"习近平新时代中国特色社会主义思想概论""思想道德与法治""毛泽东思想和中国特色社会主义理论体系概论""形势与政策"四门必修课,N指的是立足于行业产业特色和职教特色的专业选修课和公共选修课。

---

[1] 中共中央办公厅 国务院办公厅.关于深化新时代学校思想政治理论课改革创新的若干意见[EB/OL].（2019-08-14）[2024-06-25]. https://www.gov.cn/zhengce/2019-08/14/content_5421252.htm.

在思政课程讲授的过程中，坚持以习近平新时代中国特色社会主义思想为指导，深入贯彻落实党的二十大和历次全会精神，贯彻落实习近平总书记关于教育的重要论述，特别是在学校思想政治理论课教师座谈会上的重要讲话精神，落实立德树人根本任务，以社会主义核心价值观统领课程改革，着力提升课程的思想性、科学性、时代性、系统性和指导性，培养德智体美劳全面发展的社会主义建设者和接班人。

突出立德树人的根本任务。坚持政治性和学理性相统一，系统梳理马克思主义中国化时代化理论成果的理论脉络，以透彻的学理分析构建教学话语；坚持价值性和知识性相统一，强化理论素养，把握教材精神，引导学生坚定马克思主义信仰；坚持理论性和实践性相统一，确保思政小课堂与社会大课堂紧密联系。

突出职业教育特色。在教学内容上，注意思政课程教学重点难点和行业产业相结合，突出教学案例与职业或专业结合；在教学方法上，关注职业教育特点、关注学生的课堂教学参与，在制定实践教学方案的过程中，结合地域特色和行业特点，形成具有本校特色的思想政治理论课，培养德技并修的职业教育人才。

构建专业选修课体系。职业院校可以立足行业特色，开发具有不同专业特点的思政选修课程。比如，旅游类院校就可以在旅游管理、导游、研学旅行管理与服务等相关专业开设"红色旅游类"和"革命场馆类"专业选修课程，编撰相应教材，建设好红色旅游课程，用好红色资源，抓好红色教育，引导学生传承红色基因，赓续红色血脉。

完善以党史为重心的公共选修课体系。职业院校可以开设"走进五史""中国近现代史纲要""改革开放史"等公共选修课程，坚持以史育人，培根铸魂，引导学生正确认识中国社会历史的发展，深刻领会"历史和人民是怎样选择了马克思主义、选择了中国共产党、选择了社会主义道路、选择了改革开放"，培养学生正确的历史观和科学方法论，廓清历史迷雾，旗帜鲜明地反对各种错误思潮，坚定走中国特色社会主义道路，为实现中华民族伟大复兴而不懈奋斗。

2. 形成以"门门有思政、人人讲育人"为主导的思政育人体系

习近平总书记指出："学校思想政治工作不是单纯一条线的工作，而应该是全方位的。"[1] 思想政治教育作为一项系统性工程，应调动一切育人主体，发掘一切育人资源，形成强大育人合力。坚持课程思政与思政课程同向同行。课堂是开展思想政治工作的主渠道和主阵地，既要承担思政课程这一在落实立德树人任务中发挥引领作用的关键课程，又要强化全体教师的育人责任，发挥好课程思政作用。两者互相关联，同频共振，形成协同效应。

课程思政与思政课程同频共振，不是二者合二为一，更不是一方取代另一方，而是在保持各自特色和育人优势的同时，做到二者功能互补，在协同育人过程中相互促进，共同发展。课程思政与思政课程要改变合力不强的状态，必须构建以思政课程为核心、课程思政为延伸的高校思想政治教育课程体系，建好建优教学课程，充分发挥课程育人的作用。要继续深化思政课程改革，厘清思政课程的重点及难点，明确思政课程应承担的职责任务，为思政课程的思想价值引领提供空间和示范。

3. 建立以思政小课堂融入社会大课堂的"行走课堂"

"行走课堂"作为社会实践教学的一种，是指根据学生自身发展和社会需求，按照课程教学内容和目标，在教师有目的、有计划、有组织的指导下，带领学生走出课堂，深入社会，让学生亲身体验和感受社会这个大"课堂"，获得直接经验，从而提高课堂教学效果的一种教学方式。在思想政治理论课中打造"行走课堂"的目的就是通过让原来单一的思政教学课堂"行走"起来，比如，让学生到大社会中亲身体验，结合课堂讲授知识点，从而使思政课课堂更加丰富和活跃。以旅游职业教育为例，党的二十大报告指出"坚持以文塑旅、以旅彰文，推进文化和旅游深度融合发展"，[2]《"十四五"旅游业发展规划》也指出"充分发挥旅游业在传播中国文化、展示现代化建设成就、培育社会主义核

[1] 习近平.思政课是落实立德树人根本任务的关键课程 [J].求是，2020（17）：4-17.
[2] 习近平.高举中国特色社会主义伟大旗帜 为全面建设社会主义现代化国家而团结奋斗—在中国共产党第二十次全国代表大会上的报告 [N].人民日报，2022-10-26（01）.

心价值观方面的重要作用"。[1] 旅游职业教育的"行走课堂"建设，要将各类旅游资源与思政课结合起来，探索思想政治素质引领专业能力素质的培养方式。比如，可以通过"风景名胜里的中国"等实践环节的设计将教材内容项目化，将思政课习得的思想政治素质细化、具体化，并落实在专业能力提升中，将学生对中华民族精神基因的准确认知和中国共产党人精神谱系的全面理解等，与讲好红色旅游故事、设计红色研学等能力素质相结合，与专业课程联动，深化育人实效。

要进一步把握思政课的实践性，将思政小课堂与社会大课堂结合起来，建立以思政小课堂融入社会大课堂的"行走课堂"。将思政课的"触角"从教室、教材延伸至社会以及学生的生活世界、职业生涯与社会大环境中，将中国共产党人领导下的革命与建设的光辉历史以及新时代社会主义建设的生动实践有机融入行走课堂的教学设计与实施，在"社会生活"中讲思政课，让城市发展、社区治理、居民生活及其理念境界成为立德树人的"活教材"，通过实地考察感知中国式现代化的地区探索与治理实践，通过走访居民传递新时代的自豪感与幸福感，通过教学平台分享、评比推动感性认知到理性认识的转化与升华，在师生互动、生生互动中见证新时代人民群众美好生活，促进走中国特色社会主义历史必由之路的思想觉醒，坚定听党话跟党走的政治自觉，领会新时代爱国主义的实践要求，在提高全面建设社会主义现代化强国的使命感的基础上融入民族复兴伟大实践的要求。通过行走课堂，推进知行合一，通过"知"引导"行"，通过"行"巩固"知"、拓展"知"、检验"知"、笃信"知"、力行"知"、传播"知"，使学生完成从教室里的求知者到实践中的探究者的深层次转变与升华，从而能够把崇高理想信念和精神品质追求转化为具体职业行动，使思想政治素质创造性地融入专业实际及职业岗位实践，确保问题导向、目标导向、结果导向的有机统一。具体而言，以旅游职业教育为例，在行走课堂的建设开展过程中，可以遵循以下主要步骤。

（1）编制"行走课堂"实践教学方案

每一次实践教学活动可按照文旅实践教学基地简介、课程内容、实践教学

---

[1] "十四五"旅游业发展规划 [EB/OL]. （2022-01-20）[2024-09-20]. https: //www.mct.gov.cn/preview/whhlyqyzcxxfw/zhgl/202201/t20 220126_930708.html.

目的等内容，编制实践教学方案，明确实践教学活动的教学主题、教学目的、教学环节、教学内容、作业安排等，规范"课堂指导—基地教学—调研总结"全过程，提升实践教学的规范性，有助于解决"有实践缺教学"的问题。

（2）"行走课堂"项目的实施

教师围绕实践主题结合理论进行指导，带领学生前往实践教学基地通过"现场沉浸式教学、社区嵌入式调查、校企互动式教研、过程体验式展示"等实践教学形式进行调查研究。比如，在南京旅游职业学院的思政课程行走课程改革中设计的"现场沉浸式教学"，打破了传统课堂的壁垒，将思政课程教学放在社会现场，组织师生赴实践基地进行学习考察，赴雨花台烈士陵园等革命场馆聆听红色故事，以身临其境的现场教学促进学生的沉浸式感悟；"社区嵌入式调查"以"中国式现代化""乡村振兴""社区的幸福生活"为主题带领学生分赴南京小西湖社区、钱家渡村等地进行实地调研，加强学生对中国社会的认识和理解；"校企互动式教研"通过与文旅企业负责人的交流和互动，深化师生对行业的认知；"过程体验式展示"通过实地走访和具体实践，使学生深刻体悟思政课的理论价值。

二、大思政格局下职业教育思政课程改革重点任务

"大思政"教育理念具有全员参与、时空延续与拓展、开放性等特点，既保留了传统思政教育的优点，又与新时代思政教育发展趋势相适应。"大思政"格局下，推进职业教育大思政课程改革实践，可采取提升师资队伍实力、完善思政课程体系、推进思政课数字化转型发展、丰富思政教学方法、促进大中小学思政课一体化建设等重点措施，推动职业教育思政课程各个环节之间的有机融合与统一整合，逐步提升思政教育的亲和力与感染力。

（一）大思政格局下职业教育思政课程师资培养

大思政教育共同体的打造，首要的任务是师资队伍的培育。习近平总书记曾对教师队伍提出做学生为学、为事、为人的示范，促进学生成长为全面发展的人，成为"大先生"的要求。"大先生"的要求首先是思政教师的发展目标，思政教师不能做照本宣科的教书匠，还要按照"六个要"的要求，实现从"经师"到"人

师"的转变，以坚定的信仰、深厚的学理、广博的知识和独特的人格魅力塑造学生的品格、品行、品味。"大先生"的要求也是对各类职教教师，包括对行业导师、社团指导老师等的要求，在专业课教学和实践实训指导的过程中，教师都应自觉以强烈的家国情怀观照教育职业，把培养堪当民族复兴大任时代新人的使命始终记于心，践于行。尤其在混编式教师创新团队的打造过程中，思政教师应该成为教师团队中的思想引领者，主动作为、积极参与，把握意识形态之脉、定精神塑造之向；其他各类教师要育德于知，塑德于技，主动将知识、技能的传授与德育的熏陶结合起来，形成不同类型教师的优势互补与良性互动，打造"大先生式"混编教学团队，为职业教育大思政发展格局的实施奠定师资基础。

教师是办好思想政治理论课的关键，要把思政课教师队伍建设作为基础性、战略性工程，深入推进思政课改革创新，通过人才引进、校内转岗等方式，持续优化思想政治理论课教师的学历、职称结构，配齐建强思想政治理论课教师队伍。面对处于"拔节孕穗期"的青年学生，教师的专业程度直接影响他们价值观的形成和确立，只有理论素养扎实、思想品德高尚的教师才能真正铸就青年学生的思想和灵魂。

"大思政课"要推进以专业铸就人才。思政课从根本上来说，是一门集思想、政治、理论于一体的专门化课程。"思政课作用不可替代，思政课教师队伍责任重大。"思政课所包含的具体各门课程均具有很强的专业性要求。习近平总书记对推动思政课改革创新提出了"八个相统一"的教学要求，这是不断增强思政课的思想性、理论性和亲和力、针对性的重要保障。思政课所具有的重要性、特殊性、专业性特点，要求必须构建一支专业强、素质硬、本领高的队伍，思政课专职教师是其中的核心力量，是进行马克思主义理论教育、引导学生树立远大理想和崇高信仰的中坚力量，是将学生培养为德智体美劳全面发展的社会主义建设者和接班人的直接引领者。因此，思政教师必须旗帜鲜明地讲好思政课、理直气壮地上好思政课，帮助学生"扣好人生的第一粒扣子"，铸就学生正确的思想价值观念和优良的道德品质，推动学生实现理论水平和专业素质的共同进步，锻炼学生自主分析并解决实际问题的能力，这些思政课所特有的专业性要求需要依靠思政教师作为主力军来实现。从办好思政课，到推动善用"大思政课",不仅要求教学涉及专业理论知识,而且要延伸至社会现实;要求教师不仅要具备纵深的历史视野和宽广的国际视野,而且要解决学生的思想困惑,要回应学生的现实追问,要围绕经济、政治、文化、社会、生态等方面展开当前世情、国情、民情的全面阐释与准确解读。因而,思政课教师在具备扎实理论功底的同时,还要密切关注社会现实状况和时代发展实际,在考察实际、深入实际、联系实际的过程中把思政课讲明白,讲清楚,讲透彻,讲精彩。为此,思政课教师应善于联动各类社会力量,以拓展育人宽度和广度,在遵循传统教学范式的同时,协同更多力量围绕主题延展教学内容,善于运用国事、天下事、身边事来丰富教学主题,在历史与现实的交汇中,在理论与实际的联系中、在"思政小课堂"与"社会大课堂"的贯通中,引导学生为实现中华民族伟大复兴自觉矢志奋斗,由此凸显"大思政课"的大视野、大愿景、大胸怀和大格局。在这一方面,职业教育思政课教师具有独特的优势。职业教育教师长期对接行业产业,对行业的人才需求、行业特点均有不同程度的掌握与了解,有利于及时把行业产业的最新内容融入思政课堂教学,并结合行业产业特点设计开展思政课程实践活动,以提高思政教育的实效性。

(二)大思政格局下职业教育思政课程教学协作体建设

1.师资协同

师资协同是推进"大思政课"教学的关键。整合思政课教师、专业课教师、学生辅导员和班主任队伍,组建多学科背景互相支撑、良性互动的大思政教学团队。拓展并利用优质社会资源补充师资力量,将知识背景开阔、社会经验丰富且实践能力突出的师资人才纳入兼职教师队伍,能够以更为宽广的教学视野和覆盖面充实学生的知识体系,扩展学生的知识维度,丰富学生的现实体验。通过专兼结合、量质兼顾不断完善思政课师资结构,在优势互补中增强教学效果,提升教学水平,使专兼职教师共同做好青年学生的引路人和护航者,进而充分彰显育人成效。

一是在校内坚持大思政育人理念。一方面打造以思政课专职教师为主、专业教师为辅的专兼职思政课实践教学教师共同体;积极邀请英雄人物、劳动模范、大国工匠等先进代表，革命博物馆、纪念馆、党史馆、烈士陵园等红色基地的专家和优秀讲解员等走进校园参与思政课实践教学，建立校外兼职实践教学教师库。另一方面通过思政课程与课程思政师资手拉手帮扶计划，打造思政课程与课程思政"手拉手"协同育人教学团队。通过校内与校外相结合、专家型与兼职型相配合，汇聚校内外多方力量，建设大师资协同育人。比如，南京旅游职业学院全体思政教师就全程参与各专业课程思政团队，打造课程思政示范专业、课程思政示范课程。通过专业教师和思政教师共同安排学生结合专业，收集有关革命历史、人物传记，编写红色旅游导游词，开展志愿讲解服务等实践活动，拓展思政教育的广度和深度。

二是"大思政课"要拓展师资队伍建设视野。高质量的思政课建设与发展离不开高素质思政课教师队伍，如果说专职教师是思政课教师队伍的主力军，那么兼职教师则是一支具有活力和魅力的生力军。建设一支结构多元、能力突出的思政课兼职教师队伍，是实现多元师资协同育人的必要支撑。2020年3月，教育部颁布的《新时代高等学校思想政治理论课教师队伍建设规定》指出："鼓励高等学校统筹地方党政领导干部、企事业单位管理专家、社科理论界专家、各行业先进模范以及高等学校党委书记校长、院（系）党政负责人、名家大师和专业课骨干、日常思想政治教育骨干等讲授思政课。"[1]首先，行业产业专家普遍具备良好的政治思想素养与丰富的实践经验，将其纳入思政课兼职教师队伍，能够使学生近距离了解现实社会的发展、成就与挑战，有利于提升学生的知识运用能力和问题分析能力。其次，社科理论专家、名师大家往往具有较强的科研能力和深厚的理论积淀，分析问题具有深刻的思想性与学理性，既能增强课程教学的思想吸引力，又能开拓学生的理论视野。再次，行业先进模范是各领域的典型代表，他们通常拥有出色的工作能力、无私的奉献精神或高尚的道德品质，将其引入思政课教师队伍能够充分展示其示范带头的精神风范，在讲述其亲身经历中感化和浸润学生，起到价值引领的作用。最后，红色场馆实践基地的工作人员和优秀社会团体的工作人员等也可以加入思政课兼职教师队伍，协同打造一支社会化的兼职教师队伍，进一步丰富并完善思政课师资

[1] 中华人民共和国教育部.新时代高等学校思想政治理论课教师队伍建设规定[EB/OL].（2020-01-16）[2024-08-05]. https：//www.gov.cn/gongbao/content/2020/content_5509718.htm.

队伍结构,以更加宽广的建设视野适应并满足"大思政课"实践性和广泛性的要求。

三是专职、兼职师资共联互动推进"大思政课"建设,构建多元主体共同参与的协同育人新格局。作为一项新的复杂系统工程,"大思政课"之大,体现在育人主体之广大,强调育人主体涵盖范围的多元性、全面性和丰富性,要调动一切力量从而凝聚起各方育人合力。受自身能力素质、教育影响范围等因素的制约,思政课专职教师发挥的作用总有限度,各类有效外部力量的进入将拓展队伍原有的功能,弥补单一队伍和单一力量所带来的知识结构和经验范围等方面的不足。专职与兼职教师若能建立起持久的沟通合作关系,还将进一步激发专职教师队伍调整传统教学模式、完善自身知识结构、拓展良好社会交往等方面的动力,真正建成一支"专职为主、专兼结合、数量充足、素质优良的思政课教师队伍"。通过队伍联动,将思政课专职和兼职教师组建成一个广义的整体,在整合中更好地彰显协同育人的优势。专兼职教师可以开展的协同内容包括三个方面。其一,实现思政课专兼职教师育人理念的协同。"大思政课"的根本目的在于充分调动并利用一切资源,为落实立德树人根本任务服务,思政课专兼职教师在担当起这一育人使命与责任上须有一致的理念。其二,创建思政课专兼职教师优势互补的教师创新团队。专兼职教师可以充分发挥各自的优势,把扎实的理论功底、丰富的学科背景、多样的实践经验有机结合,提高思政课教学效率,实现协同育人的效能优化。其三,搭建思政课专兼职教师交流平台。可以通过专兼职教师共同参与实践交流、教学研讨等途径沟通和联系,在相互学习、相互激励、相互帮扶和相互合作中共建共享各类教学资源,以群体性聚合效应提升思政课育人实效性。大时代需要大格局,大格局呼唤大胸怀。通过专兼结合、内外协同打造全员参与、全员育人的"大思政课"供给主体,充实"大思政课"师资力量,才能真正将"大思政"育人理念落到实处,推进构建面向第二个百年奋斗目标的育人新格局。

2. 资源协同

"大思政课"并非另设思政课程、完成指定任务,而是应当充分挖掘各类课程的丰富教学资源,通过协同合作的育人体系优化资源配置,使各类资源充分汇聚融合于思政课程之中，把知行合一贯穿教学全过程，形成内外联动的强大育人合力。

一是拓展校内资源。首先，挖掘课堂教学资源。立足专业优势挖掘新的教学资源，以同向发力为价值追求，寻找蕴藏于课堂教学中的思政元素，激活蕴含其中的思政资源并将其具象化为思政课堂教学内容，并在教学中融入职业道德教育和职业教育的价值引领。引导学生探寻行业产业实践中蕴含的道理、学理和哲理，加深学生对抽象理论的理解，增强资源运用的联动性。其次，整合校内文化资源。将分散在校园各处的育人资源重新挖掘、整合并分配运用，配合各门思政课程开展和使用，为"大思政课"创造条件。

二是联结校外资源。思政课程与"大思政课"实践教学基地、爱国主义教育基地、红色文旅目的地、乡村振兴实践地、高新技术科技产业园区、民营企业示范区、基层党组织、社区等共建，定期组织学生赴校外教学基地开展调研、实习、挂职锻炼，帮助学生全方位了解国家政策、社会热点、社情民意，提高学生运用所学知识解决社会问题、行业问题的能力。引导学生走出校门、深入社会，开展社会调查、志愿服务、公益活动、专业实习等社会实践活动，了解我国发展实际，提升认知和实践能力。此外，要促进校企合作，发挥校友企业的作用，积极争取社会力量支持，充分整合社会资源。

（三）大思政格局下职业教育思政课数字化转型发展

随着物联网、云计算、大数据、人工智能等新一代信息技术的快速发展，社会生产方式和人们的生活方式都发生了广泛而深刻的变化，也引发了教育领域的深刻变革。2022年7月，教育部等十部门印发了《全面推进"大思政课"建设的工作方案》，明确提出"坚持开门办思政课，强化问题意识、突出实践导向，充分调动全社会力量和资源建设'大课堂'、搭建'大平台'、建好'大师资'"[1]等要求，运用现代信息技术，创新建设思路和理念，将鲜活生动的社会实践和红色文化资源转化为"大思政课"的数字化教学资源，贯通思政小课堂和社会大课堂，提升大思政课背景下职业教育思政课教学的亲和力和针对性。习近平

---

[1] 教育部等十部门关于印发《全面推进"大思政课"建设的工作方案》的通知[EB/OL].（2022-07-25）[2024-10-25]. https：//www.gov.cn/zhengce/zhengceku/2022-08/24/content_5706623.htm.

总书记也强调,要"运用新媒体新技术使工作活起来,推动思想政治工作传统优势同信息技术高度融合,增强时代感和吸引力"[1]。当前,人工智能技术与思政课教育教学的融合创新逐渐成为课程改革的新着力点。如何建设数字化教学资源,推进人工智能技术与思政课教学深度融合,提升职教思政课的针对性和亲和力,成为当前大思政背景下职业教育大思政课教学改革的重要方向。

推进大思政课背景下思政课数字化转型发展,首先要明确建立什么内容的数字化资源,这些数字化资源又应该达到什么样的质量标准、具备什么样的特征,才能有效解决"建什么"和"如何建"的问题。构建"大思政课"数字化教学资源建设的内容体系,既是"大思政课"数字化教学资源究竟"建什么""如何建"的逻辑起点,又是"大思政课"数字化教学资源的成果呈现。只有围绕立德树人宗旨和职业教育的特色来构建"大思政课"数字化教学资源的内容体系,编制建设方案,才能有序地推进资源建设,切实破解"建什么"的难题。围绕立德树人的宗旨来建设,就是明确"培养什么人、怎样培养人、为谁培养人"是教育的根本问题,也是建党百年来的育人经验。思政课是立德树人的关键课程,只能加强,不能削弱。面对纷繁复杂的社会思潮,将百年党史育人、中华优秀传统文化、改革创新的时代精神、红色文化资源、行业工匠劳模精神等育人素材,借助 VR、AR、MR、元宇宙等技术,以可视化、网络化、智能化的方式呈现,可以提升思政课教学的针对性和实效性,让青年学生深刻理解中华民族的根和魂,真切感悟"中国共产党为什么能,中国特色社会主义为什么好,归根结底是马克思主义行,是中国化时代化的马克思主义行"的理论逻辑和实践逻辑,从而坚定听党话、跟党走的信仰。

其次,要结合职业教育的特点和服务行业产业来建设。资源为教学服务,教学牵引资源建设。思政课与信息化手段的融合创新是推动思政课高质量发展的发展方向和重要驱动力量,数字化教学资源要遵循服务课程教学目标、立足教学应用来建设,围绕思想政治理论课教学的重点、难点来开发,借助虚拟仿真实训中心、智慧教室等硬件,创设体验式、沉浸式教学场景,帮助学生深刻理解马克思主义中国化时代化理论成果及其蕴含在知识中的理论逻辑、实践

---

[1] 习近平.把思想政治工作贯穿教育教学全过程开创我国高等教育事业发展新局面[N].人民日报,2016-12-09（01）.

逻辑与价值情感，让学生产生身临其境的情感体验，有效突破教学重点难点，促进知情意行的统一。

最后，要突出行业产业和职业教育特点来建设。教师还要立足自身资源禀赋，开发具有行业特色、地方特色和校本特色的教学资源来支撑智慧思政课堂的创新变革。比如，随着信息技术在思政课堂教学中的广泛应用，"智慧课堂"已经成为促进思政课堂教学与信息技术深度融合的重要途径之一。"智慧课堂"教学模式主要由课前、课中、课后三个环节构成。在课前环节，教师通过网络教学平台向学生推送各类课程学习资源，包括预习任务单、微课视频等。以微课的建设和使用为例，微课视频需要思政教师提前拍摄并上传至智慧课堂。微课视频作为重要的信息化资源，在制作过程中要充分融合行业特点和职业教育特点，最大限度发挥信息化资源的教学作用。思政教师在带领学生走进社会场景拍摄课程资源的过程中，加深了思政教师对课程内容的理解，显著提高了学生学习的有效性。学生自主学习平台推送的课程资源，教师依据网络平台反馈，分析数据，设计教学方案。在课中环节，思政教师可通过虚拟现实全景所具有的沉浸式体验，让学生跨越空间，仿佛置身于真实环境中，便于教学内容的传播和教学目标的实现。在课后环节，教师可根据每个学生的学习情况，发布个性化的课后作业；学生自主完成巩固练习，及时获得教师反馈，最后在信息化平台上发布感想、收获与疑问，并与老师、同学在线讨论交流，还可以利用信息技术与行业的专家、楷模等进一步交流互动。

（四）大思政格局下促进大中小学思政课一体化建设

习近平总书记强调："要坚持以新时代中国特色社会主义思想为指导，全面贯彻党的教育方针，落实立德树人根本任务，坚持思政课建设与党的创新理论武装同步推进，构建以新时代中国特色社会主义思想为核心内容的课程教材体系，深入推进大中小学思想政治教育一体化建设。"[1] 鲜活的行业产业资源蕴含着强大的政治价值和深厚的历史底蕴，用好、用活行业产业资源，有利于职业院校在促进大中小学思政课一体化建设中贡献更大力量。

---

[1] 习近平. 对学校思政课建设作出重要指示强调不断开创新时代思政教育新局面 努力培养更多让党放心爱国奉献担当民族复兴重任的时代新人 [N]. 人民日报，2024-05-12（01）.

2020 年，中共中央宣传部、教育部联合印发的《新时代学校思想政治理论课改革创新实施方案》提出"建立纵向各学段层层递进、横向各课程密切配合、必修课选修课相互协调的课程教材体系，实现课程目标、课程设置、课程教材内容的有效贯通"。这就要求大中小学要有大局意识，从立德树人根本任务的视角出发，形成学科、课程协同联动。在立德树人根本任务的指引下，一是大中小学各学段要结合具体实际，科学设置本学段教学目标。小学阶段以启蒙教育为目标，重在引导其形成符合时代要求的美好愿望；初中阶段以思想教育为目标，重在引导学生强化契合主流意识形态的思想意识；高中阶段以素养教育为目标，重在引导学生形成制度认同和政治认同；大学阶段以使命教育为目标，重在引导学生形成崇高理想和责任担当。二是要创新性调整课程体系，将打造以习近平新时代中国特色社会主义思想为核心内容的思政课课程群作为主要任务，在保持各学段思政课必修课程设置相对稳定的基础上，加强具有选修性的思政课建设，突出强化思政课课程群的科学性、系统性和开放性。初中、小学阶段可结合校本课程、兴趣班和当地实际情况等开设选修课，高中阶段可结合习近平总书记最新重要讲话精神开设选修课，大学阶段可结合党史、新中国史、改革开放史、社会主义发展史、宪法法律、中华优秀传统文化等课程模块开设思政选修课和思政公开课。三是要统筹优化教学内容。大中小学思政课建设都必须突出主题，始终坚持以习近平新时代中国特色社会主义思想铸魂育人；强化重点，在提高政治认同、家国情怀、道德修养、法治意识、文化素养上下功夫；聚焦主线教育引导学生将爱党、爱国、爱社会主义、爱人民、爱集体相统一；优化内容，系统推进马克思主义理论教育、中国特色社会主义和中国梦教育、社会主义核心价值观教育、法治教育、劳动教育、心理健康教育、中华优秀传统文化教育等。

切实推动行业资源与大中小学思政课程有机融合，强化行业产业资源融入大中小学思政课内容建设。行业产业资源融入大中小学思政课一体化教学内容应层层递进和有效衔接，要用好用活行业产业资源，职业教育院校要将行业产业资源融入课堂、浸润教材、滋养学生头脑，使行业产业资源成为大中小学思政课的生动案例库，进而带动中小学思政教育协同发展。以文旅资源融入为例，小学阶段以启蒙教育为目标，结合小学生的认知能力，可利用革命遗址、故居、重要历史事件纪念地等直观的文化实物形态，或者革命人物照片、事迹和故事等形象化元素丰富教学素材。以梅园新村纪念馆为例，通过讲述周总理长达 10 个月的艰难谈判的故事，让学生形象地感知新中国来之不易。初中阶段以思想教育为目标，重在引导学生强化契合主流意识形态的思想意识；相比小学阶段的常识性知识，初中生对事物的内在价值更加关注，知识化教育将从这一学段开启。文旅资源广泛存在于各类红色场馆或博物馆等场域中，可以利用实物文旅资源，如雕塑、照片、文物等，将历史与现实对接，让学生潜移默化地接受其中蕴含的中华优秀传统文化和革命精神。高中阶段以素养教育为目标，重在引导学生形成制度认同和政治认同。高中阶段学生具有一定抽象思维能力，在概念认识上更加抽象，在内容上越发深刻。学生对文旅资源认知更系统全面，对文旅资源的情感更加理性，其认知思维具有稳定性和持久性。此阶段的文旅资源融入可以围绕政治认同和精神升华，从历史的延续性和精神传承性的角度深刻阐释中华优秀传统文化、革命文化的当代价值，让学生探索红色文化内含的革命理论、纲领、路线及相应的政治、经济、文化制度，深刻认识历史和人民选择马克思主义、选择中国共产党、选择社会主义道路、选择改革开放的必然性，并将对红色人物、对党和国家的情感认同升华为制度认同、政治认同，强化对党和国家理论、制度和道路的信仰信念，在现实生活中能应对红色文化面临的挑战，主动传承和弘扬红色基因。以梅园新村纪念馆为例，这一阶段应以整体性的历史叙事为抓手，全面把握以周恩来同志为代表的革命先辈和敌人进行艰苦谈判的真实面貌，系统剖析中国共产党人为了国家的和平和民族的解放进行艰苦卓绝的斗争，深刻理解"历史和人民为什么选择中国共产党"。大学阶段以使命教育为目标，重在引导其形成崇高理想和责任担当。依然以梅园新村纪念馆为例，在充分地了解周恩来同志谈判的历史材料后，深刻领会周恩来同志为代表的中国共产党人的坚定信念和初心使命，并因此成为人生价值的指引，形成崇高的理想和信念，为中华民族伟大复兴贡献自己的力量。把地方文旅资源融入思政课堂，将中华优秀传统文化、革命文化和社会主义先进文化融入课程思政体系，加强思政课程和课程思政同向同行同构教学创新研究，让广大青少年深刻学习党史、新中国史、改革开放史、社会主义发展史和中华文明史，坚定"四个自信"，刻苦学习，树立理想，砥砺品格，增长本领。

善用"大思政课"，促进大中小学思政课一体化发展，还要更好地发挥思政课的实践育人作用，引导学生从丰富的文博场馆等资源中汲取智慧和力量，充分发挥社会资源教育人、激励人、塑造人的作用。一是协同推进"大思政课"建设。要坚持开门建设"大思政课"，推进大中小学校与爱国主义教育基地、博物馆、文化馆、重大工程等"大思政课"实践教学基地结对共建，共同开发具有本地本校特色的"场馆里的思政课"和"行走的思政课"，形成一批优质实践教学共享资源。二是协同开展"场馆里的思政课"和"行走的思政课"。要积极会同有关部门和单位，推选一批适合不同学段学生的研学精品线路，培育一批研学精品项目，加快形成"场馆里的思政课"。将研学活动与思政课教学紧密结合，推进广大青少年通过研学方式亲身感受党的奋斗历史，领略新时代伟大成就，厚植家国情怀。

三、大思政格局下职业教育思政课程改革路径

（一）加强政策支持，保障思政课程改革

职业院校须强化顶层设计，系统规划"大思政课"建设。"凡事预则立，不预则废。"推进"大思政课"建设是一项系统的工程，涉及方方面面，需多元主体和多种资源协同配合、共同推进，必然要求加强对"大思政课"建设的顶层设计与系统规划。

1. 完善组织领导

航船必须有定向领航的掌舵者，"大思政课"这一艘大航船也需要院校党委的掌舵领航。建设"大思政课"是一项要求多方参与协同的复杂的系统工程，这就要求院校党委秉持系统性思维，从全局性、整体性视角出发，构建党委统一领导、党政齐抓共管、有关部门各负其责且全社会协同配合的工作格局。

领导机制在"大思政课"建设中肩负着组织和领导的双重责任，处于核心和中枢位置。习近平总书记多次提出，高校思想政治工作要坚持全员育人，构建"党委统一领导、各部门齐抓共管"的工作格局。"大思政课"建设不是某一个部门的独唱，而是党委领导，马克思主义学院、教务处、学工处、宣传部和

各教学单位等多部门积极参与的大合唱。以南京旅游职业学院为例，为推进"大思政课"建设，学院成立了"大思政课"建设领导小组，强化对"大思政课"建设的组织领导和协调工作，明确了各部门的责任分工，促进各部门密切协作，增强"大思政课"建设的合力，确保将各项举措落地落实。"大思政课"建设领导小组定期召开思想政治理论课专项工作会，形成各部门分工负责、协同联动的机制，及时协调解决研究与实施过程中出现的问题，在"大思政课"建设方面承担政策扶持、经费支持、制度保障等职责，为"大思政课"的改革创新搭建了全方位育人的"大思政"平台。

不断完善思政课工作机制。职业院校应始终坚持把思想政治理论课作为重点课程，积极推进思想政治理论课改革创新，形成全校合力办好思想政治理论课，营造教师认真讲好思想政治理论课、学生积极学好思想政治理论课的良好氛围。各院校要确保在学校发展规划、经费投入、公共资源使用中优先保障思想政治理论课建设，在人才培养、科研立项、评优表彰、职务评聘等方面优先支持思想政治理论课教师。严格落实学校党委思想政治理论课建设主体责任，形成书记、校长带头讲授思想政治理论课，带头进课堂评教，带头抓思想政治理论课建设的工作机制。坚持把思想政治理论课建设工作列入学年工作要点和学期工作要点，纳入党政领导班子重要议事日程，并定期召开思想政治理论课建设专题会议，凝聚各部门工作合力，充分发挥思想政治理论课的育人主渠道作用，努力提升思想政治理论课建设质量和水平。

2. 完善政策保障

2022年7月，教育部等十部门印发《全面推进"大思政课"建设的工作方案》，提出充分调动全社会力量和资源，建设"大课堂"，搭建"大平台"，建好"大师资"，办好新时代的思政课。在上级文件的指导下，职业院校应结合工作的实际情况，规范院校"大思政课"建设的总体要求、工作原则、主要任务等，进一步将"大思政课"建设的要求细化落实，为"大思政课"建设提供政策保障。

具体而言，在责任主体上需明确职责分工，强化协同联动。"大思政课"建设领导小组应充分建立行业对接机制，把行业企业充分纳入学生的"第二课堂"，发挥其与思政课堂的配合、教育资源的供给、外部条件的支撑等作用；同时，充分利用网络媒体作为主流意识形态宣传的重要媒介，发挥网络媒体正确思想宣传引导和塑造引领价值观的作用。院校在做好校内思政教育的基础上，还应对接社会实践大课堂，安排一定课时用于学生社会实践体验教学活动，推进思政课教学与学生社会实践、志愿服务等活动有机结合，加深学生的直接体验和切身感悟。同时，需要统筹爱国主义教育基地、红色教育基地、研学教育基地、综合实践基地等校外教育资源，以及地方特色教育资源，建立一批思政课实践教学基地，共同开发建设各具特色的教学资源。

3. 完善物质保障

"大思政课"建设需要坚实的物质基础。为此，各职业院校应设立"大思政课"建设专项经费，专款专用，加大对教师教育教学、科学研究、社会实践等方面资金和政策支持力度，保障"大思政课"建设；需进一步配备硬件设施，保障马克思主义学院等思政教学单位办学空间，改善办学条件；配置与思想政治教育改革相关的书籍、期刊；建设马克思主义原著研读室等相关的场所空间，为思政课程的研究与改革提供丰富的资料支持。同时，还可以将各职业院校普遍具备的实训教学基地、职业体验中心等场所作为"大思政课"实践基地，以拓展思想政治教育的空间，为加强学生思想政治教育提供载体。

（二）用好行业素材，拓展思政教学内容

习近平总书记指出："要坚持理论性和实践性相统一，用科学理论培养人，重视思政课的实践性，把思政小课堂同社会大课堂结合起来，教育引导学生立鸿鹄志，做奋斗者。"[1] 行业产业发展中蕴含大量思政教育的优质素材，职业院校思政课程改革应该深入挖掘，充分利用，以体现职业教育思政改革的优势。

以旅游职业教育为例，中华优秀传统文化、红色文化和各地特色文化，是文旅融合发展的基础，是以旅承文、以旅宣文、以旅增文，增强中华民族文化自信的资源优势所在。新时代新征程，推进文旅融合发展，应以文化赋能旅游

---

[1] 习近平. 用新时代中国特色社会主义思想铸魂育人 贯彻党的教育方针落实立德树人根本任务 [N]. 人民日报，2019-3-19（01）.

发展，让文旅融合成为人们感悟中华文化、增强文化自信的活力因素，更好担负起新的文化使命。旅游职业院校的大思政课必须坚持把文旅行业素材和思政课相结合，推动思想政治教育守正创新。文旅行业大思政教育要系统性挖掘旅游业"思政教育知识富矿"中的教育元素，比如，革命历史纪念馆中的烈士故事、博物馆呈现的中华悠久文化、青山绿水传递的绿色发展理念、人物传记表达的奋斗精神等。这些元素并非孤立存在，而是以中华民族的伟大发展历史为主线相互关联；以文旅行业为着眼点，可以构建起集地理、历史、文化、文学、民俗、经济、政治、社会等于一体的大思政"森林"。而"先见森林，再见树木；既见树木，又见森林"的思政教育是会起到很大育人实效的。

1.用好红色资源，赓续红色血脉

在"大思政课"的教育体系中，红色资源具有无可替代的重要作用，这源于其深厚的育人价值及与思政课程的紧密关系。红色资源不仅是中国共产党艰辛而辉煌的奋斗历程的见证，更是中国共产党无私奉献、艰苦奋斗等精神特质的生动体现，为学生树立正确的理想信念提供了重要指引。红色资源展现了强烈的爱国主义情怀，汇聚了无数共产党人的信仰与热血，孕育着深厚的爱国主义精神。这种精神使学生能在思政课程中深刻体会到中华民族伟大复兴的历史使命与责任，激发他们的爱国热情。将红色资源融入课堂教学，正是"大思政课"教育理念的体现。通过挖掘红色资源中的丰富故事和案例，不仅能拓展思政教学内容，还能以生动的故事引发学生的情感共鸣。这种将理论与实践相结合的教学方式有助于深化学生对思政课理论知识的理解。此外，红色资源蕴含的精神品质对引导学生形成正确的世界观、人生观和价值观具有重要作用。在"大思政"视域下，职业院校应将红色资源育人作为研究重点，探求红色文化与思政教育深度融合的发展路径。

（1）创建红色课堂，丰富思政教育内涵

以五史为背景，将红色文化融入思政课堂。思政课堂是对职教人才进行家国情怀培育的主阵地，可以将红色文化贯穿思想政治理论课和"五史"类选修课中，通过课堂教学帮助学生在潜移默化中学习中国共产党带领全国各族人民抵御外侮的英勇事迹，学习在中国共产党带领下中华儿女为新民主主义革命和社会主义革命的胜利、为祖国的社会主义现代化建设奋斗和努力的精神，培养大学生的责任担当与家国情怀。

五史是思政课程的资源宝库，是讲好思政课程内容的载体，通过讲述蕴含红色文化的中国故事可以达到思政课程培养家国情怀的教学目标。比如《思想道德与法治》第三章"中国精神"部分，和红色文化的结合就特别紧密。围绕中共党史和新中国史，可以从人、事、中国特色社会主义道路三个层面，把以爱国主义为核心的民族精神和以改革创新为核心的时代精神进行整合，讲活历史故事，弘扬中国精神。延安精神、井冈山精神、西柏坡精神等中国精神是党和国家的宝贵精神财富，永远不会过时。任何一个民族都需要有这样的精神构成其强大精神力量，学生在红色文化浸润中可增强对家国情怀的认同感。第四章"社会主义核心价值观"部分，是人民自觉形成的价值观，从中共党史和新中国史中挖掘案例更加具有信服力。第五章"道德"部分，从大德、公德、私德的不同维度，革命战争时期的道德实践都为《思想道德与法治》提供了丰富的课程资源。陈毅元帅说淮海战役是人民群众用小推车推出来的，习近平总书记说渡江战役是人民群众用小船划出来的。无论是小推车还是小船，都充分反映了人民群众的家国情怀。学生通过对这些红色故事的学习，一方面了解了中国共产党的光辉历史，另一方面也能充分认同革命理想，培养家国情怀。

职业教育思政课程还可以挖掘职业教育各专业中的红色文化，推动思政课程教学改革；梳理各专业课程所蕴含的红色文化元素以及所承载的家国情怀育人功能，融入课堂教学各环节，实现思政课程与专业文化的结合。可针对不同专业，设计不同内容的思政教育实践活动。比如对旅游英语专业的学生，可以举办红色家书演讲比赛，用英文演绎红色家书，体会红色家书蕴含的家国情怀；对导游专业的学生，可以举办红色文物讲解比赛，挖掘红色文物背后的故事，了解红色文物承载的爱国主义；对烹饪专业的学生，可以举办以红色文化为主题的烹饪设计实践，了解烹饪文化中的红色故事等。

此外，还要加强红色资源类大思政课程建设，编写富含红色资源元素的思政类教材，涵盖党史、革命历史、革命英雄人物等相关内容。比如，南京旅游职业学院就创立了红色文化和专业相结合的思政类专业选修课"红色旅游概论"。课程围绕习近平总书记关于红色旅游发展的重要指示精神,从红色旅游发展历程、红色旅游价值意义、红色文化传承、红色旅游典型案例讲解、红色旅游助力乡村振兴等章节进行教学,取得了良好的思政育人效果。

（2）传承红色基因,构建特色思政育人体系

要培养学生成为红色文化的传承者,就要唤起他们的历史记忆,让他们在实践中了解红色文化,传承红色精神,以此来构建职业教育思政课程体系。具体来说,职业院校可以定期组织学生阅读红色经典,让学生在红色故事中体会那个时代的风起云涌,感受革命英雄的崇高伟岸,体悟红色精神的实质内涵,进而更加全面地了解中国共产党的发展历史。阅读是获取知识、增长智慧、提高素质的重要途径,通过阅读红色经典,学生能够汲取文化养分和精神力量,自觉肩负起实现中华民族伟大复兴的使命。此外,职业院校还可以邀请革命先辈、革命英雄的家属后代等走进校园,为学生开展红色故事宣讲,让学生在聆听中切身感受那一段峥嵘岁月,那些在文学作品和课本中被提及的红色故事经过宣讲者生动讲述也将变得更加具体可感。同时,还可以充分挖掘校史、优秀校友故事以及地方文化中的红色元素,依托地方课程及校本课程的建设,构建"人无我有""人有我优"的特色育人体系,实现因校制宜。

2. 传承中华优秀传统文化,涵养文化底蕴,讲好文化故事

习近平总书记指出:"在五千多年中华文明深厚基础上开辟和发展中国特色社会主义,把马克思主义基本原理同中国具体实际、同中华优秀传统文化相结合是必由之路。"职业院校思政课融入中华优秀传统文化是思政课改革的必然要求,也是落实立德树人根本任务,努力培养担当民族复兴大任的时代新人,培养德智体美劳全面发展的社会主义建设者和接班人的必然要求。

充分利用中华优秀传统文化的思政育人作用有助于提高职业院校学生的综合素质。随着专业化细分和市场细分的程度加深,行业产业发展对专业人才提出了更高的要求。作为培养行业产业人才的职业院校,要致力于培养符合市场经济发展需要,具有较好的思想道德品质和综合素质的人才。职教思政课肩负着新时代立德树人、培根铸魂的重要使命,在教学中融入中华优秀传统文化,意味着在对学生进行思想品德和政治教育的过程中,善于向学生展示中

华优秀传统文化中蕴含的思想信仰、价值观念、知识体系、风俗习惯等多个方面的内容,引导学生从中华优秀传统文化中吸取养分,树立正确的世界观、人生观、价值观,涵养人文品格,加强道德修养,厚植民族精神,最终提高综合素质。中华优秀传统文化的内容数不胜数,可结合职业教育思政课教学的需要有针对性地融入。比如,在思政课教学中融入"人生自古谁无死,留取丹心照汗青""苟利国家生死以,岂因祸福避趋之""先天下之忧而忧,后天下之乐而乐"等中华优秀传统文化内容,培养学生的爱国主义精神。在思政课教学中融入中华优秀传统文化中的岁时风俗、文化艺术方面的内容,有助于学生丰富知识体系,提高文化素养等。职业院校在人才培养过程中要注重学生文化底蕴的养成和文化素养的提高。在思政课教学过程中,教师可以通过全方位融入中华优秀传统文化的方式提升思政课教学的实效性,坚定学生的文化自信,促进学生对中华优秀传统文化的深入了解,自觉弘扬,创新发展。以旅游职业教育为例,作为未来的文旅行业从业者,旅游专业人才在旅游服务的过程中首先要真学真懂中华优秀传统文化,深刻理解其内涵,不断提升文化素养,厚植家国情怀,做中华优秀传统文化的"播种机",增强文化的传播力,提升旅游者的文化获得感。旅游专业人才只有真信、真懂中华优秀传统文化,才能在旅游服务的过程中增强中华优秀传统文化的感染力。

中华优秀传统文化是思政课的资源宝库,思政课教师要有意识地选择中华优秀传统文化的经典案例作为讲好思政课内容的载体,通过组织学生分析讨论,融入蕴含中华优秀传统文化的思政教学案例,达成思政课的教学目标。中华优秀传统文化博大精深,在选取时应以立德树人为根本任务,充分挖掘中华优秀传统文化的现代价值,尽力探索中华优秀传统文化蕴含的道德规范和人文精神,对中华优秀传统文化进行梳理和提炼,对各门思政课的各个专题进行全面把握。在具体实施过程中,教师可梳理出思政课每一章节的要点,根据教育教学规律和学生身心发展特点,对照家国情怀、社会关爱和人格修养三个层面,通过追本溯源、纵横比较、经典文献解读等方式,选出可融入的中华优秀传统文化内容。比如,在教材《思想道德与法治》第三章"弘扬中国精神"部分,其教学目标为:帮助学生认识中国精神的科学内涵,传承中国精神,并能在中国精神的感召下,加深学生对国家的认同,激发家国情怀,同时能够将其转化为工匠精神。中国精神主要包含伟大创造精神、伟大奋斗精神、伟大团结精神、伟大梦想精神。中国精神具体体现为长征精神、"两弹一星"精神、抗洪精神、脱贫攻坚精神等，考虑与家国情怀、人格修养联系紧密，教师可在阐释相关内容时，以经典文献解读的方式引入"天下兴亡，匹夫有责""正心笃志、崇德弘毅"等中华优秀传统文化内容，弘扬中华民族优秀道德思想。这样才能更好地将中华优秀传统文化融入思政课的教学内容，达到预期效果。将中华优秀传统文化融入职业院校思政课，还要讲好优秀传统文化故事，做到因事而化。优秀传统文化故事或诠释历史的恢宏发展，或启迪民众的爱国热情，或展现细腻感人的民风民俗，是传承中华优秀传统文化和诠释社会主义核心价值观的重要载体之一。职业教育将文化故事融入思想政治教育，讲出故事中的"仁义德"，讲好故事中的"真善美"，因事而化，丰富思政课的文化内涵，是提升思政课亲和力、感染力的有效途径。

（三）加强校企合作，打造思政育人平台

校企合作是指将学校教育资源和企业实践平台有机结合，实现优势互补、资源共享，培养具备良好实践能力和思想道德品质的优秀人才，更好地服务于社会发展和国家建设，促进人才培养效能的切实提升。新时期，思政教育工作应充分认识到受教育者个性思维的新变化，积极引入行业产业资源，构建校企合作模式，重塑德育格局，将"以生为本"理念贯彻落实到职业教育教学全过程，实现"德技并修"的教育目标。

加强校企合作共建，打造思政育人平台，是打破传统的灌输式课堂教学思维，推动思政教育方式方法创新的科学举措，对于提升职业教育思政教育效能具有重要作用，具体而言，其现实意义包括以下两个方面。

第一，落实"三全育人"教育目标的内在要求。"三全育人"是立足社会主义办学方向，为切实提升人才培养效能而提出的科学教育方针，旨在构建全方位、全过程、全主体育人格局，引导青年学生建立健全的思想人格和道德素养，成长为符合社会发展要求和现代化建设愿景的时代人才。校企合作人才培养模式在思政教育中的创新融入，一方面，可以协调校内外教育阵地，调动学校、企业及社会组织之间的合作积极性，引导多主体参与思政教育工

作,为青年学生提供良好的实践平台与成长环境,落实全员育人、全方位育人理念;另一方面,有助于将思政教育落实到人才培养工作全过程,不断强化青年学生的职业观、道德观,使其树立良好的工匠精神与责任意识,通过实际行动强化专业技能、提升思想觉悟,实现人生价值和社会价值有机统一,达成全过程育人目标。

第二,提升职教思政教育实效性的有效路径。知行合一是职教思政教育的重要目标与原则,对于培养"德技并修"的职业人才,提升立德树人效能具有关键作用。首先,校企合作模式可以有效拓展思政教育空间,使其从封闭的课堂空间延伸到校园环境与社会实践,引导学生走出校园,亲身感受社会的实际情况和企业的运作方式,将思政教育的理论知识贯穿实际行动,实现知行合一。其次,校企合作可以帮助学校构建良好的反馈优化机制。在校企合作过程中,全面深入地了解行业和企业的人才需求,科学把握现代社会对新时代职教人才思政素质和专业素养的需求,及时调整人才培养方案,科学构建思政课程体系,明确思政教学重难点,增强思政教育实效,进而培养适应新时代社会发展的优秀职教人才。

从实践层面来看,要切实提高思政教育质量,利用校企合作模式激发内在活力。其主要从以下两个方面开展。

其一,整合思政教育资源,构建校企合作内容体系。校企合作的高质量发展可以促进思政教育资源的丰富充实,需要深入挖掘不同思政教育元素,将专业技能学习与人文素养提升相结合,形成立体多元的职教内容体系。可以组织思政课教师、教研人员、行业专家、行业企业管理者等深度合作,把握行业特点,紧紧围绕职业教育的本质,开展讲座、挂职锻炼、实践基地共建等教育活动,明确职教人才的核心素养,以工匠精神、中国精神、爱国主义、理想信念等主题导向,全面提升学生思想素质和实践能力。在构建校企合作内容体系时,要紧紧围绕职教学生发展需求和市场需求,增强校企合作的深度和广度,丰富具有鲜明行业产业特点的思政教育内容,完善并优化校企合作内容体系,培养新时代职教学生的创新创业精神与实践能力,让学生更好地适应社会发展需求,为推动新时代行业产业的高质量发展贡献力量。

其二,优化思政教育过程,全方位融入校企合作思维。在校企合作中,思政教育要深入变革现有的教学方式方法与过程模式，将新的行业、企业元素融入其中，充分激发学生主体积极性，使学生在行业实践中接受教育。对此，思政课教师要引导学生思考探究，通过情境创设、案例讨论等方式，让学生形成独立的观点，不断提升独立思考与问题分析能力；再依托校企合作平台，组织学生实地参观与体验，以切实强化学生的奉献精神、实干意识，形成艰苦奋斗、自强不息的精神品质。同时，积极利用现代信息技术增强思政教育感染力，并邀请企业优秀人士现身说法，讲解具有代表性的鲜活的人物案例及职业发展事例，激励学生形成良好的奋斗拼搏意识，在遵守行业规范与职业道德前提下实现人生价值和职业理想。

（四）开展行走课堂，强化思政实践育人

大思政改革在实践层面的创新发展，还体现在思政课从传统的学校课堂向行走课堂的拓展。行走课堂，强调思政课在社会场景中实践性开展，可以提升思政课的针对性、灵活性和实效性。职业教育思政行走课堂是指职业教育思政课着力培养德技并修的时代新人，结合行业素材，选择合适的行业、企业场所开展"行走的思政课"的教学过程。

1. 行走课堂的价值和意义

首先，职教思政课从学校课堂向行走课堂拓展，意味着跳出传统教室框架，更加积极地融入社会大课堂。这包括将思政课延伸至学生日常生活、社会实践和公共领域，使课程更贴近学生的实际生活体验。这样的拓展有助于打破传统教育中的隔阂，促使学生在真实环境中更好地理解、运用和巩固所学的思想政治理论，从而达到更为深入且全面的育人效果。

其次，职教思政课从学校课堂向行走课堂拓展，倡导新颖的教学形式。通过实地考察、社会实践、访谈调查等方式，创设更为丰富和多样的学习场景，学生能够在实际情境中应用思想政治教育知识，进而更好地体验和理解理论内容的实际意义。这种实践导向的教学方法，旨在提高学生的实际操作能力和思政课的可操作性，进而提升课程的吸引力和影响力。

再次，思政课从学校课堂向行走课堂拓展，要求教师在教学中更具创意和

灵活性。这涉及教学内容的创新和多样化，以满足学生对思政课的个性化需求。同时，教师需要掌握运用先进的教育技术和多媒体手段，以便生动地呈现课程内容。通过引入新颖的教学元素，如虚拟现实技术、数字化互动等，可以在行走课堂中创造更为生动的学习环境，激发学生的学习兴趣。

最后，职教思政课从学校课堂向行走课堂拓展，涉及对教育资源更广泛的整合和利用。这包括将社会资源、网络资源纳入课程体系，拓展学生获取信息和知识的途径。同时借助先进的技术手段，如在线学习平台、社交媒体等，可以使思政课不受时空限制，进一步拓宽学生的学习渠道。这也促使教育机构与社会资源更为紧密地合作，以构建更为开放的思想政治教育体系。总体而言，职教思政课从学校课堂向行走课堂的扩展，代表了一种面向未来的创新方向。这一举措旨在使思政课更加贴近学生、更具操作性，并通过多样的教学手段促进学生深度思考，积极参与社会实践，以更好地满足新时代学生多样化需求。

2. 职教思政课行走课堂的实践途径

（1）制订"行走课堂"教学计划

在制订教学计划时，结合思政课教学内容确定实践主题，要求学生通过"行走"的课堂，思考并讨论行走课堂主题及调研问卷的制订、实施，助力社会和行业发展；制订"行走课堂"的具体步骤，包括导入、讲课、参观、讨论、总结、课后作业等；明确带队老师的责任和义务，规定参与学生在"行走"中需要学习和关注的内容，让学生带着问题走进"行走课堂"，并且要求学生返校以后要撰写感想，畅谈体会。

（2）选择"行走课堂"教学基地

根据行走课堂主题和实践基地自身的属性特点，确定"行走课堂"教学基地。比如，厚植爱国主义情怀、深化爱国主义教育可以选择红色场馆作为教学基地，在革命旧址中回溯过往历史、重温入党誓词。把思政课搬到红色场馆，可以让思想政治教育动起来；将红色场馆变成"课堂"，把革命文物变成"课本"，让学生"真看、实感、深悟"，真正做到入脑入心，引导学生树立正确的世界观、人生观、价值观，扣好人生的第一粒扣子。各类场馆不仅是红色文化、历史文化、自然科学等资源的承载平台，也是发挥教育功能的公共设施。

（3）组织和实施"行走课堂"教学过程

一般而言，基础性的"行走课堂"可分五个步骤。第一，导入。由带队教师在行走课堂开展前分析此次"行走课堂"要完成的教学任务，介绍此行的目的地的背景知识和相关历史文化。第二，授课。在到达参观地点后，由带队老师简要讲授知识点，进行沉浸式讲解，并让学生带着所提出的问题进行参观。第三，参观。在专业人员的带领下，参观行走课堂目的地。第四，讨论。同学们对老师在课前提出的问题进行自由讨论，加深对此次教学内容的理解。第五，总结。带队教师结合思政课程的具体知识点进行全方位的总结和提升。第六，作业。要求每位同学在返校后，依据行走课堂地点的所见所闻所想完成图文并茂的心得体会、调研报告等作业，进一步引导学生加深对思政课程教学内容的理解。

3. 职教思政课行走课堂实证分析

习近平总书记指出："思政课建设要向改革创新要活力。"南京旅游职业学院一直致力于以行走课堂的形式，推进职业教育思政课程教学的改革。以2023年春季学期思政课程行走课堂为例，进行实证分析。此次"行走课堂"改革分为四个阶段，在学院党委的统一领导下，马克思主义学院具体实施，以思政课程为依托，开展"行走课堂"教学改革。

此次"行走课堂"改革涉及2022级25个专业74个班级的2700多名学生，以"中国式现代化""乡村振兴""红色旅游"为三大主题，以小组为单位，开展实地调研，形成调研报告共532篇。引导学生理论联系实际，带着信仰、带着情感走进社会，促进了学以致用、知行合一，增强了投身社会主义现代化建设的自信与自觉。此次"行走课堂"实施分为四个阶段。

第一阶段，协调统筹，统一部署。自2023年2月15日至3月5日，马克思主义学院教师和酒店管理与数字化运营专业、旅游管理专业等专业教师组建混编式教学团队，秉持"大思政课"改革要求，进行多次研讨，在充分听取学生意见的基础上，形成本次行走课堂改革实施计划，明确实地调研的三大主题。教师在各班级讲解目标、分析任务、凝聚共识，统一部署，营造了良好的教学改革氛围。

第二阶段，分组研讨，奠定基础。3月6日至4月6日，教师指导学生选择调研主题并进行分组。引导学生运用思政课程所学内容，围绕调研主题开展背景资料收集，做好文献综述，拟定小组工作方案、调研问卷和访问提纲。学生分组汇报准备情况，教师引导学生群策群力解决所遇问题。

第三阶段，实地调研，走进社会。4月7日至4月30日，分批组织近百名学生前往南京雨花台烈士陵园、小西湖街区、金陵水乡钱家渡等地开展集体实地调研。同学们通过实地调研、教师现场讲解，以及对旅游者、原住居民、旅游服务人员等群体的问卷调查和深入访谈，进一步了解了红色文化的价值意义，认识了老城传统文化的保护开发，领略了乡村振兴战略实施的成就。参与集体调研的同学回到课堂介绍调研的心得和注意事项，其他同学在教师指导下利用课余时间开展实地调研，收集一手资料。

第四阶段：报告撰写，总结提升。5月1日至5月31日，各小组同学根据实地调研的结果，通过对问卷数据的分析、深度访谈材料的整理，结合实地感知，形成调研报告初稿，并在课堂上展示汇报。教师对各组汇报情况予以点评，各小组互评，并进一步修改完善，完成调研报告。学院组织教师对调研报告依次进行初选、复选、决选，最终确定优秀调研报告名单。

在"行走课堂"实践过程中，教师团队整合教材内容，结合学生专业特点，提炼调研主题，全程指导活动开展。学生围绕主题，组建实践团队，策划并开展调查研究工作。同学们赴雨花台烈士陵园、梅园新村纪念馆、小西湖街区、钱家渡等地，在文献收集的基础上，通过问卷调查、深度访谈、现场考察等多种途径和形式展开调研，带着满满的收获返回课堂，撰写调研报告，进行交流、总结、提升。从组建团队到明确主题，从方案设计到具体实施，从报告撰写到分组汇报，都见证了同学们的进步和成长，思考和践行。也许有些调研报告还不够成熟和深刻，但在"行走课堂"的开展过程中，同学们勇敢地迈出了调查研究的第一步，认识到调查研究的重要性，树立了理想信念，促进了学以致用、知行合一（见表2-1）。

表2-1　行走课堂优秀调研报告评价表

指标	评分要素及分值	评价内容
选题质量（15分）	1.1 选题方向和范围（6分）	主题突出，符合思政课程的人才培养目标，达到应用、实践能力培养和锻炼的目的
	1.2 理论意义和实际应用价值（9分）	选题符合文旅结合的时代背景，结合社会经济生产建设、管理、服务一线的实际需求，具有一定应用价值
能力水平（50分）	2.1 调研与文献检索应用能力（15分）	根据研究问题实施有效调研，能独立检索文献资料，对调研与文献资料进行整理、分析、综合、归纳等，并能对所研究问题的现状进行综述，提出存在的问题或进一步改进的方向
	2.2 综合运用知识能力（10分）	综合应用所学知识，对所研究问题进行分析、论述，研究目标明确，内容具体，且具有一定的深度
	2.3 调查研究技能实践应用水平（25分）	熟练运用调查研究方法、手段和工具开展课题的设计和实施工作，调研报告反映出已掌握较强的调查研究技能，实践能力强、水平高
撰写与规范（25分）	3.1 内容与水平（14分）	概念清楚，立论有据，论据充分，内容正确，数据可靠，分析深入，结论可信
	3.2 结构与写作（7分）	结构完整，层次清晰，语言通顺，能够完整地反映实际完成的工作
	3.3 规范化程度（4分）	符合调查研究规范要求，格式、图表、数据均符合规范
创新创意（10分）	4.1 创新性（10分）	基于选题的研究现状，进行调研、分析与综合，提出新问题，解决问题的方法、手段、思路有一定的特色或新意，结论有新见解

雨花台烈士陵园行走课堂开展后部分学生心得体会

裴某静：广大革命志士胸怀建立新中国的崇高理想和将革命进行到底的坚定信念，奋战在与反动派交锋的战场上。我们能做的就是牢牢铭记历史，不忘耻辱，不忘艰辛，不忘苦难，更不忘革命先辈为建立新中国付出的血与泪。

钱某彤：革命烈士用自己的鲜血和生命为我们换来美好的今天和明天，我们不应该只是社会发展的受益者，而应怀感恩之心去投入社会、建设社会，要继承先烈遗志，树立远大理想，为中华民族伟大复兴贡献自己的力量。

王某：一位位爱国爱民的烈士的前赴后继给了我们如今的幸福生活，他们身上的无私奉献的精神永远值得我们学习。我们应当把握现在的幸福生活，奋发向上！

刘某：在目光触及"雨花台烈士纪念碑"8个大字时，我肃然起敬。这块碑的背后有多少先烈们抛头颅，洒热血，以火一样的热情投身革命斗争，而他们中的大多数人大都在很年轻时便英勇就义，是他们的奋不顾身捍卫了这片土地。青山埋忠骨，史册载功勋。我们当以最崇高的敬意致长眠于大地的革命烈士！革命先烈，浩气长存，永垂不朽！

陈某锦：历史是最好的见证者，英雄烈士用他们的鲜血和生命为我们今天的幸福与美好奠定了坚实的基础。他们为了国家的繁荣、人民的幸福，在革命的道路上，义无反顾奋勇前行，以生命为代价赢得了今天的和平与安宁，他们的精神永远铭刻在我们的心中。

小西湖行走课堂开展后部分学生心得体会

徐某智：小西湖街区位于南京秦淮区，在老门东附近。为了展开调研，我们以小组为单位对小西湖街区进行了调查，拍摄了一些照片，并对当地居民进行了一些访谈。在刚刚进入小西湖时，映入眼帘的房屋改造还是不错，充满设计感，干净整洁，且坐落着一些商业店铺。随着深入调研，可以明显注意到很多还未改造的老房子，外墙皮也有些剥落。在访谈中，我们也了解到小西湖街区还未接入天然气，使用的电视也是有线电视，无法接入互联网使用，这对当地居民的生活造成了一些影响，有时洗澡也没有热水供应。这似乎要归责于最初的设计问题——在考虑外部美观的同时，是否也应关注真正影响生活质量却容易被我们忽视的地方？由于小西湖街区属于居民区，一次性改造似乎也有困难，资源难以安排。采访一位七十多岁的老人时，她表示小西湖的改造对她生活影响不大，因为她不常外出。如果有机会，她很想搬迁，但搬迁要整栋楼的人都搬才可以搬。这位老人对商业化带来的游客增多有一些负面看法。她表示，游客到来后，这里的花花草草都有所丢失。另一位受访老人则热情地邀请我们进入她的屋中参观，还可见房屋整洁，她认为现在的生活与以往比有了很大的变化。当被问及这里的商业化是否打扰居住时，她摇头否认，并认为游客的到来使这里很热闹，一些游客还好奇地问她烧不烧家常菜。对于商业化，有着不同的双向看法，在实际生活中，似乎也表现为"双刃剑"。而自身特色的保留，也有着不同的影响。一方面，减缓了施工速度，使得居民的体验不能迅速得到提高。另一方面，也保护了旧址，有利于文化的传承和城市自身文化气质的延续。或许是设计团队没有将自己"小尺度"的理念向居民宣传到位。"小尺度"的理念诚然有益于保护古建筑，但对居住于此的居民来说，可能存在一定的理解困难。而小西湖所想要达到的商业化似乎也并未完全实现。在我进行实地考察时发现一些店铺已经关门，经营的店铺多为咖啡店、书店，还有一家饰品店，且咖啡店的价格也略高。在小西湖的部分公共设施上，居民总体较为满意。我们看到了公共厕所的修整，环境更为舒适，还有用于居民打乒乓球的场所，甚至还有居民戏台。可见，在文娱需求的满足上，保障得还是不错。不过在只有五年多的时间，改造至此，设计团队和政府部门定然是付出了许多努力。总体而言，小西湖街区的改造，利大于弊，虽然有不完善的地方，但我相信随着国家的发展，一切都会变得更好。我们到达时，仍可见施工团队在施工。在小西湖的规划图中，我们也能得知，改造之路，其修远兮。

唐某馨：本次对小西湖社区的调研，让我深刻领略到在中国式现代化背景下人民幸福感逐步提升的过程，走进小西湖社区居民的生活，开阔了我的眼界，提升了我的思想境界。看着居民生活环境的改善，幸福感的提升，让我为生活在这样一个富强、民主、文明、和谐、美丽的国家感到由衷的自豪。

徐某：我和同学一起对改造后的南京小西湖社区进行了一次社会调研，并惊叹于它的变化之大，发展之快。出发前，我不仅在网上搜索了改造的有关资料，还寻找了一些旧时社区的照片，并在到达后找到相关地方进行比对，发现小西湖片区的改造，除了私宅，还有公房。在保留老建筑和一半原住居民、保留老城南市井生活气息的基础上，还增加了小阁楼、独立卫生间、独立厨房等，居民的居住条件得到了明显改善。同时，老宅的后院也被充分利用，打造成了社区规划工作室等商用房屋。让我印象最深的是小西湖小学的变化，作为孩子们读书学习的场所，它的变化可谓是焕然一新。孩子是祖国建设的未来，是社会主义事业的接班人。由此可见，此次现代化改造政府在教育方面投入了不少精力。伟大变革鼓舞人心，宏伟蓝图催人奋进，党正在带领全国各族人民以中国式现代化全面推进中华民族伟大复兴。

张某煜：此次对小西湖街区的走访调查使我受益匪浅。在原本平房中加以改进，在古老的居民区中增添新的元素，使其融入现代化，在现代与古典的碰撞中迸发出别样的韵味。细长幽深的小巷里藏着咖啡屋，破旧的砖瓦房逐渐刷上白漆，墙里的欢声笑语，墙外的路人喧嚣，汇聚成了南京的一缕烟火气。深入小西湖，令人惊叹于中国这些年的发展是如此迅速，不知不觉，我们早已身在现代化高速发展中，享受着中国式现代化所带来的发展红利。

钱家渡乡村旅游目的地行走课堂开展后学生小组心得体会

通过对钱家渡的实地采访和问卷调查，我们感受到了乡村翻天覆地的变化，看到了美丽乡村"新画卷"，也深化了我们对国家乡村振兴战略的认识。我们立志为乡村振兴贡献我们青年人的力量，将思政课的所学、所悟，转化为我们的所信、所行。

梅园新村纪念馆行走课堂开展后学生小组心得体会

通过此次调研，我们深刻感悟到梅园新村是中共党史重要的一页，是一座永远矗立在人们心中的历史丰碑。梅园见证了周恩来坚定、沉着、机智、从容的革命家风度，也传承着不畏艰险、坚韧不拔的崇高革命精神。小组成员在调研中进一步加深了对梅园风范的了解，在对革命老兵及青年志愿者工作人员的采访交流中，进一步理解了梅园新村纪念馆的重要意义，感悟了中国共产党人的初心与使命，体会到了宣传红色精神、保护红色资源的重要性，实现革命文物活在当下、服务当代的重要作用。

历史是最好的教科书，红色资源是讲述党的历史的载体。这次梅园新村红色旅游调研意义非凡，加强了我们的自我思想道德建设，激发了爱国热情，通过实践，让我们更踊跃地传承革命精神，肩负起振兴中华和建设中国特色社会主义的时代使命。

新街口商圈行走课堂开展后学生小组心得体会

以中国式现代化为调研主题，我组选取了有"中华第一商圈"美誉的新街口为调研目的地。作为百年历史的老牌商圈、作为千年街巷肌理的演化成果，新街口不仅有着现代繁华的商业区，也有着传承千百年文脉记忆的历史街巷。在商业现代化演化的过程中，这些脱胎于传统的街巷逐渐形成了颇具特色的繁华街道，进而成为新街口商圈另一种有温度的烟火气息。良好的步行尺度，高密度的人口聚集，四通八达的街巷网络，紧邻新街口的良好区位，这让新街口"传统"街区有了难以比拟的活力。这是祖国发展的力量，这是中国式现代化前行的伟力！

南京南站行走课堂开展后学生小组心得体会

我们本次调研活动以中国式现代化的特点为基础，以能体现人口规模巨大这一中国式现代化特点的代表"南京南站"为调研地点，以经过南京南站的行人为主要调研对象，调研大家对南京南站的了解及评价。通过此次调研，我们深入了解了中国式现代化的具体内涵以及南京南站所蕴含的巨大意义。走出校园进行实地调研，提升了我们把理论与实践相结合的能力，让我们真真切切感受到了中国式现代化所带来的重要进步，深化了我们对思政课程内容的认识，使我们进一步理解了中国共产党人的初心和使命，同时也拓宽了我们的视野。"艰辛知人生，实践长才干"，我们要抓住培养锻炼才干的好机会，树立远大理想，明确自己的目标，为祖国的发展添砖加瓦。

南京地铁行走课堂开展后学生小组心得体会

通过此次调研，我们认为南京地铁将"人文"烙在两条冰冷的铁轨上，使人们对地铁的体验不再是穿梭于黑暗的隧道,人们通过地铁能感受到这座城市的温暖。走出校园进行实地调研提升了我们把理论和实践相结合的能力,许多原先书本上的知识变得鲜活而立体,深化了我们对思政课程内容的认识,进一步使我们理解了中国式现代化是物质文明与精神文明相协调的现代化;拓展了我们的视野,树立了大历史观,培育了家国情怀。

当前,面对长三角区域一体化发展的加速推进,特别是进一步提升南京省会城市首位度的新形势、新要求,南京地铁将在以安全为本的基础上,建设一个高效决策的地铁"数据大脑"和互联互通、信息共享的"神经系统",全力打造智能化、数字化地铁,开启智能地铁新征程。地铁延伸的方向,也是城市的发展方向,新业态、新商业、新文创沿线而生,给古城南京带来盎然的生机。在南京地铁,每天都有不同的故事上演,或温情,或感人,或生动;无数个日夜,南京地铁始终陪伴南京人,带给我们出行的便捷,同时也体现了城市的发展。

四、实证分析:红色资源融入旅游职教思政课程建设研究与实践

(一)红色资源概念、内涵与思政教育价值

1.红色资源概念及内涵

"红色"在传统文化中代表的是热闹、喜庆等内涵,而在政治方面,主要是指中国共产党领导下的革命事业。从中国共产党成立起,就将红色作为革命的色彩符号,例如红军、红旗、红领巾等,"红色"使文化资源的性质在此层面上统一起来。从构成结构来看,可以将红色资源分为两类:一类是可见的红色物质文化资源,它涵盖了红色器物、建筑等物质文化资源,例如烈士遗物、陵园,革命先驱的旧址、故居、旧居等;另一类是红色精神的文化资源,例如井冈山精神、大别山精神等。红色资源是一个内涵丰富的集合性概念,不仅包含红色历史资源,还涵盖红色历史遗址、红色革命精神、红色历史基因等内容。红色资源作为我国特有的文化资源,是一种先进文化的代表。就红色资源的

内涵来看，它指的是中国共产党领导全国各族人民在革命战争时期、社会主义建设和改革开放时期以及新时代所形成的以马克思主义为内核的历史和革命精神。中国红色历史资源不仅表现为优秀传统历史文化资源，更是一种融合了优秀特色传统文化的社会主义价值体系。从红色资源的外延来看，它承载的是人类共同价值，也是中国自鸦片战争以来历代英雄先烈在反对国外强权主义压迫过程中呈现出来的伟大革命精神，无论是国内的革命运动，还是反抗帝国主义侵略的救国运动，无不显现出中国人民不惧强权的革命反抗精神和对民族复兴的期盼。

红色资源是红色文旅发展的基础。中共中央办公厅、国务院办公厅联合下发的《2004—2010 年全国红色旅游发展规划纲要》指出："红色旅游，主要是指以中国共产党领导人民在革命和战争时期建树丰功伟绩所形成的纪念地、标志物为载体，以其所承载的革命历史、革命事迹和革命精神为内涵，组织接待旅游者开展缅怀学习、参观游览的主题性旅游活动。发展红色旅游，对于加强革命传统教育，增强全国人民特别是青少年的爱国情感，弘扬和培育民族精神，带动革命老区经济社会协调发展，具有重要的现实意义和深远的历史意义。"[1]《2011—2015 年全国红色旅游发展规划纲要》又指出："红色旅游作为政治工程、文化工程，必须突出强调其在加快构建社会主义核心价值体系中的重要作用，教育和引导广大干部群众充分认识到，是历史和人民选择了中国共产党，选择了社会主义制度，选择了改革开放道路，从而进一步坚定对党的信任、对中国特色社会主义的信念、对改革开放的信心，进一步巩固全党全国各族人民团结奋斗的共同思想基础。同时，红色旅游作为经济工程、富民工程，其发展必须遵循产业发展基本规律，充分发挥市场作用，不断创新体制机制，广泛吸纳群众参与，才能保持长久生机与活力，不断向前发展"[2]。在文旅融合的当下，红色文旅蓬勃发展，其政治属性、文化属性也愈加凸显，在思政教育中的重要作用也被普遍认同。

[1] 中共中央办公厅、国务院办公厅印发《2004—2010 年全国红色旅游发展规划纲要》[N]. 人民日报，2005-02-23（01）.

[2] 中共中央办公厅、国务院办公厅印发《2011—2015 年全国红色旅游发展规划纲要》[EB/OL].（2014-08-13）[2024-09-25]. http://www.shaoshan.gov.cn/12351/12356/content_598663.html.

2. 红色资源的思政教育价值

（1）实现立德树人根本任务的必然要求

职业教育必须坚持以马克思主义为指导，坚持为党育人、为国育才，传承红色基因、赓续红色血脉，从根本上落实立德树人的根本任务。思想政治理论课教育的根本任务是培养具有坚定共产主义信仰的社会主义建设者和接班人。红色文化以"红色"为重点，以"文化"为根基，蕴含着丰富的中国革命精神和厚重的优秀传统文化内涵。从历史生成来看，红色文化作为中国共产党领导全国各族人民在革命实践中形成的宝贵精神财富，是凝结着中国共产党一百多年辉煌历史的成功经验，是传承中华优秀传统文化的伟大民族精神。无论何种形式的红色文化，都蕴含着家国大义、为民情怀和不屈不挠的价值观，能有效地引导学生坚定理想信念，培育家国情怀，树立全心全意为人民服务的信念。红色文化融入职业教育思政课，能够帮助学生了解革命历史、厚植爱国主义情怀、体悟"两个结合"、明确作为时代新人的责任和使命，在世界百年未有之大变局的背景下和中华民族伟大复兴的战略新阶段，培养心怀"国之大者"、担负起实现中华民族伟大复兴重任的社会主义建设者和接班人。

（2）增强职业院校思政课实效性的重要选择

"思政课就要讲好中华民族的故事、中国共产党的故事、中华人民共和国的故事、中国特色社会主义的故事、改革开放的故事。"[1] 红色文化源于中国革命伟大实践，蕴含着丰富的育人资源，有利于丰富高校思政课的教学体系和内容。在课堂教学中，讲述真实鲜活的红色故事，可以丰富课程的教学内容，使教学内容呈现形式更为丰富多样，使思政课教学更生动形象，加强思政课的理论支撑，增强思政课的亲和力、说服力；在实践教学中，讲述红色故事可以拓展课外实践活动，使学生与红色物质文化资源真实接触，沉浸其中，感悟红色文化的力量，丰富行走课堂的形式，从而增强思政课的实效性。

（3）"用好红色资源，赓续红色血脉"的应有途径

对红色资源要强化教育功能。围绕革命、建设、改革各个历史时期的重大事件、重大节点，讲好党的故事、革命的故事、英雄的故事，彰显时代特色，

---

[1] 习近平. 思政课是落实立德树人根本任务的关键课程[J]. 求是 .2020（17）：4-17.

使之成为教育人、激励人、塑造人的大学校。引导青少年从小在心里树立红色理想。赓续红色血脉是新时代大学生成长成才、实现中华民族伟大复兴使命担当的内在要求，也是新时代坚持和发展中国特色社会主义、全面建设社会主义现代化强国的现实要求。一百多年来，中国共产党始终坚持共产主义理想，不忘"为中国人民谋幸福、为中华民族谋复兴"的初心，团结带领中国人民取得了新民主主义革命的胜利，取得了社会主义改造建设的胜利，取得了改革开放伟大成就，创造了新时代以来一系列的成就，孕育了饱含中华优秀传统文化元素的红色文化，形成了丰富的红色资源。

新时代职业教育思政课以立德树人为根本任务，培养的是拥护中国共产党领导、拥护社会主义制度、立志为实现中华民族伟大复兴而奋斗终身的时代新人。"用好红色资源，赓续红色血脉"是职业教育思政课坚持社会主义办学方向的根本立场，是坚持立德树人根本任务的时代担当，也是贯彻党的重大战略部署的现实要求。

（二）红色资源融入旅游职教思政课程的途径

1. 以学生关注和困惑为出发点，创建"链条式"课堂，加强教学设计

"链条式"课堂以学生的关注和困惑为出发点，围绕思政课每个专题知识点，结合红色文化、学生困惑点和教学重难点设计问题，以循序渐进的"问题链"引领教学、回应学生，帮助学生掌握理论、领悟真理。

比如，在讲授"马克思主义中国化时代化"时，必然要讲清楚马克思主义中国化时代化的历史逻辑和实践逻辑，可以选择南京雨花台烈士陵园作为红色文旅基地。结合学生学情，可以把本次课的教学重点凝练为四个问题。第一，什么是"马克思主义中国化时代化"？第二，雨花英烈为什么牺牲？——马克思主义中国化时代化的历史进程是否一帆风顺？第三，雨花英烈的心愿实现了吗？——为什么要把马克思主义中国化时代化？（如果不实现中国化时代化会有什么后果？）第四，雨花英烈坚定的信念是什么？——马克思主义中国化时代化有哪些理论成果？通过环环相扣的"链条式"问题的设计，学生能了解马克思主义中国化时代化的必然性和重要性。通过雨花英烈的英雄故事

导入党史上三次"左"倾的历史事件和土地革命路线鲜明的正反对比,帮助学生理解马克思主义中国化时代化的必要性和必然性。学生不仅明白了"马克思主义中国化时代化的理论成果"是什么,还在掌握红色文化的基础上深刻理解了"马克思主义为什么要中国化时代化",对马克思主义"两个结合"和马克思主义的实践属性产生了真正的认同。

2. 以课堂教学为着力点,打造"清单式"课堂,优化教学内容

"清单式"课堂是指在课堂教学中借助清单突出教学重点、优化教学过程的课堂教学模式。"清单式"课堂要求思政课实现"教材体系"向"教学体系"的转化,协调处理好教材体系的统一性与教学体系的多样性的关系。同时,在转化中精炼教学内容,增强思政课教学的逻辑性和亲和力,帮助学生更好地把握思政课教学内容。

首先,实现"教材体系"向"教学体系"转化要把握思政课的教学逻辑。以"毛泽东思想和中国特色社会主义理论体系概论"课程教学为例,一百多年来,中国共产党始终坚持"两个结合",形成了各个阶段的理论成果。"毛泽东思想和中国特色社会主义理论体系概论"课程以马克思主义中国化时代化为逻辑主线,主要讲述了从毛泽东思想到科学发展观的具体内容。因此,在教学设计过程中,可具体围绕马克思主义中国化时代化理论成果的历史逻辑来开展专题教学。比如,在讲解新民主主义革命理论部分,从百万雄师横渡长江事件导入,结合渡江胜利纪念馆的历史背景、展陈文物、胜利意义讲述新民主主义革命胜利的"三大法宝",以具体的红色文旅场馆为基点凝练教学内容,实现红色文旅+思政的课堂教学。

其次,实现"教材体系"向"教学体系"转化要聚焦每个专题的重难点内容、提炼每一次课的关键词。比如,在讲授"马克思主义中国化时代化的提出"时,可以结合伟大建党精神和一大会址加深学生对红色文化的了解,加深学生对"中国共产党人初心使命"的认识。在讲授"什么是马克思主义中国化时代化"时,可以在介绍近代史的时代背景的前提下,结合"坚持真理、不负人民"讲清楚中国共产党选择马克思主义作为根本指导思想的必然性,让学生在领会马克思主义的科学性、人民性、实践性和真理性的同时掌握马克思主义中国

化时代化的内涵。再如，在讲述"毛泽东思想及其历史地位"这个专题时，可以把毛泽东思想发展的历史逻辑作为主线，把红色文旅资源的介绍融入毛泽东思想发展各个阶段的阐释过程中，引导文旅职教学生设计出具有"活的灵魂"的红色旅游路线，总结出毛泽东思想的"活的灵魂"。具体而言，可以依据遵义会议纪念馆的资源阐释遵义会议的重要性；依据井冈山红色旅游景区讲解革命根据地、农民运动和土地革命中体现的"实事求是"的精髓；依据北大荒开发纪念地阐述"群众路线"的伟大胜利；依据古田会议纪念馆阐述古田会议贯穿的"独立自主"的智慧；等等。这样的教学设计避免了就教材内容讲理论的抽象感，并不是否定教材内容本身，而是在明确教学逻辑的基础上结合红色文旅资源重组教学内容，实现对教学内容的拓展，提炼每一次课程的教学重点，加强学生每一次课程的获得感。需要指出的是在教育技术改革逐渐推进的当下，结合某一文旅红色资源阐释思政课程内容，未必都要到真实的红色文旅目的地实地探访，也可以使用虚拟现实等方式开展教学，进一步提升教学效率。

3. 以行走课堂为落脚点，完善"多元式"课程，增强教学实效

思政课的"行走课堂"旨在弥补课堂教学空间的有限性，引导学生更好地理论联系实际，促使学生带着信仰、带着情感走进社会，思考现实问题，了解现阶段我国国情，通过自身感受和社会实践，系统地把握党的基本路线、方针和政策，增强投身社会主义现代化建设的自信与自觉。同时，实地调研、撰写调研报告等活动，可以锻炼学生与社会接触、调查能力与组织参与能力，进一步加深学生对思政课内容的认识和理解，坚定学生的理想与信念。

在调研内容方面，行走课堂可与红色文旅资源考察结合，紧紧围绕思政课程内容，结合红色文化，坚持学思用相结合、知信行相统一，着力培养具有坚定红色信仰的时代新人。以"红色文旅"主题为例，通过对"红色文化的传承""红色文旅资源开发现状"等问题展开实际调研，形成调研报告，学习如何运用习近平新时代中国特色社会主义思想指导工作实践，思考如何学以致用、知行合一。红色文旅的魅力根植于红色文化旺盛的生命力、强烈的感染力和蓬勃的创新力。用好红色文旅资源是传承红色基因、赓续红色血脉的重要途径。教师要鼓励学生具备问题意识，将"红色文旅"调研主题和思政课程内容相结合，尽可能挖掘不同主题，形成不同的调研内容。

在调研地点方面，注重典型性。以南京市为例，可以根据《全国红色旅游经典景区名录》确定"红色文旅"主题的调研地点有雨花台烈士陵园、梅园新村、渡江胜利纪念馆、中山陵、侵华日军南京大屠杀遇难同胞纪念馆等。

在调研部署上，抓住每一阶段的重点。第一阶段在行走课堂实施前，教师可引导学生结合课程中中国共产党革命、建设和改革的实践，厘清红色文化和红色文旅的概念，围绕"红色文旅"调研主题开展背景资料收集，做好文献综述，拟定各小组工作方案和调研问卷、访问提纲。第二阶段在行走课堂实施中，分批组织学生前往南京雨花台烈士陵园、梅园新村、渡江胜利纪念馆、中山陵、侵华日军南京大屠杀遇难同胞纪念馆等地开展实地调研。在实践教学基地，同学们参观了景区，了解红色旅游发展；在教师的指导下，学生可对景区游客、工作人员等开展问卷调查和进行人物访谈。比如，在南京雨花台烈士陵园，学生了解了雨花英烈革命精神产生的时代背景、新民主主义革命时期中国共产党人面临的巨大危险和挑战，对新民主主义革命总路线有了更加深刻的体会，进一步明确了自己的时代责任。第三阶段在行走课堂实施后，教师就如何撰写调研报告进行指导，学生对数据进行系统分析和科学处理，形成自己的认识和体会，完成调研报告，在课堂上进行展示汇报。课后，学生再根据教师的建议进一步修改完善，形成定稿。

通过"行走课堂"这一形式开展实践教学的探索，转化教学空间，将红色文化潜移默化融入思政课，实现素质目标。教师全方位指导，学生全过程参与，创新了教与学的方式，有助于培养学生学以致用、知行合一的能力。行走课堂思政课不再是枯燥的理论说教，而是融合红色文化、五史故事、地域特色、旅游资源等元素的"思政大餐"。

此外，还可通过大学生讲"党史上的今天"、红色旅游景区志愿服务实践、红色宣讲等活动，完善"多元式"课堂，把行走课堂设在红色景点，融入志愿服务，走进社会生活，引导同学们在行走课堂中身临其境地感受文旅职教思政课的红色文化背景与红色价值导向。

习近平总书记指出"改革创新是时代精神，青少年是最活跃的群体，思政课建设要改革创新"，[1]"要不断增强思政课的思想性、理论性和亲和力、针

[1] 习近平. 思政课是落实立德树人根本任务的关键课程[J]. 求是，2020（17）：4-17.

对性"[1]。红色文旅"行走课堂"建设是贯彻落实习近平总书记关于"大思政课"建设系列论述的重要举措,是对课堂教学的有益补充,是"多元式"课堂的科学完善,可以有效增强思政课的实效性。

（三）红色文旅类思政选修课程建设的方法

思想政治理论课是落实立德树人根本任务的关键课程,在实现培养社会主义建设者和接班人的育人目标过程中,发挥着不可替代的作用。进入新时代,面对新的世情、国情,高校思想政治理论课教育教学面临着新的机遇和挑战,各职业院校均开展了思政教育改革的探索。以南京旅游职业学院为例,南京旅游职业学院立足"新时代旅游人才"培养,在提升思政必修课程教育教学效果的同时,坚持守正与创新,对思政选修课课程体系建设进行深入的思考与实践,结合学校和地方特点开设系列思政公共选修课程,打造出具有地方特色和旅游专业特色的思政选修课课程体系,并取得了较好效果。

1. 构建"文旅融合"的思政选修课课程体系

南京旅游职业学院针对现有思政选修课课程体系不够完善、受益学生范围窄、课程影响力不够等问题,围绕中华优秀传统文化、红色文化的传承和弘扬,结合红色文化和文旅行业,通过梳理和整合,积极构建将红色文化传承与旅游专业有机结合的"文旅融合"的思政选修课课程体系。

南京旅游职业学院率先在导游专业和研学旅行管理与服务专业开设"红色旅游概论"专业选修课,编撰相应教材并进行课程教学和建设,引导学生传承红色基因,赓续红色血脉。同时,在全校范围内完善以党史为中心的公共选修课体系。开设了"走进五史""博物馆里的党史""校史馆里的改革开放史"等公共选修课程,坚持以史育人,培根铸魂,引导学生从文旅行业的切入点认识中国社会历史的发展,使学生深刻领会"历史和人民是怎样选择了马克思主义、选择了中国共产党、选择了社会主义道路、选择了改革开放",培养学生正确的历史观和科学方法论,坚定走中国特色社会主义道路,为实现中

---

[1] 习近平.用新时代中国特色社会主义思想铸魂育人贯彻党的教育方针落实立德树人根本任务[N]人民日报,2019-03-19（01）.

华民族伟大复兴而不懈奋斗。"文旅融合"的思政选修课课程体系以习近平文化思想为指导,把社会主义核心价值观贯穿教学全过程,重点培养学生的政治认同、家国情怀和文化自信。通过思政课选修课程体系的构建,较好实现了中华优秀传统文化、革命文化、社会主义先进文化与旅游专业知识有机融合,提升了思政课的吸引力,在学生中引起良好反响,思政课的意识形态主阵地作用得到彰显。

2. 把"以文化人"的育人理念贯穿思政选修课课程体系

思想政治理论课是培养社会主义建设者和接班人的主渠道,思政选修课应当发挥有益的辅助作用。加强高校思想政治工作,要注重文化浸润、感染、熏陶,既要重视显性教育,也要重视潜移默化的隐性教育,实现"入芝兰之室久而自芳"的效果。把"以文化人"的育人理念贯穿思政选修课课程体系,是旅游职业院校构建"文旅融合"的思政选修课课程体系的核心理念。

文化传播是人类特有的现象,对个人而言,就是一个不断学习语言、知识、行为准则等以适应社会环境的过程;对社会而言,就是社会成员经过相互沟通和交流,形成总体一致的观念、价值的过程。旅游是展示和传播文化的重要载体,是深化人文交流互鉴、促进民心相通的重要途径。文化与旅游的融合是一种新的旅游产业发展理念,旅游活动在文化熏陶中得以丰富,文化在旅游过程中得以传承与发展。文旅融合对新时代旅游人才提出了更高要求,不仅要具备管理和服务的能力与水平,更重要的是要具备向游客展示、传播文化的能力。因此,具有深厚的文化素养和文化传播能力成为新时代旅游人才必备的素质,从这个意义而言,培养具有文化自信的"文化传播者"是新时代旅游职业教育的内在要求。新时代旅游人才不仅要掌握专业知识和技能,还应熟知、深爱、传播中国特色社会主义文化,主动践行社会主义核心价值观。这一育人目标的实现就需要用文化的理念、文化的内容和文化的方法培育全面发展的旅游人才,让学生真正做到"讲好中国故事、传播好中国声音,向世界展现真实、立体、全面的中国,提高国家文化软实力和中华文化影响力"。

"文旅融合"的思政选修课课程体系建设要突出"以文育人"的理念,围绕"文化传播者"这一人才培养目标,坚持用习近平新时代中国特色社会主义思想铸魂育人,以政治认同、家国情怀、道德修养、法治意识、文化素养为重点，做到爱国、爱党、爱社会主义相统一。在课程内容上，深入挖掘地方文化资源，把中华优秀传统文化、革命文化和社会主义先进文化作为育人内容；在课程实践中，把传播文化与旅游实践相融合，让学生在旅游实践中体验中国特色社会主义文化的内在魅力；在教学方式上，采用多种形式，把学生置于教育主客体所创造的积极向上的文化场域之中，实现"人化"与"化人"的统一。

3. 创新思政选修课课程体系的教学模式

传统思政选修课一般采取的是灌输式理论课堂讲授法，从教学效果而言，并不是很理想，需要对教学方式进行改革优化。比如，南京旅游职业学院在构建"文旅融合"的思政选修课课程体系时，对课程的教学方法进行了改革创新，强调结合文化育人的体验性、无形性、渗透性等特性开展教学。在教学中，除了调动教师和学生的主观能动性，还在教育的内容、方法、环境等要素上下功夫。注重"化"与"教"的紧密相连，体现的是一种渐变渐化的过程。通过文化浸润的方式育人，既容易调动学生的积极性和主动性，又能够发挥文化的价值认同、行为导向、情感激励、心灵陶冶等功能。在实践中，采用了"实践—理论—再实践"的"进阶式"教学法。每门思政选修课程以学生应用能力培养为主线，以组织、策划校园文化活动和社会实践活动的方式，把思政课教师、专业教师、行业专家、学工队伍都聚集到课程中。每门课程均设置了"文化体验—文化研习—文化传播"三个教学环节。从文化体验开始，学生自主策划行程路线、学习目标、内容、措施，到真实场景中进行观摩学习，激发学习兴趣；到文化研习阶段，学生聚焦知识点，到图书馆查阅资料，自主编写讲解词、策划品牌活动等，提高理论修养，产生文化认同；再到文化传播阶段，学生在校内自主组织文化传播活动、编辑和推送微媒新闻，结合团委社会实践活动，深入中小学、社区进行文化宣讲等，增强文化自信。如在"雨花英烈精神"革命文化研习中，突破惯性思维，以"雨花台烈士陵园红色旅游景点讲解"为逻辑起点，通过现场观摩，激发学生的学习兴趣；让学生们根据相关知识，自主编写讲解词，提高学生对革命文化理论的认知和思想境界；根据自己编写的讲解词，提高讲解基本功，做到"边讲边学边思"；组织学生志愿宣讲，提升学生对革命文化和课程思政的认同感；指导学生开展微媒采编工作，让学生在学习实践中进一步坚定文化自信；等等。

　　坚持不懈地用习近平新时代中国特色社会主义思想铸魂育人,解决好培养什么人、怎样培养人、为谁培养人这一根本问题,是职业院校思想政治理论课教学必须承担的历史使命。南京旅游职业学院把中华优秀传统文化、红色文化的传承和弘扬与专业知识的传授有机融合,开展"文旅融合"的思政选修课课程体系建设的探索和实践,是全面贯彻落实党的教育方针,落实立德树人根本任务,改革创新思政课程体系建设,培育新时代"文化传播者"的有益探索,也为新时代旅游院校思政课课程体系建设提供了借鉴。

(四)红色文旅虚拟教研室建设的实践探索

　　2022 年 10 月,为进一步推动南京旅游职业学院大思政格局的形成,促进思政教育与文旅行业的融合发展,南京旅游职业学院成立了红色文旅虚拟教研室。红色文旅虚拟教研室是以习近平新时代中国特色社会主义思想为指导,深入贯彻全国教育大会精神和《中国教育现代化 2035》要求,以立德树人为根本任务,以提高红色文旅人才培养能力为核心,以现代信息技术为依托的教研机构。红色文旅虚拟教研室整合南京旅游职业学院各相关二级学院师资力量,引入部分其他院校及江苏省文旅行业师资,开展了一系列红色旅游课程开发、资源建设、科学研究、行业服务等工作。

1. 开展红色文旅教学研究

　　南京旅游职业学院红色文旅虚拟教研室牵头联系校外专家、学者系统谋划,率先开设适合学情的"红色旅游概论"课程,并组织编写《红色旅游概论》校本教材。《红色旅游概论》教材系统阐述了红色旅游的理念和发展,分析了红色旅游的开发和管理,还全面介绍了东部红色旅游经典景区、东北和中部红色旅游经典景区、西部红色旅游经典景区等,基本囊括了全国大部分红色旅游经典景区。在具体红色旅游经典景区模块的编写过程中,增加了和红色旅游经典景区密切相关的中国共产党人精神谱系内容的介绍以及相关的实践活动、微课和在线学习内容,帮助学生了解掌握我国红色文旅内容,进一步把红色文旅和思政教育融合,促进大思政格局建设。

　　党和国家历来高度重视红色文化发展,高位引领、科学规划、统筹推进,使其作为一种独具特色的主题旅游形式和文化形态迅速在神州大地兴起并持续繁荣发展,成为我国巩固党的执政地位、开展爱国主义和革命传统教育、培育和弘扬社会主义核心价值观、彰显文化自信、服务大国外交的重要载体,受到前所未有的关注。我国大力发展红色文旅,从最初以思想政治教育为核心的瞻仰学习活动到如今大众旅游时代下综合功能日益显现的新兴业态,都充分展示了红色文化在我国经济社会发展中的重要作用和地位。在新时代,大力推进红色文旅实现高质量发展是应有之义、必然之举。"红色旅游概论"课程的开设可在推动红色文化进校园、进课堂,在培育合格社会主义接班人工作中发挥独特作用,为文旅专业学生的培养提供必要的红色旅游理论和实践经验教学资源,为建设高质量的红色文旅人才队伍贡献力量;同时课程大力宣传推广红色文化,对推动红色旅游实现高质量发展,也具有实际意义。

2. 共建文旅优质资源

党的十八大以来,习近平总书记对传承红色文化高度重视,在考察调研时多次到访革命纪念地,瞻仰革命历史纪念地,反复强调要用好红色资源,传承好红色基因,把红色江山世世代代传下去。近年来,随着红色文化的吸引力和影响力越来越强,红色旅游市场的需求不断增长,规模持续扩大。

南京旅游职业学院以红色虚拟教研室为依托,围绕立德树人的根本任务开展红色文旅的研究工作。南京是一座英雄的城市,拥有丰富的红色资源。南京有新民主主义革命时期中国共产党人,有爱国志士的集中殉难地雨花台烈士陵园,还有中共代表团梅园新村纪念馆、渡江胜利纪念馆、颐和路社区将军馆等,星罗棋布于南京的各个角落。每一个场所都能洗涤心灵,培根铸魂。红色文旅虚拟教研室积极联系红色场馆,进行思政课程共建,及时把红色资源和课程教学相结合,选择合适的内容进红色场馆进行沉浸式授课。从校内走向校外、从课堂讲授到现场体验,精心设计南京市红色文旅路线,在红色地标开展"移动式"讲解,开设"行走的思政课",迈出思政"小"课堂,走进育人"大"课堂。

3. 开展思政 + 文旅教师培训

知史爱党,知史爱国,读史明智,鉴往知来。习近平总书记在《学好"四史",永葆初心、永担使命》中指出:要深入开展党史、新中国史、改革开放史、社会主义发展史教育,要讲好党的故事、革命的故事、英雄的故事,厚植爱党、爱国、爱社会主义的情感,让红色基因、革命薪火代代传承。[1]

南京旅游职业学院红色文旅虚拟教研室多次邀请渡江胜利纪念馆、雨花台烈士陵园管理局、淮海战役纪念馆等红色场馆的专家来校讲座,为思政教师上好"大思政课"、讲好红色故事奠定了理论基础,梳理了历史脉络,丰富了故事细节,在红色革命文化的高度、广度和深度上达到了统一。

4. 促进思政 + 文旅行业融合

一方面,红色旅游资源滋养思政教学;另一方面,思政教学服务红色文旅。通过红色文旅虚拟教研室平台促进校企合作,可以更好地实现红色资源的社会价值。

思政教师走进文旅行业,在文旅行业挂职,可以进一步了解文旅行业,开发地方红色文化资源。红色文化资源是中国共产党历史上宝贵的精神财富,它承载和记录着中国共产党百年党史波澜壮阔的岁月,对有效开展党史学习和党性教育有积极的现实意义和时代价值。通过对红色文旅资源的深入挖掘和整合利用的研究分析,形成可操作性较强的现实对策,有利于更充分发挥红色文旅资源独特的思政教育作用,使其历史意义和现实价值得以进一步彰显。

思政教师走进文旅行业,可以进一步打通专业壁垒,汇聚各专业教师力量为文旅行业做出贡献。作为旅游职业类院校的思政教师,肩负着传递行业声音、助力行业发展的义务。南京旅游职业学院思政教师依托红色旅游教研室,多次走进省内外红色场馆进行考察调研、理论宣讲、拍摄微课以及社会服务等诸多实践活动。在走进行业的过程中,思政教师有意识地将红色文旅发展与思政课程教学相结合,把红色文旅全面融入思政课程教学目标、教学内容、实践活动,从文旅行业着手、从实际出发、从学生的切身需求切入进一步激发新时代文旅职业院校学生的学习兴趣,不断增强思政课程的实效性和针对性。社会是育人的大课堂。讲好"大思政课",更需从行业入手。只有坚持思政 + 文旅育人,让思政课打破课堂局限,走向文旅行业,使之在现实中有价值、用得上,起到答疑解惑、凝神铸魂、启迪智慧的作用,才能真正让学生理解和认

[1] 习近平 . 学好"四史"永葆初心、永担使命 [J]. 求是,2021（11）：4-10.

同思政课的教学内容。南京旅游职业学院红色旅游虚拟教研室把大思政教育、新思想宣讲、文旅行业服务等相结合,凝心聚力谋发展,为探索具有南旅特色的大思政教育路径,服务高水平高职院校建设不断努力。

依托红色虚拟教研室,促进课程实践教学和行业志愿服务同向同行。在课程实践活动的内容设计上结合专业特点和行业需求,促进行业服务教育与课程育人紧密结合。学生不是旁观者,而是参与者,在行业实践中具体直观感知时代的脉搏和文旅行业的发展,做中教做中学做中求进步,寓价值观引导于行业服务之中,使课程实践教学和行业服务同向同行,形成协同效应。比如,引导导游专业的学生在红色场馆提供志愿讲解服务,既是对本专业知识的检验,也是对自身红色素质的锻造,进一步激发学生厚植爱国情感,坚定政治信仰,涵养家国情怀。

红色文旅虚拟教研室的价值和意义就是要通过思政教育与文旅行业的融合,开设红色文旅类思政课程,培养红色文旅职业人才,推进红色文旅发展,提升思政教师的教科研水平和服务行业的能力,培养有深度有温度的红色文化、红色基因的传播者和践行者。大思政格局下,各旅游职业院校可以探索红色旅游类型的虚拟教研室建设,大力开展红色文化育人研究,在思政课与红色文化之间建立了一座桥梁,通过思政课弘扬红色精神,以红色文化充实思政课的内涵和丰富教学内容。在红色文化与思政课的深度融合下,引导学生不断坚定理想信念,不断提升思想水平和专业能力,志存高远,脚踏实地,在新的征程中不负时代、勇于进取。

第三章

五育并举——大思政格局下职业教育通识课程改革研究

　　大思政是新时代高校思想政治教育改革的新方向，也是高校落实立德树人根本任务的新理念。大思政格局下的职业教育通识课程建设，对学生综合素质的培养意义重大，关系到德智体美劳"五育并举"的顺利实施。职业教育通识课程不仅是知识课，更是一门人生大课，有助于教育和引导学生践行社会主义核心价值观，帮助学生形成高尚道德品格、思想情操和人格修养[1]。本章所指的职业教育通识课程主要包含人文与社会类课程、自然与科技类课程、体育与健康类课程、艺术与审美类课程、劳动与生活类课程五类，符合职业教育人才培养的客观规律和职业院校通识课程开设的实际情况。需要说明的是，由于思政课程改革在第二章中已经阐述，本章分析的职业教育通识课程不含专门的思政课程。

一、大思政格局下职业教育通识课程改革理念与目标

（一）大思政格局下职业教育通识课程改革理念

　　通识课程在职业教育中的作用是多方面的，对培养全面发展的职业教育

---

[1] 刘宇菲 . 高校思政课程与课程思政协同育人机制建设研究 [D]. 海口：海南大学，2022：35.

专业人才具有不可或缺的重要作用。在职业教育中，通识课程开设的目标是围绕培养全面发展的高素质技术技能人才，既关注知识的传授和能力的培养，又关注学生的全面发展和人格塑造。通识课程教育在职业教育中发挥着重要作用，有助于拓宽学生的知识视野，强化人文素养，培养批判性思维和创新能力，促进学科融合以及塑造健全人格和社会责任感，为实现培养全面发展的高素质技术技能人才的目标提供了有力支持。

在职业教育实施中，通识课程教育与"五育并举"的理念紧密相连，致力于培养新时期全面发展的高素质职业人才。通识课程教育为"五育并举"提供了具体的课程支撑，是五育并举工作实现的重要路径；而"五育并举"为通识课程的开展指明了方向，丰富了通识课程的内涵和外延，使其更加符合职业教育对高素质人才的需求。因此，职业院校的通识课程教育应在"五育并举"理念指导下开展，为培养德智体美劳全面发展的高素质人才服务。

1. "以人为本，五育并举"教育理念的根本性

教育的目的是把受教育者培养成为符合社会需要的人，这也是培养人的质量规格的总要求。"以人为本，五育并举"的教育理念体现了教育工作的核心价值和目标导向。新时代"五育并举"是德育、智育、体育、美育、劳动教育融为一体的教育理念，包括人本性、整体性、合作性等综合特征，为培养社会主义优秀的建设者提供了方向，同时也为学生自身的全面发展指明了路径。

（1）人本性特征

所谓人本性是指以人为本的发展特性。社会发展是由人推动和实现的，人是社会发展的根本主体，或者说是发动者和承担者。教育理论也必然是彰显人的本质力量的社会实践的凝练、概括和总结。教育的人本性表现在，社会的发展是由人的、为人的和立人的。"由人"有两层含义：一是从社会构成看，马克思认为"自然是人无机的身体"，而人是社会关系的总和，构成社会的有机体；二是从社会发展看，社会发展是由人推进的历史进程，它是人根据自身的需求，有目的、有意识地改造自然、形塑社会的过程。"为人"是目的层面的规定。社会发展的根本目的是实现人的发展，在客观方面，主要表现为人实际地获得

自由和解放的程度；在主观方面，主要表现为人对自身生存状况的满意度和幸福感[1]。它是人的发展目的和发展愿望积极地现实化、对象化的过程。"立人"是指对人的确认和成就的实现。社会的诞生是一个把人从"生物人"变成"社会人"，进而实现人的全面自由发展这一根本价值追求的过程。马克思指出，实现人的全面发展的根本途径是教育与生产劳动相结合。这种结合不仅有助于提高劳动者的素质和技能，还能促进人的全面发展。通过教育，人们可以掌握更多的知识和技能；通过生产劳动，人们可以将所学知识和技能付诸实践，从而在实践中不断发展自己。这一观点强调了人的发展的多维度性和社会历史性，提出了实现人的全面发展的条件和途径。职业教育同样体现由人、为人、立人的人本性属性和目的，我国职业教育一直强调办人民满意的教育，重视在办学过程中以生为本，努力为学生赋能，更是人本性的彰显。以追求学生全面素质发展为目标的通识教育，强调在专业学习之外，还应广泛涉猎不同领域的知识，以促进学生独立思考、综合分析和创新能力的提升。通识课程教育旨在培养具有广博知识、深厚人文底蕴、强烈社会责任感、良好道德品质和健全人格全面发展的人才。将德育、智育、体育、美育和劳育有机结合在一起，促进学生全面发展。在通识课程教学过程中，学生不仅能够获得专业知识，还能够拓宽知识视野、提升综合素质、塑造健全人格，继而实现人的全面发展。

（2）整体性特征

莫兰认为"社会本质上就是一整套经济、心理、文化等的交互作用所构成的体系"[2]。体系就是整体，而基于社会整体性形成的社会发展理论也就有了要素性发展和整体性发展之别。要素性发展是关注构成社会发展要素和部分（如经济、教育、文化、科技等）的单一性、片面性和碎片化发展，它忽略要素之间的整体联结、相互作用和彼此关系，是一种"只见树木、不见森林"的形而上学倾向。哲学的系统论认为，所谓系统是由相互依存、相互作用的诸要素构成的有机整体。整体性是系统的根本特性，而社会就是一个有机整体。斯宾塞指出："社会是一个有机体。"黑格尔说得更明确，手只有作为有机体的

[1] 邱耕田.整体发展论[M].北京：社会科学文献出版社，2020：56.

[2] 艾德加·莫兰.社会学思考[M].闫素伟，译.上海：上海人民出版社，2001：87.

一部分，才获得它的地位[1]，离开身体的手只是名义上的手。整体性发展是对要素性发展的超越。它是从发展要素和发展过程之间的关联性角度对发展存在的一种整合性认知和把握，是对现实社会整体性存在和发展的总结和凝练。整体性发展要求政治、经济、文化、教育的全面发展和整体进步。如我国提出的创新、协调、绿色、开放、共享五大发展理念，经济、政治、文化、社会、生态文明建设五位一体总体布局，都是社会整体发展观的设计与顺应。其中，经济发展是基础，体现为社会物质文明程度；政治发展是保证，体现为社会政治文明程度；文化发展是重要内容和标志，体现为社会精神文明程度[2]。对职业教育而言，其对社会发展的外在作用的整体性嵌入和网络状互联是不言而喻的；其内在"五育并举"育人总方针，以及中共中央、国务院印发的《关于深化现代职业教育体系建设改革的意见》提出"统筹职业教育、高等教育、继续教育协同创新，推进职普融通、产教融合、科教融汇，优化职业教育类型定位"的"三融"发展战略都是职业教育整体性的要求和体现。

五育并举作为一种具有科学性、创新性的育人理念，其整体性特征也体现在通识课程实施的各个层面。在理念融合层面，通识课程强调跨学科的知识整合与综合素养的培养，与五育并举（德智体美劳全面发展）的发展理念高度融合，体现了教育的全面性；在课程内容层面，通识课程设置呈现多元化特征，涵盖不同知识领域，同时融入德育、智育、体育、美育和劳育元素，彰显出课程的综合性；在教学方法层面，通识课程采用多样化的教学方法，如讨论式、案例式、实践式等，以促进学生全面发展，体现五育并举的实践性；在评价层面，通识课程的评价体系注重学生的综合素质和能力表现，包括知识掌握、道德品质、身心素质、审美情趣和劳动技能等，其与五育并举的评价目标具有高度的一致性。

（3）合作性特征

如果说整体性表征的是社会发展理论的属性和本质，那么合作性则是社会发展理论的实践方式和手段。社会发展是人民群众合力推动并实现的。社会是人们交互活动的产物。恩格斯的历史合力论认为，合力包括无数相互交

[1] 黑格尔.美学（第一卷）[M].朱光潜，译.北京：商务印书馆，2006：128.

[2] 邱耕田.整体发展论[M].北京：社会科学文献出版社，2020：112.

错的力量，就是众多人的力量的集合，它是整体或群体力量的产物，是推进社会发展的基本力量。从社会关系看合作的形成，马克思说："人的本质不是单个人所固有的抽象物，在其现实性上，它是一切社会关系的总和[1]。"马克思还指出，个人在精神上的现实丰富性完全取决于他的现实关系的丰富性。这种在社会实践的现实性上形成的相互纠缠、交往的必然联结和关系是合作的社会学前提和基础。从宏观视域看，当今世界发展是"全球一体化""人类命运共同体"时代，和平、发展、合作是趋势潮流和主基调。违背这样的趋势和潮流，只能陷入"孤岛化"和"自毁化"陷阱。所以，合作发展是顺应大势和规律的必然选择。从合作的成效看合作的功能，社会发展理论强调人的合力和合作，是在众多力量和要素相互作用或协作整合中生成的总的力量，与单个力量之间存在着本质的区别，具有 1+1 大于 2 的功能，因而发展中的合作和合作中的发展构成社会发展理论合目的、合趋势、合效能实现的又一特征。社会发展理论的合作性特征与职业教育"产教融合、校企合作、工学结合、知行合一"的类型特征高度契合，奠定了职业教育合作发展或整合发展的理论根基。

以上合作性特征在通识教育实施过程中也有鲜明的体现。在跨学科教学领域，通识课程鼓励具有不同学科背景的教师共同参与教学，通过跨学科的知识融合，帮助学生构建更全面的知识体系。这种合作教学模式不仅能够拓宽学生的视野，还能提升学生的跨学科思维能力和解决问题的能力；在学生学习领域，通识课程教学实施注重培养学生的团队协作能力，通过小组讨论、项目合作等形式，让学生在互动探究中相互学习、相互启发。这种合作学习模式有助于提高学生的沟通能力和协作能力，同时也能激发学生的学习兴趣和创造力；在校际合作与交流领域，随着教育国际化的发展，通识课程也越来越注重校际合作与交流。通过与其他高校或机构的合作，开展联合授课、学术研讨等活动，可以拓宽学生的国际视野，提高跨文化交流能力；在社区合作与社会实践领域，通识课程还强调与社区和社会的合作，通过组织学生参与社区服务、社会实践等活动，让学生将所学知识应用于实际生活中，培养他们的社会责任感和公民意识。跨学科、多领域、多渠道的合作，有助于培养学生的综合素养和全面发展能力。

---

[1] 马克思恩格斯文集（第一卷）[M].北京：人民日报出版社，2009：501.

2. "内化于心，外化于行" 的教育价值同一性

"内化于心，外化于行" 的理念强调职业教育不仅要传授知识，更重要的是培养学生的职业素质和道德观念，并促使学生将这些内化的品质通过外在的行为表现出来。通识课程教学与 "内化于心，外化于行" 的教育价值在多个领域存在高度同一性。这种同一性体现在通识教育通过多样化的课程设置和教学方法，促进学生将所学知识、技能和价值观内化于心，再通过行为、服务态度、精神风貌和文化传承等方面外化于行。比如，在礼仪类通识课程中，礼仪教育使学生深入理解礼仪的文化内涵、历史背景和社会价值，从而在内心深处形成对礼仪的认同和尊重；再将所学的礼仪知识应用于日常生活和未来的职业发展中，如待人接物、公共场合的行为举止等，展现出良好的礼仪风范和职业素养。这种外在的表现正是礼仪教育内化成效的体现。

在审美意境的培养方面，通识教育中的艺术教育如音乐、美术、舞蹈等，能够培养学生的审美情趣和审美能力，使他们能够欣赏和创造美的事物，在内心深处形成对美的追求和向往，继而将审美意境体现在他们的日常生活和创作中，如着装得体、工作和生活环境塑造等，展现出独特的审美风格和品位，体现美学价值。

在文化内涵提升方面，通识课程通过跨学科的知识整合，使学生接触到不同领域、不同文化的知识和思想，拓宽他们的视野和胸襟，增强他们的文化自信和文化认同。在未来的从业过程中，学生会潜移默化地将文化内涵体现在他们的言谈举止和思维方式中，如尊重多元文化、传承优秀传统文化、积极吸收外来文化精华等，展现出深厚的文化底蕴和开放包容的心态。

3. "德技并修，全面发展" 教育目标的协同性

职业教育人才培养应当坚持立德树人，将素质教育贯穿职业教育的始终，培养德才兼备的职教人才。职业教育通识课程聚焦 "德技并修，全面发展" 的培养目标，致力于培养具备社会责任感、家国情怀、创新精神和实践能力，同时拥有良好品格素养、思维素养、公民素养、科学素养、生态素养及审美素养的职教人才。

首先，不同专业的职业教育，可结合行业和产业特点，对 "德技并修，全

面发展"的通识课程建设目标进一步加以诠释,使其更具针对性。以旅游职业教育为例,旅游职业教育通识课程致力于实现"文旅融合"的目标,通过跨学科的教学内容和教学方法,学生在掌握旅游专业知识的同时,还能了解文化产业的运作规律和发展趋势,以达成全面发展的人才培养目标。同时,课程注重德才兼备的培养目标,强调学生在具备扎实专业知识的基础上,还应注重品德修养和综合素质的提升。

其次,旅游职业教育通识课程教育注重学生社会责任感的培养。在教学过程中,通识课程通过引入社会热点问题和旅游业社会责任等教学内容,引导学生关注社会和关注国家发展,从而培养社会责任感。课程还鼓励学生积极参与社会实践和志愿服务活动,将所学知识应用于实际工作中,为旅游事业发展做出贡献。同时,课程融入了中华优秀传统文化和爱国主义教育,通过讲解历史故事和文化遗产,激发学生的家国情怀,增强他们的民族自豪感和文化自信,结合国际视野和跨文化交流能力培养,使学生成为具有全球竞争力的文旅人才。

再次,旅游职业教育通识课程注重培养学生的创新精神和实践能力,通过模拟规划项目、旅游创意大赛、实地考察等形式,让学生在实践中锻炼创新思维和解决问题的能力,提升专业素养和研究的能力。

最后,旅游职业教育通识课程还通过法律知识、社会公德等通识课程内容的学习,增强学生的公民意识和社会责任感,强化他们的公民素养;结合旅游科学、环境科学等相关内容教学,培养学生的科学思维和探究精神,提升科学素养;同时,通识课程强调的生态旅游、可持续发展等理念,可以引导学生树立环保意识,关注旅游业的生态影响,提高生态素养;通过对旅游美学、文化遗产欣赏等内容的学习,可提升学生的审美情趣和艺术修养,从而提高其审美素养。

综上所述,职业教育通识课程改革注重学生全面素养、创新精神与实践能力的提升,同时强调社会责任感与家国情怀的培养。这样的培养目标旨在为社会输送具备高度责任感、深厚情怀、卓越能力和全面素养的优秀职业技能人才,彰显了五育并举的协同教育理念。

（二）大思政格局下职业教育通识课程改革目标

大思政格局下职业教育通识课程改革目标要突出"德智体美劳"五育并举

的育人总要求，为职教人才培养奠定基础，担负起职业教育培养更多大国工匠、能工巧匠、高素质技能人才的历史使命。

1. 德育为先，培根铸魂

德育是通识教育不可或缺的重要组成部分。通识教育旨在培养学生全面的素质和能力，强调跨学科的知识体系、批判性思维、创新能力、社会责任感和人文素养等方面，德育是这些目标中至关重要的一环。德育的核心在于培养学生的道德品质、价值观念和社会责任感，帮助学生树立正确的世界观、人生观和价值观，引导学生理解并遵守社会公德、职业道德、家庭美德等道德规范。通过德育，学生可以学会尊重他人、关爱社会、勇于担当，成为具有高尚品德和良好行为习惯的公民。同样，德育是职业教育通识课程的重要组成部分。德育是培养职教人才的基础，职教人才要有热情和责任感，具备高度的道德素养[1]。在通识课程教育开展过程中，德育与其他学科教育相互渗透、相互促进。一方面，德育为其他学科教育提供了正确的价值导向和道德支撑，使学生在学习专业知识的同时，也注重培养自己的道德品质和社会责任感；另一方面，通识教育也注重将道德教育渗透到专业课的教学当中，通过专业知识的传授和专业技能的培养，间接地影响学生的道德观念和行为习惯。德育与其他的通识教育课程在教育理念、教育内容、教育功能和教育实践等方面相互渗透、相互促进，共同为学生的全面发展提供有力保障。德育能培养学生的良好品德和道德观念，使之成为有理想、有道德、有社会责任感的从业人员。

2. 智育为重，润心增慧

职业教育注重学生的具体执行能力的培养，注重跨学科的学习与思考，强调创新思维的养成，这与智育发展的目标是一致的。职业教育通识课程的知识体系涵盖文学、历史、哲学、艺术等领域，有助于丰富学生的知识储备，提高其综合素质。

---

[1] 赵浩，隋欣. 新文科交叉下五育在培养艺术人才中的模式研究 [J]. 艺术研究，2024（1）：155-157.

3.体育为基，强体固本

职业教育通识课程中的体育类课程关注学生的身心健康，强调学生身体与心灵的和谐发展。身体的健康和良好的体能对职教人才的从业生涯具有积极的影响。体育训练可以提高学生的身体素质、表现力等。

4.美育为要，尚美塑人

美育是审美教育，也是情操教育和心灵教育，对于立德树人有不可替代的作用。职业教育通识课程中的美育类课程重视审美情趣的培养，强调对相关艺术作品的欣赏与理解，注重审美能力的提升。美育强调审美情趣的教育，在欣赏各种艺术的过程中，培养出更为高雅的审美情趣。

5.劳育为本、知行合一

职业教育通识课程中的劳育课程，重视提升学生的实践能力。通过适应社会发展，将劳动教育融入学生全面发展的大框架，回归教育本源，彰显"以劳树德、以劳增智、以劳强体、以劳育美"的综合教育功能。结合劳育的培养，学生可以养成在行业中努力工作、坚持不懈的品质，同时培养压力承受能力和自我管理能力，为未来从事相关工作打下坚实的心理基础，并培养劳动光荣的意识，这对于职业教育而言，显得尤为重要。

（三）大思政格局下职业教育通识课程改革维度

大思政格局下职业教育通识课程体系主要包含人文与社会、经典阅读与写作、劳动与生活、艺术与审美、自然与科技五大模块。五大模块各有特点，又相互联系，均蕴含了思政教育的要求，并各有侧重。

1.人文与社会通识类课程建设维度

人文与社会学课程的课程思政建设是一个复杂的过程，它涵盖了多个方面的内容与目标。结合职业教育，可以从以下维度实施。

（1）德育价值的挖掘与传承

人文社会学课程蕴含了丰富的德育资源，如伦理道德、社会责任、爱国情怀等。在课程建设中，应深入挖掘这些德育价值，并通过教学活动传承。可以通过分析历史人物、社会事件及文学作品等，让学生感受到道德的力量，培养学生的道德观念和道德情感。

（2）国家意识的强化与塑造

职业教育的人文社会学课程，应强化国家意识，让学生认识到个人与国家的关系，培养其爱国情感和民族自豪感。可以通过学习国家历史、政治制度和文化传统，让学生更深入地理解国家的发展和变化，以及自己在国家建设中的角色和责任。

（3）批判性思维的培养

职业教育的人文社会学课程不仅是传授知识，更重要的是培养学生对社会和行业发展的批判性思维，使其能够独立思考和分析问题。可以引导学生阅读经典文献、分析社会现象、参与课堂讨论，培养其批判性思维能力，使其具备辨别是非、明辨真假、分辨善恶的能力。

（4）社会责任感的提升

职业教育的人文社会学课程应注重培养学生的社会责任感，引导学生认识到自己作为社会成员的责任和义务。可以通过组织与课程相关的社会实践活动、志愿服务活动等方式，让学生深入地了解社会、接触群众、走进行业，培养学生的社会责任感、职业自豪感和奉献精神。

（5）人文素养的提高

职业教育的人文社会学课程的目标是提高学生的人文素养，引导其具备未来从事行业产业工作的丰富的人文知识和良好的人文素养底蕴。通过学习文学、历史、哲学和艺术等学科知识，让学生领略人类文明的魅力，培养学生的审美情趣和人文素养，提升他们对真善美的理解力和感悟力。

（6）实践环节的强化

在职业教育的人文社会学课程中，应该注重实践环节的设计和实施，让学生在实践中学习，在实践中成长。可以通过组织社会实践、调研活动和模拟实验等方式，让学生将所学知识应用到实践中，从而提高实践能力和创新能力。

2. 经典阅读与写作类通识课程建设维度

经典阅读与写作课程的思政教育建设维度旨在将思政教育融入阅读与写作教学，提升阅读和写作能力的同时，培养学生的道德情操、社会责任感、批判性思维和人文素养。结合职业教育的特点，这类课程的建设可与专业特点密切结合。以旅游职业教育为例，可以从以下维度开展。

（1）价值导向与德育渗透

精选与行业产业相关的经典文本。以旅游职业教育为例，优秀的文旅类作品就需要加以重视，如《徐霞客游记》《雨中登泰山》等古今名作，这些文本需包含明确的德育价值和正确的人生导向。通过分析这些作品，引导学生理解其中蕴含的道德、伦理和社会责任感。在写作教学中，引导学生思考文本背后的道德意义，培养道德情操，树立正确的价值导向，鼓励他们将这些道德观念应用于自己的工作中，从而更好地从事行业工作。

（2）文化自信与国家认同

选择反映中华文化传统和民族精神的经典作品，如《游牧中国》《跟着诗词去旅行》等，通过阅读这些作品，增强学生的文化自信和民族自豪感。鼓励学生通过写作表达自己对中华文化的理解和热爱，培养国家认同感和爱国情怀，从而强化职业认同感。

（3）批判性思维的培养

在阅读经典过程中，如《旅游批判》《旅行的艺术》等，融入批判性思维元素，引导学生从多个角度审视旅游活动对自然环境、社会文化和个人成长的影响。通过阅读这些书籍，教会学生独立地分析文本，辨别信息的真伪和价值。鼓励学生提出自己的观点和看法，培养他们的独立思考和创新能力，从而延伸到旅游创新服务的相关领域。

（4）社会责任感的提升

选择具有社会责任感的经典作品，如《负责任的旅行》《旅游与社区发展》《旅游伦理与旅游业可持续发展》等，这些书籍不仅提供了关于旅游活动的深入分析和思考，还倡导可持续旅游和社会责任的理念，对于提升公众对旅游业的社会责任感具有积极意义。可以让学生感受到个体与社会的紧密联系，培养他们的社会责任感和奉献精神。通过引导学生关注社会热点问题和文旅发展前沿动态，表达个人的看法和建议，以培养他们的公民意识和社会责任感。

（5）人文素养的熏陶

经典阅读与写作课程本身就是一种人文素养的熏陶。通过阅读经典作品，学生可以领略到人类文明的魅力，提升自己的审美情趣和人文素养。该类作品如《万水千山走遍》《人间旅历：跟着旅行家去旅行》等，均含有丰富的文学、历史、地理和文化知识，读者通过阅读这些书籍，不仅可以获得旅行的灵感和指南，还能在旅途中得到人文素养的熏陶和提升。应鼓励学生运用自己的情感和想象力，创作出富有人文情怀的作品，以进一步培养他们的人文素养。

（6）实践环节的强化

将思政教育与实践活动相结合，组织学生进行阅读分享会、写作比赛等实践活动，让他们在实践中感受思政教育的魅力。应鼓励学生将所学知识应用到行业实践中，如参与旅游活动调查、撰写旅游目的地发展报告等，培养他们的实践能力和社会责任感。

3. 劳动与生活类通识课程建设维度

劳动与生活类课程的思政建设，主要关注在劳动和生活实践活动中如何有效融入思想政治教育，以提升学生的道德素质、社会责任感、实践能力和创新精神。结合职业教育开展，可以从以下维度实施。

（1）劳动价值观的培养

劳动与生活类课程应强调劳动的重要性，引导学生树立正确的劳动观念，尊重劳动成果，培养学生的劳动责任感和自豪感。通过对劳动过程的体验，让学生认识到劳动是创造美好生活的基础，培养他们对劳动的热爱和尊重，进而将劳动精神深化为工匠精神，并内化到未来行业工作中去。例如，在旅游职业教育中，将劳动教育与旅游烹饪类专业学习结合，让学生理解农作物食材的价值，从而更深刻地认识到农业活动的艰辛，培育大国三农情怀等。

（2）社会责任感的强化

结合课程内容，让学生既意识到自己的社会责任，又认识到通过劳动为社会做出贡献的重要性。例如，在旅游职业教育中，鼓励学生参与社区服务、文旅公益活动等，同时结合文明旅游宣讲、旅游安全知识宣讲等活动的开展，让学生运用专业知识服务社会，培养他们从事文旅工作的社会责任感和奉献精神。

（3）实践能力的锻炼

劳动与生活课程应注重学生的实践体验，通过实际操作培养学生的实践能力与解决问题的能力。鼓励学生将所学知识应用于实际生活，提高他们的生活自理能力和适应能力，为今后岗位实践能力的养成奠定基础。以研学专业教学为例，可以通过开展特色活动，让学生掌握基本的实践技能，如种植、养殖以及手工艺制作等。在园林类专业课程中，可以让学生观察植物生长过程，记录数据，学习生物知识与数据分析；同时，通过撰写观察日记、制作植物标本等活动，锻炼学生的写作与观察能力。

（4）创新精神的激发

在劳动与生活课程中，引导学生发现问题、分析问题和解决问题，培养他们的创新思维和创新能力。鼓励学生尝试新的劳动方式和新的生活技能，激发他们的创造力与想象力，更好地从事行业创新工作。比如在旅游职业教育中，可思考如何结合目的地旅游资源和受众特征，设计针对性的旅游活动和产品；也可结合酒店入住者的喜好，个性化地进行客房内部布置等，通过具有挑战性的项目开发与实践，能有效提升学生的创新能力。

（5）团队协作能力的培养

在劳动与生活课程中，组织学生开展集体劳动和团队合作活动，培养他们的团队协作能力与沟通能力。让学生在集体劳动中学会分工合作、相互支持，增强集体荣誉感和归属感，有助于团队协作能力的提升。例如，在研学活动中，如何以团队为单位，制订详细的活动计划，包括活动目标、内容、时间、地点、人员分工等，并按照计划开展研学活动，注重活动的趣味性与互动性。引导学生积极参与劳动过程，在团队中体现每一名参与者的价值。

（6）安全意识与自我保护意识的教育

在劳动与生活课程中，应注重学生的安全教育，让他们了解劳动中的安全风险和防范措施。培养学生的自我保护意识和能力，确保他们在劳动过程中的安全和健康。以烹饪类教学为例，可以将安全教育贯穿于食品加工与储存安全、烹饪环境安全、烹饪操作安全、食物中毒、厨房火灾等特殊安全注意事项；在研学专业实践教学中，也可以结合研学活动前准备、交通安全、活动现场安全、应急处理等方面开展安全教育培训，从而强化安全教育的落地价值。

4. 艺术与审美类通识课程建设维度

艺术与审美课程的思政建设旨在将思想政治教育与艺术审美教育相结合，以提升学生的审美素养、人文情怀、社会责任感以及创新思维能力，引导学生明辨是非、鉴别美丑、区分善恶。结合职业教育，可以从以下维度开展建设。

（1）审美教育与价值观念的引导

在艺术审美课程中，引导学生理解和欣赏艺术作品所蕴含的价值观念，如美、善、真等，从而培养学生的审美情趣和道德情操。通过分析不同艺术流派和作品，让学生理解艺术与社会、文化与历史的关联，培养他们的历史责任感和时代担当，以进一步提升艺术审美鉴赏能力。以旅游职业教育为例，可将中国传统古建筑审美和导游讲解相结合，也可在博物馆研学活动中，融入华夏文化精神内涵，让博物馆文物真正产生生活的艺术价值。在传统民居类审美课程教学中，可以引入各地风格各异的民宿造型设计，让学生感受广袤中国大地的民居风情，了解中国多元地域文化。

（2）文化自信与民族认同

在艺术审美课程中，应强调中华优秀传统文化的传承与弘扬，通过欣赏和分析具有民族特色的艺术作品，提升学生的文化自信和民族认同。引导学生认识传统文化在现代社会中的价值和意义，鼓励他们成为传承和弘扬传统文化的使者，领会优秀传统文化创造性转化和创新性发展的重要价值。以非遗文化和旅游业的结合为例，两者关系日益紧密，相互促进、共同发展。非遗文化以其独特性、不可再生性与唯一性，为旅游提供了丰富的文化资源。这些资源包括传统手工艺、表演艺术、民俗活动、节庆等，为游客提供了多样化的旅游体验,进而丰富了旅游资源、提升了旅游品质、促进了旅游创新;旅游活动为非遗文化的传承提供了新的途径,促进非遗文化传承,为非遗保护提供了重要的经济支撑。在艺术审美类课程中普及传播非遗内容,对文化自信的彰显和民族认同的增强,具有现实意义和价值。

（3）社会责任感的培养

通过艺术审美课程,让学生理解艺术的社会功能和价值,认识到艺术家对社会的责任和使命。鼓励学生参与社会公益活动,如艺术创作展览、社区美化等,培养学生的社会责任感和实践能力。以如火如荼推进的乡村振兴战略为例,各地通过美丽乡村打造和美乡村建设等举措,有力地推动了乡村振兴全面发展。而将艺术审美课程与美丽乡村案例结合,学生通过学习,可以形成生态保护意识、自觉践行文化传承责任,并且立志通过发展乡村文旅、特色产业等方式,带动乡村经济持续增长,促进乡村社会和谐稳定,从而潜移默化地强化乡村振兴担当意识,提升社会责任感,增强组织凝聚力。

（4）批判性思维与独立思考

在艺术审美课程中,培养学生的批判性思维和独立思考能力,让他们能够独立思考并判断艺术作品的价值和意义。引导学生对艺术作品进行多角度、多层面的分析,培养他们的创新思维和批判性精神,从而对产业发展问题、发展矛盾进行综合思辨。例如,旅游职业教育中的艺术审美课程可以引入旅游资源赏析及开发相关内容,结合文化内涵的挖掘、美学价值的评价、体验与感受等要素,以批判性的眼光审视旅游资源的开发和利用情况,同时,思考旅游可持续发展、文化真实性和游客体验等方面的问题,不断优化旅游产品和服务,提升游客满意度和忠诚度,从而更好地推动旅游业可持续发展。

（5）跨学科融合与综合素质提升

艺术审美课程应与其他学科相结合,如文学、历史、哲学等,实现跨学科融合,拓宽学生的知识视野。通过跨学科的学习,提升学生的综合素质,培养跨学科思维和创新能力。以旅游职业教育中的审美引导工作为例,在游览过程中,旅游服务提供者应向游客详细介绍旅游景观的社会和文化背景,帮助游客理解其文化内涵和审美价值。同时要根据旅游者的审美需求和动机,选择并突出展示景观中的审美重点。通过生动的描述和解释,引导游客关注并欣赏那些容易被忽视的美的细节。这是一个综合性的过程，需要旅游服务提供者具备丰富的知识、敏锐的审美眼光和灵活的引导策略。传递正确的审美信息、分析游客的审美感受、激发游客的想象思维、掌握观景赏美的方法和培养游客的审美能力等，可以有效地提升旅游者的审美体验和审美能力。而艺术审美类课程，可以提升学生对美的感知、理解和欣赏能力，进而让其更好地从事相关审美引导工作。

（6）实践环节的强化

艺术与审美课程应注重实践环节的设置，让学生在实践中体验艺术的魅力和价值。组织学生开展艺术创作、艺术表演、艺术评论等实践活动，培养他们的艺术素养和实践能力，从而更好地进行审美活动的设计与实施。例如，在旅游演艺活动中，从剧本创作与编排、表演技巧与艺术修养的提升、排练与演出的组织、市场营销与推广等各环节，均对从业人员提出了很高的专业要求，需要提升从业人员的专业素养、创新能力以及服务水平，以满足不断增长的市场需求和观众期待。艺术与审美课要将这些具体的实践环节纳入教学内容和教学设计，不断尝试优化，方能培养出更多具备专业素养、创新能力和服务水平的旅游专业人才。

5. 自然与科技类通识课程建设维度

自然与科技类课程的思政建设维度旨在将思想政治教育与自然科学和科技教育相结合，以培养学生的科学素养、创新精神、社会责任感，激发学生勇于探索的精神，培养学生求真务实的态度和不畏困难、百折不挠的意志。职业教育自然与科技类通识课程的思政教育建设，可以从以下维度展开设计。

（1）科学素养与批判性思维

强调培养学生的科学素养，包括科学基础知识、科学方法和科学精神。鼓励学生运用批判性思维分析科学问题，不盲从、不迷信，培养独立思考和解决问题的能力，从而养成实事求是、尊重科学的精神。以旅游职业教育为例，在数字化新时代，科学素养与批判性思维广泛运用于科技融合、个性化旅游产品定制、智慧旅游平台、数据驱动决策、生态监测与保护、科普旅游产品开发等智慧旅游核心领域，它不仅推动了旅游产品和服务的创新与发展,也促进了旅游信息管理与利用的智能化和高效化,同时还加强了环境保护与可持续发展的力度,并推进了旅游教育与科普,全方位、多层次助力智慧旅游创新发展。

（2）创新精神与实践能力

激发学生的创新精神,鼓励他们勇于探索、敢于尝试,培养学生的创新思维和创新能力。这类课程需提供实践机会,让学生将理论知识运用于实际,通过实践活动培养解决问题的能力,以进一步提升学生的创新意识和能力。以旅游职业教育为例,旅游行业创新创业是一个充满活力和机遇的领域,随着旅游市场的不断发展和人们旅游需求的多样化,越来越多的创新项目和创业机会涌现出来。智能旅游、绿色旅游、体验式旅游、定制旅游等新领域层出不穷,不仅丰富了旅游产品的种类,也提升了旅游产品的附加值,同时,也对学生的创新创业和实践能力提出更高要求。自然与科技类通识课程,可以显著提升学生的创新创业能力,为其今后的创业之路提供坚实保障。

（3）社会责任感与可持续发展

引导学生认识科学技术对社会发展的重要性,培养他们的社会责任感。强调可持续发展的理念,让学生理解科技发展与环境保护、社会公正的关系,培养可持续发展意识,从而更好地通过行业工作践行可持续发展理念。以旅游职业教育为例,可以将社会责任感与生态旅游、低碳教育相融合,结合生态旅游倡导的保护生态环境、尊重当地文化、促进社区发展、倡导低碳出行、提升游客教育与意识等理念,促成学生的社会责任感,引导其主动投身于实现旅游业可持续发展和社会进步的伟大事业。

（4）人文情怀与科学伦理

在科技教育中融入人文情怀,让学生理解科技与人类文化、社会价值观的关联。强调科学伦理的重要性,培养学生的道德意识和伦理观念,确保科技发展的道德底线,进而在未来工作中树立道德准绳。以旅游职业教育为例,可以在旅游伦理教育中合理引入尊重与保护自然、尊重与保护文化遗产、尊重其他旅游者、尊重旅游从业人员等内容,结合各种渠道和形式的旅游道德伦理的宣传教育、法律法规学习、行业实践调研等,进一步让学生树立旅游规范意识,践行旅游伦理相关准则,为旅游业的健康发展奠定道德基石。

二、大思政格局下职业教育通识课程改革重点任务

（一）人文与社会类通识课程大思政改革

人文与社会类通识课程是培养学生人文素养、社会责任感和公民意识的重要途径。职业院校开展人文与社会类通识课程的思政建设，是思想政治教育改革和通识教育改革的双重需要。以旅游职业教育为例，文旅深度融合的时代背景决定了旅游职教相关专业的通识教育应注重"旅游+文化"教育，旅游从业者需要具备更为丰富的旅游知识和更高的人文素养水平，因此应更加注重对学生文化素养的培养[1]。目前，旅游类职业院校中开设的相关课程可分为思政与法律类、历史与文化类、经济与社会学类、哲学与伦理类等（见表3-1）。

表3-1　人文与社会类通识课程

类型	课程示例
思政与法律类	"军事理论与训练""旅游政策与法规"等
历史与文化类	"四史教育""大学语文""大学英语""中国旅游文化""传播学概论""旅游客源国概论""旅游地理""旅游经典文学作品鉴赏"等
经济与社会学类	"旅游经济学""旅游市场营销""社会学概论""公共关系学"等
哲学与伦理类	"中国哲学导论""社会学研究方法"等

尽管各院校在人才培养方案中均设置了人文通识教育课，但课程设置仍偏向于理论人文和经典人文，普遍存在重理论与鉴赏，轻操作与技艺的情况，忽略了职业教育类人才培养目标的特殊性要求。因此，人文与社会类通识课程大思政改革的重点，应立足中国立场和赋予的新时代人文精神要求，在新文科背景下，突破传统学科思维和人才培养模式，聚焦并把握新时代特征和国家发展需求，推动学科思想理念、人文精神、知识体系、研究方法等方面的变革与创新。同时，坚持人文特征和社会属性，加强学生的文化自信，从而推动传统文化的创造性转化与创新性发展[2]。此外，职业教育中的人文与社会类通识

---

[1] 金美兰，朱波，隽雨仙，等.本科院校旅游类专业通识教育改革研究[J].旅游论坛，2023，16（2）：134-140.

[2] 黄震方，黄睿，侯国林.新文科背景下旅游管理类专业本科课程改革与"金课"建设[J].旅游学刊，2020，35（10）：83-95.

课程应更侧重实用技艺课程,培养应用型人才,根据教学目标,分别从实用艺术人文、实用生活人文、实用工作人文三个维度开展课程体系的构建。围绕大思政改革,树立应用型、创新型和复合型的人才培养目标,充分重视学生的主体性发展和人格培育,注重对学生精神层面、文化层面、实践层面的渗透,在重视专业化人才培养的基础上,打造具有校本特色的实用人文通识课程体系。

具体而言,在大思政改革的背景下,应着重加强以下四方面建设。

1. 开展价值教育

人文与社会类通识课程应体现"立德树人"的价值追求。通过开展人文素质培养,形成融合知识技能培养与人文素养培养于一体的育人文化,加强思想政治理论课程建设,体现"为党育人,为国育才"的价值追求。此外,应体现"促进人的自由全面发展"的时代要求。如强化马克思主义世界观、人生观、价值观的教育,引导学生树立正确的国家观、民族观、历史观、文化观。从而提升职业教育中人文素养教育的比重和效果,推动学生全面发展。

2. 融入思政元素

通过历史文化、哲学、伦理学类课程,引入中华民族人文历史、地方文化习俗、非物质文化遗产等内容,帮助学生增强对国家的认同以及中华民族共同体意识,认同中国特色社会主义建设的历史与成就,从而培养学生的道德品质和人文素养。此外,在课程内容中融入社会主义核心价值观、中华优秀传统文化等内容,引导学生树立正确的世界观、人生观和价值观,实现"立德树人"的根本任务。

3. 拓宽国际视野

课程改革应在加强文化主体性教育的同时,进一步拓宽国际视野,将新文化思想、内容和方法融入课程与人才培养体系,重视学生文化自信、人文精神、家国情怀、文化知识、文化传承与创新能力的培育,培养文化素养高、专业能力强的新时代职业人才。并且还应加强与国际交流与合作,教学内容方面有甄别地引入国际前沿的人文社科研究成果,培养学生的全球意识和跨文化交流能力。

4. 开展实践教学

当下,处于新战略、新文化、新媒体、新业态和新格局不断变化和发展的时代,传统人文与社会类通识课程已难以适应新的发展要求。因此课程改革必须把握时代特征,以国家战略以及社会与行业新需求为导向,结合生态文明建设、文化遗产传承与发展、信息科技赋能等发展新特点,组织学生开展实践教学活动,通过深入社会、深入行业,了解国情民情,增强社会责任感与使命感。借助社会实践、志愿服务等活动,让学生亲身体验社会现实,增强他们的社会责任感。

(二)自然与科技类通识课程大思政改革

在职业教育中,自然与科技类通识课程是培养学生科学精神、创新思维和实践能力的重要课程,旨在为学生提供宽广的知识面与跨学科的思维能力,以及培养对自然和科技领域的兴趣和基本素养。以旅游职业教育为例,目前,旅游职业院校中开设相关课程涵盖自然科学基础类、信息技术类、科技前沿与创新类、环境与可持续发展类等(见表3-2),此类课程注重培养学生的科学思维方法和科学道德,为学生未来的职业发展和终身学习奠定坚实的基础。随着数字经济、人工智能技术的高速发展,技术更新与转型、岗位职业工作任务及能力要求的不断变化,自然与科技类通识课程体系建设也要进行与时俱进的改革,应注重培养复合型、创新型人才,注重多学科交叉融合,摆脱单一教学模式,因此,职业院校可开设跨学科、跨专业的新兴交叉课程,使课程设置适应时代发展和社会变化对职业岗位的需求。

表 3-2　自然与科技类通识课程

类型	课程名称
自然科学基础	"高等数学" "旅游统计学" 等
信息技术	"计算机应用基础" "Python程序设计基础" "多媒体技术应用" "数据分析与可视化" "智慧旅游发展" 等
科技前沿与创新	"大数据与旅游市场分析" "旅游业创新思维与方法" 等
环境与可持续发展类	"生态旅游与环境保护" "可持续发展理论与实践" "低碳旅游发展" 等

在旅游类职业院校中,自然科学基础类课程旨在培养学生在旅游相关工作中的科学素养和逻辑思维能力,因此,首先应学习自然科学领域的基础性知识,如高等数学、统计学等,为后期旅游电子商务、旅游策划、研学旅游课程设计等专业核心课程奠定良好基础。其次,除了计算机应用基础这样的传统信息技术基础课程,还应随时代发展提升学生的信息技术素养,如智慧旅游、多媒体技术应用、旅游数据分析与可视化等课程,都能为旅游产业的宣传推广与决策提供支持。而科技前沿与创新类的课程是为了培养学生的科学素养与科学精神,培养其运用科学的方法探索、发现和解决问题的意识与思维,以及可持续的学习能力、创新思维与创新精神。引导学生关注当前科技领域的最新进展和未来趋势,可配套使用实训系统、虚拟仿真系统、智慧化教学软件等设施设备,旨在培养学生的创新意识和科技素养,实现数字化技能人才的培养目标。最后,环境与可持续发展类课程应引导学生关注环境保护、资源节约和可持续发展等议题,在国家推进绿色转型的背景下,充分认识绿色旅游发展的"和谐、持续、效率"三大目标,培养学生的环保意识和责任感。

在大思政改革的背景下,各类职教专业的自然与科技类通识课程均应关注以下四个方面的建设。

1. 强调科学精神

根据时代发展和学生需求,持续更新课程内容,确保课程内容的前沿性和实用性。在课程中强调科学精神,培养学生的探索精神、创新思维和批判性思维。

2. 挖掘思政元素

深入挖掘与思政教育相关的元素,如科技创新的伦理问题、生态文明及可持续发展等。通过这些元素,将思政教育有机地融入专业知识,引导学生认识到科技发展的社会责任与伦理问题。

3. 运用现代信息技术

利用互联网、大数据等现代信息技术手段,创新教学方法和手段,以讲授 + 研讨 + 实验性探索为主开展教学。例如,可以开发在线课程、慕课等教学资源，为学生提供更为便捷的学习途径。同时，借助信息技术手段，可以更加生动地展示思政元素，提高学生的学习兴趣和参与度。

4. 以赛促学促创新

技术技能类专业课程与创新创业类课程进行融合互补，让学生在各类专业竞赛中既夯实科学知识基础，还可根据行业新业态的需求，利用信息技术进行模拟实操。同时还应将技能竞赛、发明创新成果等的学分纳入人才培养方案，注重激发学生的创新精神，进而培养学生的社会普适能力、职业变迁能力及创新创业能力。

（三）体育与健康类通识课程大思政改革

体育与健康教育涉及身体健康和心理健康两个方面，随着人们对健康生活方式的重视程度不断提升，其在职业院校教育体系中的地位日益凸显，不仅关系到学生的身体健康，还是提升学生综合素质和职业竞争力的重要途径[1]。职业院校的体育与健康课程建设目前也面临着诸多挑战，如教学内容方面不够多样化，时代性不鲜明，与行业关系不密切；教学方法方面缺乏互动性，创新性不足；教学资源方面资源有限，实践机会不足等。

体育与健康类通识课程是职业院校立德树人的重要课程，对提高广大学生身体素质具有不可替代的作用，同时也是当前课程思政的重要阵地。职业教育中，体育与健康类通识课程涵盖了多个方面，旨在培养学生的体育兴趣、健康生活方式和综合素质。以旅游职业教育为例，目前，旅游类职业院校中开设的相关课程包括传统体育项目、休闲体育项目、文化与旅游特色项目、健康教育与理论知识四类（见表3-3）。传统体育项目类课程如田径、篮球、足球、排球、羽毛球、乒乓球、网球等，旨在锻炼学生的基本体能，提升体育技能。休闲体育项目如太极拳、瑜伽、健身操等，更注重学生的兴趣和参与度，有助于培养终身体育的习惯。文化与旅游特色项目类课程结合非遗文化、民族文化、礼仪文化和旅游专业的特点，开设如旅游服务形体与礼仪、民族体育、户外拓展、体育旅游等具有专业特点的体育类课程，既能锻炼身体，又能传承和弘扬传统

[1] 朱俊平. 高职院校体育与健康课程教学研究 [J]. 大学教育，2024（12）：54-58.

文化。户外拓展类课程的开设与户外旅游、体育旅游等旅游产品的开发与运营具有直接关系。健康教育与理论知识类课程包括健康教育学、心理学、运动生理学、营养学等理论课程,帮助学生了解健康知识,形成科学的健康观念。这些课程通常结合理论与实践,采用室内外结合的形式开展,通过这些课程的学习,学生可以在身体健康、运动技能和健康教育等方面得到全面发展,同时培养团队协作、沟通能力和创新精神,提升学生的综合素质和社会适应能力。

表3-3　体育与健康类通识课程

类型	课程名称
传统体育项目	"田径""篮球""足球""排球""羽毛球""乒乓球""网球"等
休闲体育项目	"太极拳""瑜伽""健身操"等
文化和旅游特色项目	"旅游服务形体与礼仪""民族传统体育""户外拓展""体育旅游"
健康教育与理论知识	"体质健康测试""大学生心理健康教育""健康教育学""运动生理学""营养学"

职业院校体育类通识课程的思政建设具有鲜明特征,在大思政格局背景下,应关注以下三个方面。

一是根据职教专业的特点,开发具有专业特色的体育课程。比如,旅游职业教育就应秉持"文化为魂,旅游为体,体育为媒"的原则,将地方文化的精髓、旅游资源的独特性与体育运动的多样性紧密结合。首先,通过课程设计,让学生在体验体育乐趣的同时,更加深入了解地方历史、民俗风情、自然景观等,培养其成为既懂体育又通旅游的复合型人才。可以开发民族传统体育体验课,结合我国丰富的民族传统体育资源,如少林武术、蒙古摔跤、苗族芦笙舞等,邀请当地非遗传承人或专家授课。使学生不仅学习体育技能,还深入地了解每项运动背后的文化内涵、历史渊源及在当地旅游开发中的应用价值。其次,创新休闲体育类课程,结合现代人对健康生活的追求,创意开发以中医养生、瑜伽、太极拳等为主题的体育课程。课程不仅传授健康养生知识,还引导学生探索如何将这些元素融入旅游产品开发,如设计养生旅游线路、推广健康旅游体验项目等,满足市场对高品质旅游产品的需求。最后,还可开发体育文化遗产保护与传承课程。针对具有深厚历史底蕴的体育文化遗产,如古代体育遗址、传统体育赛事等，开设专题课程，让学生深入了解这些遗产的价值与现状，探讨其保护与传承的策略，为旅游产业的可持续发展贡献力量。

二是要深挖体育技能中的思政元素，在课程中强调体育精神，培养学生的团队协作、竞争意识以及坚韧不拔的精神品质、体育精神，这符合新时代对大学体育类课程的新要求。同时要坚持正确思政方向的引导，把握学生心理和思想，及时调整课程思路与内容，更新教育理念与方法。

三是需要与时俱进，结合数字信息技术形成教育合力。首先，在教学过程中发挥创新与实践精神，如录制体育技能示范视频，通过慢动作、多角度回放等方式，帮助学生细致观察技术细节，掌握动作要领。同时，引入运动分析软件，对学生的动作进行量化评估，指出改进方向。其次，虚拟现实（VR）能够模拟真实或虚构的体育场景，促进学生自主学习能力与探究精神。如高山滑雪、深海潜水等，让学生在安全的环境中体验并学习这些运动；增强现实（AR）技术可以在现实环境中叠加虚拟信息，如跑道上显示配速、距离等，增强训练趣味性和实效性。还可利用智能手环、心率监测器等设备，实时监测学生的运动数据，如心率、步数、卡路里消耗等。这些数据可作为教师评估学生训练效果和制定教学计划的参考，帮助教师关注学生个体差异，为个性化训练提供依据，促进个性化发展，实现精准教学。最后，体育类课程的思政建设需从教学活动的各个环节出发，充分挖掘体育类课程的思政元素内容及思政价值，发挥通识教育中体育教育的育人价值及思想引领作用，达成体育类课程的德育目的。

在健康类通识课程中，也应推进大思政的教学改革，进行整体设计。大学生心理健康教育是促进大学生身心和谐发展，提高其心理素质教育的重要内容，是职教人才培养体系的重要组成部分，也是高校思想政治工作的重要内容[1]。将思政教育融入"大学生心理健康教育"的教学目标、教学内容、教学方法与师资队伍等教学改革各方面、各环节，实现"立德树人、润物无声"的目标。一是要加强方向与理论引导。坚持育心与育德相统一，规范发展心理健康教育与咨询服务，引导学生正确认识义和利、群和己、成和败、得和失，培养学生自尊自信、理性平和的健康心态，促进学生心理素质、思想道德素质、科学文化素质积极向上且协调发展。二是建立协同育人机制，实现全员育人。可

[1] 王代清.通识课课程思政教学改革实践探索——以"大学生心理健康教育"为例[J].教师，2023（14）：9-11.

以成立"大学生心理健康教育"课程组，同时协同学校心理咨询中心教师、心理咨询师、学生心理委员形成三级网络，实现全员育人。三是开展多样实践活动，实现全环节育人。课堂教学从自我认识、情绪管理、恋爱与性、人际交往等几大版块展开，采取体验活动、案例教学等线下线上相结合的形式，激发学生的学习兴趣，增强课堂教学的效果，提高教学质量。开展各种实践活动加以补充，通过组织丰富多彩的有利于学生身心健康的心理素质拓展活动和文娱活动，培养学生自尊自信、乐观向上的心理健康意识。

（四）艺术与审美类通识课程大思政改革

公共艺术教育是职业教育素质教育中实施美育的主途径，它作为美育的重要内容和主要手段，通过以情感人、以情动人的方式，陶冶人的情操，美化人的心灵，使人进入更高的精神境界，成为一个具有高尚情操的人[1]。因此，艺术与审美类通识课程是培养学生审美能力、创造力和艺术素养的重要课程。目前职业院校中开设相关课程主要有审美修养提升类课程和艺术修养养成类课程两大类，以旅游职业教育为例，相关课程设置如表3-4所示。

表3-4　艺术与审美类通识课程

类型	课程名称
审美修养提升类	"旅游美学""旅游文艺作品鉴赏""非遗艺术鉴赏"等
艺术修养养成类	"旅游演艺实践""实用音乐技艺""健美操与舞蹈"等

艺术与审美类课程是提升学生美育、德育、智育等素质的直接途径，艺术类通识课程的教学内容所蕴含的"显性"及"隐性"思政教育资源与新形势下高校思想政治教育所要实现的教育目标相契合，且在教育形式和教育内容上互为补充、相互提升[2]。因此，在大思政改革的背景下，应重点关注以下三个方面。

1. 深化课程内容的时代性与文化性

新媒体技术的飞速迭代与全球多元文化的深入交流，对职业院校学子的

[1] 马新宇，韩米. 高校思政教育融入传统文化的思考 [J]. 文教资料，2019（33）：69-70.

[2] 朱志平，周玲玉，杜超. 课程思政视域下高校思政教育与艺术类通识课程的融合建构 [J]. 中国农业教育，2020，21（5）：96-104.

审美偏好与价值导向产生了显著影响。在此背景下，课程内容的优化需积极响应国家"文化自信"战略要求及对中华优秀传统文化传承发展的号召，精心规划课程结构，强化美育课程的"地域特色"与"文化深度"。具体而言，可通过深入挖掘地方历史、民俗、艺术资源，开设具有地方特色的艺术课程，如地方戏曲、民间手工艺、非物质文化遗产保护等，让学生在学习中感受文化的多样性和独特性。同时，加强对中华优秀传统文化的教育，如书法、国画、诗词鉴赏、文艺作品鉴赏等。使学生在学习过程中不仅掌握艺术技能，更能深刻领悟中华文化精髓，增强对本土文化的认同与自豪感，进而有效培育其文化自信。同时，多样化的艺术形式也将极大地拓宽学生的艺术视野，提升其艺术鉴赏与审美能力。课程内容需紧跟时代步伐，融入当代艺术思潮、科技革新对艺术创作的影响以及全球文化交流的最新成果。例如，可以增设数字艺术、新媒体艺术等课程模块，探讨虚拟现实、人工智能等技术在艺术创作中的应用，引导学生理解并欣赏当代艺术的多元表达。同时，结合社会热点事件，如环境保护、文化遗产保护等，设计跨学科的艺术项目，增强学生的社会责任感和时代使命感。

2. 构建专兼结合的美育教学团队，促进师资交流融合

为解决职业教育中思政教育与美育资源整合的问题，应着力打造一支复合型美育教学团队。这样的团队配置不仅能有效弥补单一领域师资的不足，还能在跨学科的对话与合作中，探索艺术教育与思政教育融合的新路径、新方法。通过组织定期的师资培训班、课程建设研讨会等活动，为思政教师和艺术类教师搭建深度交流平台，促进教学理念与方法的相互启发与借鉴，鼓励教师参与国内外学术交流，拓宽视野，提升教学水平。在此基础上，建立校企合作机制，邀请行业专家、艺术家走进课堂，与学生面对面交流，增强教学的实践性和针对性。将课堂讲授、专题讲座与实践活动相结合，激发学生参与艺术思政课程建设的热情，培养其创新思维与二度创作能力，全面促进学生德智体美劳的综合发展。

3. 加强实践教学，实现第一课堂与第二课堂的无缝对接

充分利用学生社团这一平台，将第一课堂的理论教学与第二课堂的实践锻

炼紧密结合，形成优势互补、相互促进的教育生态。注重将理论知识与实践操作相结合，为学生设计多样化的实践项目，如艺术创作、艺术展览、文化考察、社会服务等。通过实践活动，让学生亲身体验艺术的魅力，培养创新思维和动手能力。同时，鼓励学生参与各类艺术比赛和展览，提升自我展示能力和竞争意识。还可通过组织主题展演、文化晚会等丰富多彩的校园文化活动，将艺术创作与表演融入学生日常，让学生在实践中体验艺术之美，激发他们的创造潜能，提升艺术素养。比如，在举办校园专业文化节的过程中，各院系可以把美育元素、德育元素与专业技能很好地结合起来，创意设计并举办丰富多彩的沉浸式文化体验活动，让校园成为欢乐的嘉年华、德育的大课堂、技能的练兵场。这种"学中做、做中学"的模式，也有效促进了学生的理论知识向实践能力的转化，实现了美育、德育与校园文化建设的深度融合，为学生全面发展提供坚实支撑。

（五）劳动与生活类通识课程大思政改革

党的十八大以来，习近平总书记多次围绕劳动的意义、如何弘扬劳动精神、加强劳动教育等内容进行深刻阐述[1]。劳动教育是新时期党对教育的新要求，是中国特色社会主义教育制度的重要内容，关系到青少年全面发展、健康成长，关系到国民综合素质的提升，关系到党和国家事业兴旺发达，对培育和践行社会主义核心价值观、传承和弘扬中华民族优良传统、培养担当民族复兴大任的时代新人具有重大意义[2]。劳动与生活类通识课程是培养学生劳动观念、生活技能和自我管理能力的重要课程，旨在为学生提供广泛的知识和技能，培养他们的综合素质和生活能力。目前职业院校开设的相关课程可分为基础生活技能类、劳动实践类、自我管理与发展类三种（见表3-5）。这三类通识课程不仅是技术或行动上的学习，还注重家国情怀的培育，立足于党和国家对人才培养的新要求和新方向，掌握新时代发展要求及职业院校学生的思想动向。职业教育本质上是一种劳动教育，因此，结合职业院校的专业特色与育人目标，劳动与生活类通识课程的改革应当紧密围绕"尊重劳动、热爱劳动、

[1] 韩震.让劳动光荣、创造伟大成为铿锵的时代强音[N].光明日报，2020-08-24（15）.

[2] 刘泽汀.高职院校旅游类专业劳动教育在线教学模式改革路径探索[J].山西经济管理干部学院学报，2022，30（3）：86-91.

善于劳动"的大国工匠精神,通过强化劳动价值观教育、创新劳动实践形式、提升劳动实践能力、提升自我管理与发展能力等举措,培养既具备专业技能又拥有高尚职业道德和深厚家国情怀的新时代职教人才。

表3-5 劳动与生活类通识课程

类型	课程名称
基础生活技能类	"安全教育""人际沟通技巧""健康饮食""疾病预防"等
劳动实践类	"劳动生产教育""职业养成教育""实习实训""社会服务"等
自我管理与发展类	"大学生职业发展与就业指导""创新创业基础"等

在大思政格局下,结合职业教育特点,劳动与生活类通识课程改革应重点关注以下四个方面。

1. 在课程体系中强化劳动价值观教育

一是各专业需明确劳动教育与专业课程的依托关系,在课程中引入专业工作场景,强调劳动的重要性,培养学生的劳动观念和劳动精神。或是在专业课程中有机融入劳动教育内容,加强实践环节的训练,引导学生理解劳动与人生、与专业的关系,认识各专业课程所具有的劳动属性与劳动指向,从而树立正确的劳动价值观。二是在课程设计中,明确将劳动精神、大国工匠精神作为核心价值观之一,通过讲述古今中外劳动楷模的故事,特别是行业内的杰出工匠事迹,引导学生深刻理解劳动的价值与尊严,树立"劳动最光荣、劳动最崇高、劳动最伟大、劳动最美丽"的观念。同时,开展"劳模进校园"活动,邀请行业的劳动模范分享他们的奋斗历程与心路转变,激发学生对劳动的尊重与向往。三是结合国家发展战略和产业需求,引导学生认识个人劳动与国家发展的紧密联系,激发其服务国家、贡献社会的责任感和使命感。

2. 结合专业特点创新劳动实践形式

劳动技术教育的目标是通过劳动实践让学生了解生产技术的基本知识,在提高动手能力的同时掌握职业技术技能,养成良好的劳动习惯。将专业与劳动技术教育相结合，培养学生专业职业技术技能，塑造技能型人才。以旅游类专业为例，可设计"文化＋旅游＋劳动"的综合实践项目和多渠道的劳动技术教育实践锤炼，如校内模拟实训、校外生产性实践等。旅游管理专业结合乡村旅游课程开设的"校园绿地劳动"实践项目、结合旅游创意策划课程开设的"古村落保护与活化"项目等。在"古村落保护与活化项目"中，学生须深入乡村，参与古建筑修缮、民宿运营、文化旅游线路规划等工作，将理论知识应用于实践，在劳动实践中培养其沟通技能、旅游产品和服务管理经营技能、客户服务技能等。同时体验乡村生活的艰辛与美好，增强社会责任感，提高劳动实践能力。此外，创新性地在实践劳动课程中运用传统文化与现代科技，利用虚拟现实（VR）、增强现实（AR）技术模拟不同劳动场景，让学生在安全、高效的环境中体验劳动乐趣，拓宽视野。

3. 以劳动教育促进实践能力提升

由于职业院校各专业具有面向就业岗位的特点，对学生劳动实践能力有更高要求，因此，职业认知度的培养需要通过具体劳动教育实践，使职业院校学生对本专业未来从事的职业岗位有较直观的认知。一是让职业院校学生通过对职业实训场所环境的清洁清扫，实现劳动教育实践在感性层面强化学生的职业认知度，培养劳动习惯。比如，在烹饪专业开展"厨房卫生教育"项目等。二是通过开展服务性劳动实践，抓好"三支一扶""三下乡"等实践活动，强化公益服务意识，帮助学生积累社会经验，增强社会适应能力。三是建立"校企合作、产教融合"的劳动实践基地，与企业合作，为学生提供实习实训机会。在此过程中，学生须参与日常运营、活动策划、客户服务等环节，通过真实的劳动实践，提升解决实际问题的能力、团队协作能力和职业素养。四是鼓励学生参与"互联网＋"创新创业大赛等赛事及创新创业项目，将劳动教育与创新创业教育紧密结合，提高学生的创新精神和实践能力。五是通过举办"劳模大讲堂"和"大国工匠进校园"等活动，综合运用各种媒体平台广泛宣传行业劳动榜样人物的事迹，营造校园劳动育人氛围，从而让劳动气息充盈校园，使每个人都参与到劳动活动中。还可结合植树节、学雷锋纪念日等，开展丰富的劳动主题教育，培育崇尚劳动的学风，淬炼学生劳动观念。

4.树立正确的职业观与价值观

劳动与生活类通识课应帮助学生了解自己的职业兴趣、能力及需求,树立正确的职业观与价值观。以自我管理与发展类课程为例,一是通过职业规划与就业指导课的理论学习,引导学生正确认识职业价值,理解行业的社会责任与使命。在此过程中,可引导学生充分利用实训室的模拟仿真岗位环境,开展任务"嵌入式"教学,让学生在真实工作环境中了解不同职业的特点和要求,提高学生的实际操作能力,增强实际工作"体验",从而明确自己的职业兴趣和能力,避免盲目跟风和追求短期利益。同时,加强职业道德教育,通过案例分析、角色扮演等形式,让学生深刻理解行业中诚信、责任、服务等职业品质的重要性,培养学生积极就业、诚实守信、敬业奉献的职业品质,为成为德才兼备的职教人才奠定坚实基础。二是通过组织生活类实践活动,如模拟面试、职业规划大赛等活动,让学生亲身体验求职过程,学习掌握基本的生活技能,提升自我管理能力,提高求职技巧和就业竞争力。三是邀请行业专家、优秀校友分享职业发展经验,帮助学生树立远大的职业理想和正确的价值观。四是教师应根据学生专业背景、兴趣爱好、职业规划目标,为学生提供个性化的指导和有针对性的建议,帮助学生更好地规划自己的职业生涯。

三、大思政格局下职业教育通识课程改革路径

(一)完善职业教育通识课程保障机制

1.建立管理机制

职业院校应从五育并举的角度,高度重视通识课程建设,组建通识课程专门负责部门(如通识教育中心等),负责通识课程的具体教学、研究与管理工作,包括课程设计、教材编写、教师培训、教学评估等。

在管理机制方面,需要系统梳理通识课程体系,制定通识课程管理制度,明确课程建设的目标、原则、内容、要求等,确保课程建设的规范性和体系性,并对通识课程的思政建设提出明确的目标要求。构建课程质量监控体系,对通识课程的教学过程、教学内容、教学效果、大思政教育实施情况等进行定期

检查和评估,及时发现问题并改进。加强课程资源建设,积极开发和引进优质的通识课程资源,包括教材、案例、多媒体教学资源等,为师生提供丰富的学习材料,并有效融入大思政教育内容。

2. 完善激励机制

通识课程的激励机制是为了鼓励教师、学生以及相关人员积极参与通识课程的学习、教学、研究和创新活动,从而提高课程的质量和效果。可以从以下方面开展。

在通识课程教学中表现突出的教师,可给予额外的薪酬奖励,如绩效奖金、教学津贴等。对在通识课程学习中取得优异成绩的学生,提供奖学金、助学金等形式的奖励。

为教师提供广泛的培训机会,包括参加通识课程相关的研讨会、培训班、工作坊等,以提升其专业素养和教学能力。为学生提供实践机会,如参与产业项目、实地考察等,以培养实践能力和创新精神。

设立通识课程领域的荣誉奖项,评选一批在教学、研究、创新、大思政教育改革等方面有突出贡献的教师和学生,给予荣誉证书和奖励。通过校内外媒体宣传获奖者的事迹,提升他们的社会影响力和荣誉感。让师生感受到院校对通识课程的重视。

为有创业意愿的教师和学生提供创业支持,包括项目申报、创业培训、资金扶持等,激发他们的创造力和创新精神。鼓励教师将通识课程的研究成果转化为实际产品或服务,推动产学研用一体化发展。

3. 优化保障机制

通识课程的保障机制是为了确保课程能够顺利进行并达到预期的教学效果而建立的一系列制度、措施和条件。可以从以下方面进行优化。

教学资源保障机制。在教材与教学资源方面,选择或自建高质量、针对性强的通识课程教材,以及丰富多样的教学资源,如教学案例、实地考察机会、多媒体教学资源等。在设施与设备方面,确保教学设施完备,如教室、实验室、图书馆等,同时提供必要的教学设备和技术支持,尤其重视信息化时代各类智慧化职教方式的应用。

师资队伍保障机制。选拔具有相关专业背景和丰富教学经验的教师担任通识课程教师，同时提供定期的教师培训和进修机会，提升教师的专业素养和教学能力；建立完善的教师评价机制，对教师的教学质量、教学效果等方面进行定期评估，并根据评估结果给予相应的激励和奖励，激发教师的教学热情和创新精神；强化管理与服务保障机制，规范课程管理，制定健全的课程管理制度，包括课程开发、教学计划、教学评估等方面，确保课程的规范性与系统性；持续优化教学服务，通过提供全方位的教学服务，如课程咨询、学习辅导、实践机会等，满足学生的学习需求。

4.建立评价机制

通识课程评价机制的建立需要系统规划和逐步实施，以确保评价的科学性、全面性和有效性。具体可以从以下方面建立。

明确评价目标和理念。确定通识课程的评价目标，包括学生的学习成果、教师的教学质量、课程内容的更新与优化等方面。确立以学生为中心的评价理念，注重学生的全面发展，关注学生的学习过程和体验。

制定多维度的评价标准，涵盖知识理解、技能掌握、情感态度、价值观等方面。结合设计多样化的评价方法和工具，如考试、作业、项目报告、实践活动、自我评估等，以全面反映学生的学习效果。

对通识课程的内容进行细致分析，明确核心知识点、技能和素养要求。根据课程目标和要求，制定具体的评价内容和指标，确保评价具有针对性和可操作性。将评价工作纳入旅游通识课程的日常管理，形成长效评价机制。定期对评价机制进行审查和更新，确保评价工作始终与课程目标和要求保持一致。

（二）提高职业教育通识课程教师素养

通识课程的教师是保障协同育人工作落实落地的关键主体，肩负着比以往更为重要的育人职责。要想教师队伍更好地贯彻执行国家和学校制定的一系列教育新理念，就务必打造一批政治素质过硬、专业知识能力精湛、思政育人水平高超的教师队伍。具体可以从以下方面开展师资队伍优化工作。

1. 切实增强课程思政意识

通识课教师要深刻学习领会有关思政课、课程思政、思想政治教育的一系列文件精神,从"立德树人"的高度增强投身课程思政与思政课程协同育人建设的自觉性,树立知识传授与价值引领融会贯通的新时期育人理念。

2. 加强通识教育理论学习

通识教育强调培养学生的综合素质,包括人文素养、科学素养、艺术素养等。因此,职业教育通识课教师除了需要具备深厚的通识教育理论素养,还要理解通识教育的核心价值和目标,以便更好地指导学生。

3. 提升专业素养

职业教育通识课教师需要具备相当的专业知识。只有掌握了较为丰富的专业知识,教师才能更好地将通识教育与专业教育相结合,培养学生的综合素质和专业技能。

4. 提高实践教学能力

通识教育不仅是理论知识的传授,更重要的是培养学生的实践能力和创新精神。因此,职业教育通识课教师需要具备实践教学能力,能够设计并组织各种实践活动,有效保证学生在实践中的学习和成长。

5. 增强跨学科整合能力

通识教育强调跨学科的知识整合和思维训练。职业教育通识课教师只有具备跨学科整合能力,才能将不同学科的知识融合在一起,为学生提供更加全面、深入的通识教育。

（三）优化职业教育通识课程教学内容

职业教育通识课程教学内容丰富,学科门类多样,需要有机融入诸如中国传统文化、历史典故、职业素养等内容,并要结合职业院校"五育并举"育人实践的要求进行优化调整。职业院校"五育"的融合不是同一个场域的简单相加，而是"你中有我，我中有你"相互交融的渗透状态。这就要充分挖掘教学内容，自然而然渗透"五育"。习近平总书记在全国高校思想政治会议的讲话中说道："有同志比喻，好的思想政治工作应该像盐，但不能光吃盐，最好的方式是将盐溶解在各种食物中自然而然吸收。"[1]高校"五育"具有开放性和包容性，"五育"也如同盐一样，能够有机融入教学过程中，实现相互之间的渗透，在美味佳肴中自然而然地被吸收，成为人体的营养物质。然而，盐融入食物的前提条件是遇热、加热或溶剂，职业教育"五育"相互渗透也需要前提条件。教师必须熟透教学内容，充分挖掘教学内容中的"五育"因素。"熟"是指"熟悉、熟知"，对事物的了解达到一定程度；"透"指"通透"，即教师不仅要知道、了解教学内容，能对教学内容旁征博引，还要能够在相应的教学内容中自然适切地渗透"五育"因素。这种状态需要充分挖掘各育中相互渗透的因素，即在进行德育的过程中充分挖掘美育因素、体育因素、智育因素等，在进行体育的过程中充分挖掘美育因素、德育因素等。教师要善于挖掘各育的思政因素，实现"你中有我，我中有你"的深度渗透，而非简单的相加。

具体而言，在通识教育课程内容的优化方面可着重考虑从以下几方面着手。

1. 强化内容融合

通识课程内容应紧密结合本专业特点，注重专业内容与通识内容的融合。比如，旅游职业教育可以将旅游文化与历史文化、地域文化、民俗文化等中华优秀传统文化相结合，讲好中国故事，使学生全面理解行业产业的内涵和价值。

2. 跨学科整合

职业教育通识课程应打破学科壁垒，实现跨学科的知识整合。如融入人文科学、社会科学、自然科学等内容，帮助学生构建较全面的知识体系。

3. 注重实践应用

在课程设计和实施过程中，应增加实践环节，如案例分析、实地考察、社

---

[1] 沿用好办法 改进老办法 探索新办法——三论学习贯彻习近平总书记高校思想政治工作会议讲话 [EB/OL].（2016-12-12）[2024-09-03]. https://news.cctv.com/2016/12/12/ARTIqL6PN7YKPJQKb1d5kqwQ161212.shtml.

会实践等,使学生能够将所学知识应用于实际中,提高实践能力和创新能力。

4.引入前沿知识

职业教育通识课程应及时更新内容,引入行业的前沿知识和技术,如数字化转型、智慧化升级、绿色低碳发展等,使学生能够了解最新的行业发展趋势,掌握新兴技术。

5.突出职业素养

具体课程教学内容,应突出职业素养的培养,包括职业道德、职业规划、职业技能等,使学生在未来的职业生涯中具备良好的职业素养和一定的竞争力。

6.优化选修课程

为了满足不同学生的兴趣和需求,可以优化专业领域相关选修课程,开设艺术欣赏、文化传承、跨文化交流等课程,便于学生根据自己的兴趣和职业规划选择适合自己的课程,拓展认知。

(四)创新职业教育通识课程教学路径

创新职业教育通识课程教学路径,可显著调动学生学习积极性,优化学习效能,实现深度学习,更加有利于学生全方位掌握知识和技能,也可以促进大思政教育理念的落实,具体可以从以下方面进行优化。

1.丰富数字媒体教学内容

在课堂授课中,可以综合运用多种多媒体手段,以丰富教学内容、提升教学效果。除了传统的课件与演示文稿、视频与音频资料等,还可以借助 VR 设备增强体验感。比如,在旅游文化类通识课程中,可以通过虚拟现实技术,让学生犹如身临其境般游览世界各地的著名景点,如长城、金字塔、大峡谷等。这种沉浸式的学习方式能够极大地激发学生的学习兴趣,加深他们对旅游目的地的了解。也可以运用交互式地图与地理信息系统(GIS),为学生提供数据支持和决策依据,帮助学生理解旅游空间布局和交通网络。在线上、线下混合式教学中,还可以借助慕课(MOOC)、在线旅游网站与论坛以及社交媒体互动平台，与学生互动交流，增强课程的趣味性和学生的参与度。设置与课程相关的话题和问题，鼓励学生参与讨论并分享自己的观点，提高教学效果和质量。

2. 改进教学方法和流程

在创新职业教育通识课程教学方法和流程方面，可以采取以下策略来增强学生的学习体验，提升教学效果。首先要确立通识课程具体的思政目标。结合具体的通识课程定位、内容、特征等要素，结合思政元素，引导学生树立正确的世界观、人生观和价值观，增强其社会责任感和历史使命感。要结合通识课程具体内容，提升学生的思想道德素质、科学文化素质、身心健康素质和创新能力等。

其次要深挖课程思政资源，如历史课程中的爱国主义、文化课程中的文化自信、科技课程中的创新精神等。并且要将当前社会热点、国家政策等融入通识课程教学，引导学生关注国家发展、社会进步及产业转型之间的内在关联，培养其时代责任感和使命感。

在创新教学方法上，应选取具有代表性的以及与行业关联度强的思政案例，通过案例分析、分组讨论等方式，引导学生深入思考并理解其中的思政内涵。在互动环节，采用课堂讨论、小组合作、角色扮演等方式，激发学生的学习兴趣和主动性，使其在参与中感受思政教育的魅力。

实践是检验真理的唯一标准，也是通识课程开展思政教育的重要途径。在通识课程教学中，还应加强实践教学环节，通过实地考察、原住民调研、志愿宣传服务等形式，让学生亲身体验社会现实，体察国情民情。通过特色性实践活动，引导学生将思政元素内化为思想和行为准则，形成正确的世界观、人生观和价值观。

3. 完善教学评价

职业教育通识课程思政教育评价是一个综合性的评估过程，旨在衡量思政元素在通识课程中的融入效果以及对学生思想道德素质、政治素养和社会责任感等方面的提升作用。具体可以从以下几个方面进行评估。

在评价目标维度，重点考量思政融入度。检查思政元素是否自然、有机地融入通识课程，是否与学生所学专业知识相结合，形成协同效应。且教师要评价、了解学生在接受通识课程思政教育后，思想政治素质、道德品质、职业素养等方面的变化情况。

在内容评估维度，应重点考量思政元素与通识课程内容的结合度。评价思政元素是否紧密围绕通识课程的核心内容展开，是否有助于学生从多个角度理解和思考问题。同时，要检查思政教育内容是否紧跟时代步伐，是否关注社会热点和难点问题，是否对学生将来从事相关领域工作具有针对性和实效性。

在教学方法维度，应重点关注教学方法的多样性和创新性。评估教师是否采用了多种教学方法来融入思政元素，如案例教学、互动教学、多媒体教学等，以激发学生的学习兴趣，调动其积极性。同时，通过学生的课堂表现、作业质量、考试成绩等评估教学方法的成效，看其是否有效提升了学生的思政素养。

在评价开展的具体方法上，应结合问卷调查、课堂观察、项目综合实践、学生反馈座谈会等形式，灵活多样地评估思政育人效果，并且适时将结果反馈给师生，以便他们了解教学效果并采取相应的改进措施。通过持续改进和优化通识课程思政教育，不断提升学生的思政素养和综合素质。

（五）形成职业教育通识课程育人合力

为了促进职业教育通识课程相互配合，形成五育并举的育人合力，可以从以下几个方面进行策略规划和实施。

1. 课程设计层面的相互配合

习近平总书记指出，各类课程都要与思想政治理论课同向同行，形成协同效应[1]。通识课程思政建设的关键在于解决思政元素硬融入、表面化等"两张皮"的问题，通过构建战略协同机制、文化协同机制和资源协同机制，促进专业知识教育和课程思政教育相互配合，使之形成系统的有机整体，以提升课程

---

[1] 习近平在全国高校思想政治工作会议上强调：把思想政治工作贯穿教育教学全过程开创我国高等教育事业发展新局面 [N]. 人民日报，2016-12-09（01）.

思政建设的水平[1]。"双跨融合"理念和课程思政的建设均强调打破学科边界，融合各专业的学科知识和思政元素，发挥课程知识和价值教育的双重功能[2]，培养学生国家认同感，增强其国际文化理解力，引导学生形成正确的世界观、人生观和价值观。职业教育通识课程设计，也要从多个维度出发，结合现代教育理念、学生需求以及产业行业的独特性，积极推动通识课程"五育并举"的创新与发展。

首先，需要注重课程目标的多元化与深度化。在设计课程时，不仅要关注德育、智育、体育、美育和劳育的全面发展，还要明确每个领域的具体目标，如培养学生从事行业工作的社会责任感、批判性思维，提升其从业身体素质、审美情趣和专业劳动技能等。需要将理论知识与实践活动紧密结合，通过实践深化学生对五育内容的理解和体验，使课程更加生动、具体。以旅游职业教育为例，德育课程可以和公益活动结合，组织学生参与旅游地的环保清洁、植树造林等公益活动，培养其社会责任感。智育课程可以与文化探索结合，通过参观博物馆、历史遗迹等文化场所，学习历史文化知识；体育课程可以结合户外徒步，选择风景优美的线路徒步旅行，以锻炼学生的体力和耐力；美育课程可以融入艺术体验，参观艺术展览、手工艺品市场等，让学生亲手制作或体验艺术创作的乐趣；劳育课程可以结合乡村旅游体验项目，组织学生参与农事活动，如采摘、晾晒等，学习基本生活技能，体验劳动的乐趣。

其次，要合理融入地方特色。充分挖掘区域文化内涵、自然景观、历史遗迹等资源，将其融入课程设计，形成具有地方特色的五育课程。例如，在红色场馆设计"红色之美"课程，让学生在参观革命遗址的过程中接受爱国主义教育。并且要打破学科壁垒，实现跨学科整合，比如，旅游职业教育就可将文学、历史、地理、艺术等学科知识融入本专业课程，形成跨学科的综合课程体系。在考察旅游资源时，还可以适时融入地理知识讲解和摄影技巧教学等。

最后，在课程资源开发与利用上，应充分利用学校内外的资源，如图书馆、博物馆、公园、企业等，注重校内外资源整合，为学生提供丰富的学习和实践

[1] 张名扬，王恒愉，潘星霖.专业课程协同思想政治理论课进行思想政治教育研究[J].思想教育研究，2020（8）：99-103.

[2] 张波.培养完整的人——课程思政导向的价值观育人[J].教育研究，2023，44（5）：92-102.

机会,为其全面发展提供更加有力的支持。

2. 教学方法与手段的融合

在开展教学活动时,可采用多元化教学手段,结合案例分析、角色扮演、项目实践等多种教学方法,将理论与实践相结合,创新、丰富思政课程教学形式,提升学生的学习效果。职业院校通识课程学生思政素养的培养,需要教师在理论和实践层面齐驱并进,尤其要注重实践教学对学生思政认知的塑造,用不同的教学形式提高学生思政素养。首先,在课堂中通过不同教学形式加强思政理念,如播放弘扬行业敬业精神、工匠精神的榜样人物视频资源,通过问题引导、小组讨论、提交心得感悟等形式引导学生对未来从事的行业发展、践行劳模精神和工匠精神等问题进行深入思考;在劳动教育、体育文化通识课程教学中,可以采用竞赛的形式,将团队协作、甘于奉献的思政教育融入教学过程,以赛促学,在竞争中引导学生加强知识积累、刻苦训练技能的意识。教师在通识课程中,要善于把握学生心理状态变化,及时融入思政教育,使思政要素内化于心,外化于行。

其次,要在通识课程实践中内化行业职业素养,如在旅游职业教育中,可带领学生深入旅行社、旅游酒店、景区、文博场馆等真实现场,在生产学习、服务操作中直接感受文旅企业的工作岗位要求和具体的操作规范,深化对爱岗敬业精神、工匠精神的认识,提升通识课程学习的积极性和目的性,在工作氛围中增强学生对文旅职业的认同感,体会学以致用,技能报国,培养其思政思维,升华人生价值。

最后,要运用第二课堂,在通识课程教学实践中,以多样化形式让学生体验到学以致用,技能成才的意义。例如结合人文与社会类通识课程教学,开展博物馆、社区扶贫助老等公益服务性劳动;结合自然与科技类通识课程教学,开展科技研学实践、自然观察活动等实践项目;结合体育与健康类通识课程教学,开展户外拓展、健康保健等活动;结合艺术与审美类通识课程教学,开展乡村艺术彩绘、非遗技艺研修等活动;结合劳动与生活类通识课程,开展劳动教育基地实践、行业劳模讲座等项目教学;通过通识课程的教学,引导学生结合专业发展为他人提供公益服务,培育社会公德,强化社会责任感,为其步入工作岗位打下基础；结合通识课程教学，让学生感悟思政氛围，发挥优秀人物的激励、示范作用。

3. 教学资源与平台的融合

通过共享教学资源，建立职业教育通识课程的共享教学资源库，包括教材、课件、案例、视频等，供教师和学生使用。以旅游职业教育为例，人文与社会类通识课程可以结合涵盖中国及世界各地的人文历史资源，不同国家和地区的社会文化特色、旅游伦理与可持续发展等进行专项建设；自然类与科技类通识课程资源可以侧重于自然地理、环境保护、自然探险与户外生存技能等方面开展资源建设；体育与健康类通识课程应注重搜集体育旅游资源开发、体育旅游安全管理、体育旅游产品创新设计等方面内容；艺术与审美类通识课程应重点关注艺术作品鉴赏、旅游演艺技巧、美学相关理论及基本原理在旅游活动中的呈现等；劳动与生活类通识课程资源建设应重点关注旅游服务技能、旅游劳动体验、生活技能培养等方面。

在平台建设中，应积极搭建合作平台。通过与企业、行业协会等建立合作关系，为学生提供实习实训机会，同时引入企业资源参与课程的建设和教学。以旅游职业教育为例，可以利用虚拟现实技术，创建虚拟的人文旅游场景，如古建筑复原、民俗文化体验等，让学生在虚拟环境中感受人文旅游资源的魅力，增强文化自信；也可以组织学生前往自然保护区、风景名胜区等地进行实地考察，让学生体验自然之美，以增强对自然环境的感知和认识，自觉践行"绿水青山就是金山银山"的生态理念；还可以引导学生参与科技旅游项目的设计与实施，如开发旅游 App、设计智慧旅游解决方案等，让学生在实践中学习科技应用，感受科技强国的魅力。

4. 教学团队与师资的融合

为丰富职业院校通识课程教学内容，提高课程思政的针对性、时代感和吸引力，强化职教通识课教师在课程思政中的作用，要注重建立教师之间的沟通渠道，为教师间的交流互鉴架设桥梁，完善线上线下沟通机制，为教师构建交流沟通平台，构建集全员、全程、全方位合为一体的联动机制，实现教师间的充分沟通，实现教师间有效的互联互通。

　　首先，应为通识课教师之间的沟通开辟渠道。可以定期举办教学研讨会，邀请通识课教师分享教学经验、教学方法和教学成果。每次研讨会可以设定一个与通识教育相关的主题，如"跨学科教学方法探索""学生批判性思维培养"等，引导通识课教师进行深入讨论。在日常教学中，可以通过组织教学观摩与互评，组织教师进行课后反馈和讨论，分享听课感受，提出改进建议。可以鼓励通识课教师进行团队建设，通过建立教学科研团队，采用合作共赢的方式，共同承担教学任务和科研项目，增强教师之间的协作。

　　其次，要进一步完善通识课教师与思政课教师的沟通交流渠道。通识课教师与思政教师的交流互动对于提升整体教学质量、促进学生全面发展具有重要意义。可定期举办通识课与思政课的联合教学研讨会，邀请两方面的教师共同参与。通过设定与通识教育和思政教育相关的主题，如"如何将思政元素融入通识课程""通识教育与思政教育的协同育人路径"等，引导教师深入探讨。也可以开展"思政＋通识"融合教学实践活动，结合双师授课模式，将思政元素有机融入通识课程，实现知识传授与价值引领的双重目标。在思政案例分享环节，应鼓励思政教师分享在课程中融入思政元素的成功案例，为通识课教师提供借鉴和启示。在科学研究领域，应鼓励通识课教师与思政教师进行跨学科合作，共同申报科研项目，深入研究通识教育与思政教育的融合路径和方法。建设学术资源共享平台，鼓励教师分享自己的研究成果、教学资源和教学心得，促进学术交流和合作。

　　最后，通识课教师和专业课教师之间也需要建立互动联系。这种互动有助于打破学科壁垒，实现知识的交叉融合，提升学生的综合素质和创新能力。职业院校应重视开发跨学科课程，将通识与专业知识结合，形成兼具创新性和实用性的课程体系。同时，积极建立协同育人机制。在制定人才培养方案时，教务处应邀请通识课教师和专业课教师共同参与，确保课程体系既能满足学生的专业需求，又利于提升学生的综合素质。合理引导通识课教师和专业课教师联合指导学生进行毕业设计、社会实践等活动，共同培养学生的实践能力和创新能力。在科学研究过程中，通识课教师和专业课教师也应发挥各自在专业知识、研究方法等方面的优势，实现科研资源的共享和互补，以提高科研效率和质量。

5. 虚拟仿真技术与教学手段的融合

职业院校通识课程大思政建设需要结合虚拟仿真等新一代信息技术的优势和特点。虚拟仿真技术作为一种先进的教学手段，可以帮助教师更加生动形象地向学生展示抽象难懂的概念和现象[1]。在大思政建设过程中，借助虚拟仿真技术可以建立很多在现实中难以体验到的情景和场景，打造更加生动形象的情景化教学。通过虚拟仿真技术，学生能如身临其境般感受和体会相关思政概念，进而在认知和情感上得到显著提升。此外，虚拟仿真技术融入课程思政，还可以促进学生思维方式的转变，提升其道德素质和社会责任感。比如"计算机应用基础""多媒体技术应用"等科技类通识课程，在具体开展教学活动时，可以结合国家安全教育日等选择思政教育素材，向学生普及国家安全知识，包括政治安全、经济安全、军事安全、文化安全、社会安全、科技安全、网络安全、生态安全、资源安全等。引导学生认识到维护国家安全是每个人的责任和义务，是开展一切产业活动的前提；也可以结合《中华人民共和国网络安全法》及相关配套法规宣传，让学生了解网络安全的法律法规，增强法治观念。还可通过案例分析等方式，让学生认识到网络违法行为的严重性和危害性。不断探索和实践有效的教育方法和手段，强化学生的网络安全观和国家安全意识，为学生今后更好地从事职业工作打下基础。

6. 人工智能与数据分析的融合

AI 在赋能大思政建设方面具有巨大的潜力和价值，能够切实提高通识类"大思政课"的育人厚度、精度和进度[2]。通过智能化推荐和定制化的学习路径，AI 可以帮助学生高效掌握思政知识，增强学习效果。此外，AI 还可以协助教师完成一些教学任务并对学习数据进行深度分析和挖掘，如批改作业并分析学生成绩生成学习报表、智能评估学生学习效果等，为教师提供有价值的教学数据参考，利于教师更精准地把握学情，从而更专注于教学策略和方法的创新。大思政建设可借助 AI 技术辅助教师完成课前的学情调研和分析，并通过网络大数据的分析，智能推荐与课程知识和任务相关联的思政元素和热点，

[1] 李祖猛，卢宁，叶和平，等."大思政"协同育人背景下职业院校课程思政建设研究——基于"网络技术基础"课程思政实践[J].职业技术，2024，23（7）：75-81.

[2] 宫长瑞，张乃亮.人工智能赋能"大思政课"的育人图景和实践策略[J].中国大学教学，2022（8）：15-20.

助力教师进行思政融入的设计。课中，线上智能平台收集学生课堂学习数据，为教师的教学效果评估提供精准数据。课后，通过线上智能平台批改作业并跟踪学生的学习反馈，借助线上智能助手对学生进行辅导，解答学生学习中的问题。

7. 评价与反馈机制的融合

建立综合评价体系。将过程性评价与结果性评价结合，注重对学生综合素质和能力的培养，形成全面、客观的评价体系。

加强教学反馈与改进。及时收集学生和教师的反馈意见，对课程内容和教学方法持续改进和优化。加强融合性评价。对德智体美劳不同素养的融合性评价，开展对全人素养、综合素养的有机融合式评价等。

以上七个方面的融合，可以促进职业教育通识课程的有机结合，并形成五育并举的育人合力。这将有助于促进通识课程大思政改革，提高学生的综合素质和能力水平，培养更多适应行业产业发展需求的高素质技术技能型人才。

四、实证分析：旅游职教美育与德育一体化建设研究与实践

五育并举促进人的全面发展是职业教育改革的关键性目标。在上文研究的基础上，结合南京旅游职业学院"美育"与"德育"的一体化建设实践案例，进一步分析旅游职业教育通识课程开展过程中的大思政教育改革措施。

（一）旅游职教德育美育一体化发展的必要性

德育和美育是职业教育提升育人质量的重要组成部分，也是构建"大思政"建设新格局的重要抓手，认识两者一体化发展的必要性，将有助于更好地调整育人方向和政策，实现育人目标。

1. 育人目标的一致性

德育与美育的目标具有一致性。作为教育的两个不同方面，德育和美育的教学方式与侧重点存在差异，但二者的最终目标具有一致性，即充分发挥自身在人才培养中的重要作用，进一步提升综合育人水平，促进学生的全面发展。党的二十大报告提到"教育是国之大计、党之大计""全面贯彻党的教育方针，

落实立德树人根本任务，培养德智体美劳全面发展的社会主义建设者和接班人"[1]。加强德育与美育工作，最终目标是教育引导广大青年形成正确的世界观、人生观、价值观[2]，增强中国特色社会主义道路自信、理论自信、制度自信、文化自信，促进人的全面发展，使青年一代成为有理想、有担当的社会主义建设者和接班人。这既是新时代职业教育的方向，又是国家、社会发展的必然要求。

2. 教学内容的交互性

德育和美育的教学内容具有交互性。一方面，德育丰富和规范美育的内容。规范上，德育能够确保美育方向正确，如，违反伦理道德、违背公序良俗等不能被赋予美的标签[3]。在内容上，德育使美育更加丰富多元。如：从单个自然风景的审美转变成对祖国大好河山的审美；从单个历史文物的审美上升到中华优秀传统文化的审美；从单纯的民俗民风审美到感受这个地区的社会审美；从简单的企业形象审美演变到对蕴含其中的职业道德的审美等。这些无不体现了美育境界的升华离不开德育的推动。另一方面，美育保障和提升德育的质量。美育区别于灌输性教育，因其聚焦于具体事物的审美过程，因此更具有形象性、生动性的特点，更易被学生接受。如，学生在对博物馆文物的审美中提升文化自信，往往比课堂上直接灌输的育人效果好得多。美育具备实践性和生动性，往往更受学生欢迎。在德育工作中，教师可以将美育作为切入点，运用美育独有的感染力和吸引力，进一步提升其中蕴含的德育效果。将美育的内容巧妙地融入德育，能将刻板的灌输转变成生动形象的表达，使道德说教升华为更高境界的道德陶冶。

3. 教学方法的同适性

德育与美育在教学方法上具有同适性。一般意义上的教学方法指为实现一定的教学目标，运用教学手段进行的由教学原则指导的一整套方法组成的师生相互作用的活动。教学方法的正确运用有利于营造良好的学习氛围，调动学

---

[1] 习近平. 高举中国特色社会主义伟大旗帜 为全面建设社会主义现代化国家而团结奋斗——在中国共产党第二十次全国代表大会上的报告 [M]. 北京：人民出版社，2022.34.

[2] 许冬玲. 论美育对大学德育的促进作用 [J]. 求索，2004（1）：167-169.

[3] 栗嘉忻. 新时代中国高校德育与美育协同发展研究 [D]. 吉林大学，2019.89.

生的学习积极性，激发学生的学习兴趣，从而高质量地完成育人目标。对职业教育来说，德育与美育在教学方法上具有同适性。如，常用的讲授法、案例教学法、情境教学法、课堂讨论法、体验教学法等方法，既能在德育中被广泛应用，又能在美育中体现出良好的育人效果。传统的德育方法，如讲授法、案例教学法等，也是美育教学中必不可少的。同理，美育教学里的常规方法，如体验教学法、情境教学法等，也促进了德育目标的实现。德育给予美育正确的思想指导，保证美育的政治方向；美育给予了德育多维的育人角度，提升了德育的育人质量。如，利用网络平台热点事件切入课程教学、利用信息技术平台使用教学资源等创新方法，不仅适合德育，也适合美育。利用学生喜闻乐见的网络用语进行课堂教学、使用信息化工具辅助开展教学工作等，在德育美育一体化发展中都可以得到广泛使用。因此，德育与美育在教学方法上具有同适性。

综上，德育和美育的一体化发展，一方面可以通过德育为美育定基调、明方向，推动美育境界的进一步升华；另一方面，也可以通过美育独特的方式方法，如体验式、分享式方法，充分发挥其影响力和感染力，增强德育的育人效果，从而使两者形成合力，为社会培养德智体美劳全面发展的新时代青年，完成培养社会主义建设者和接班人的根本任务。

（二）旅游职教德育美育一体化发展的现实问题

1. 德育美育一体化发展理念需提升

《教育部关于切实加强新时代高等学校美育工作的意见》提出"切实改变高校美育的薄弱现状"[1]。在当前的职业教育中，部分职业院校对德育美育一体化发展的推进工作不够重视，这主要源于一体化发展理念相对滞后。首先，对美育的重视不足。美育在培育社会主义接班人的过程中起着至关重要的作用，这已经成为各职业院校的共识，但部分职业院校对于美育的重要性认识不足，办法不多，在课程设置和相关配置上还存在一些问题。其次，认为一体化发展就是德育和美育的简单相加。在课程设置上，部分职业院校按照以往的课程模式，德育和美育负责的主体院系照常推进，没有根据一体化发展的方向

[1] 教育部关于切实加强新时代高等学校美育工作的意见 [M]. 北京：人民出版社，2019.2.

进行巧妙融合。在教学方式上，部分职业院校既没有大力倡导在德育中借鉴学生喜爱的美育中的情感介入等方式改善教学方法，又没有切实推进在美育中巧妙融入思政内容。在实践活动上，设计开展德育美育并举的高质量针对性课外活动还有待加强。

2. 德育美育一体化发展师资力量不足

虽然大多数职业院校开始重视德育美育的一体化发展，但是师资力量的建设相对迟缓。首先，专业美育教师人数不足。《教育部关于切实加强新时代高等学校美育工作的意见》提出"配齐配好美育教师"，就是因为当前的美育教师人数还存在一定的缺口。其次，缺乏相关的针对性培训。目前，师资培训还是将德育、美育分开，鲜有专门的德育与美育融合发展的针对性培训，这容易导致德育与美育教师队伍缺乏跨专业必备的综合素养。最后，德育美育一体化发展管理机制尚不完善。要想推动德育美育一体化的高质量发展，完善的管理制度尤为重要。一体化管理机构和管理制度的缺失导致一体化发展任务局限在单个院系，权责不够清晰，难以形成合力。仅靠一方的推动，难以高效率推进两者的深入融合，也难以真正实现"大思政"理念下德育美育的一体化发展。

3. 德育美育一体化发展平台待完善

"大思政"理念下德育美育的一体化发展离不开平台的推动。相关平台不完善，是目前职业教育德育美育一体化发展面临的棘手问题。首先，缺乏合理的课程融合设置。一般而言，德育与美育的课程设置都是按照各自的教学目标而定的，但一些职业院校难以实质性地推动两者的真正融合。其次，缺乏针对性的第二课堂活动。如，高校的社团是公认的课堂之外的有效育人载体，社团活动是实施素质教育的重要途径和有效方式，但部分社团活动仍然延续以往的单一模式，将德育美育有机融合的创新型社团活动还有待完善。

4. 德育美育一体化发展校园环境待优化

优美的校园环境可以在一定程度上推动德育美育的一体化发展。首先，景观环境方面，需要融入审美元素。如校园建筑、校园绿化、校园指示牌等方面，实用性元素体现较多，但能够体现职业院校特色和蕴含德育、美育的要素还需要进一步加强，以充分实现校园景观环境对学生的感染和熏陶。其次，校园文化环境方面，要最大限度地拉近与学生的距离。一是教师对学生的关爱程度还有上升空间，部分教师课后与学生沟通较少，对学生的学习需求、生活困难缺乏了解，难以拉近师生之间的距离；二是学生之间的关系可以更加紧密，部分班级学生只有课上相聚在一起，课后群体性的活动较少，同学之间缺乏沟通和了解，难以拉近彼此的距离。

（三）旅游职教德育美育一体化发展的实践路径

1. 强化德育美育一体化发展理念

在推进中国式现代化的新征程上，"大思政"理念如何更好地发挥育人指导作用，为建设社会主义现代化强国提供强有力的人才支撑，是每一位职业教育工作者都需要认真思考和研究的问题。2013 年，《中共中央关于全面深化改革若干重大问题的决定》提出要"改进美育教学，提高学生审美和人文素养"[1]。2015 年，国务院办公厅又印发了《关于全面加强和改进学校美育工作的意见》。理念是行动的先导，两者融合发展是新时代德育美育一体化发展的当务之急。其一，要树立"以生为本"的育人理念。在以往的灌输性教学模式中，学生处于被动接受的地位。职业教育德育美育一体化发展，使学生从以往的被动接受转变成主动求知，通过具体作品增强学生对道德的深层理解，从而使其成为拥有道德自觉的新时代高素质人才。其二，要树立"三全育人"理念。职业教育的德育美育一体化发展，必须积极践行"三全育人"的理念。无论是学校还是家庭、课中还是课后，都应将德育美育一体化贯穿学生的学习与生活，这样才能切实有效提高职业教育育人成效。其三，要树立"协同育人"理念。职业院校不仅要完善相关协同育人机制，落实岗位职责，实现德育美育教学方式方法上的交流创新，还要努力将最新的国家政策、精神融入德育美育课堂，更好地完成立德树人根本任务，实现德智体美劳"五育"并举。

---

[1] 中共中央关于全面深化改革若干重大问题的决定 [EB/OL]. （2013-11-15）[2023-08-01]. https：//www.gov.cn/zhengce/2013-11/15/content_5407874.htm.

2. 打造高素质德育美育教师队伍

师资是教育发展的基础。首先，要加强针对性的培训，建立从师德师风到专业素养再到跨专业融合的多元培训体系，不断提高德育美育教师的综合素养[1]。其次，要建立德育美育一体化管理制度。如，组建德育美育一体化的虚拟教研室，将德育、美育的教师纳入其中，以促进师资综合化、互促性发展。一方面，德育教师可以给予美育教师课程思政的专业化建议，从而使其引导学生在提高审美素养的过程中树立正确的世界观、人生观、价值观。另一方面，美育教师要分享美育的新颖教学模式，帮助德育教师完善教学方式，从而提高其教学效果。只有建设一支德育美育兼通的高素质教师队伍，才能真正促进德育美育一体化高质量发展。

3. 完善德育美育一体化发展平台

首先，必须发挥课堂主渠道的作用。要完善相关课程设置，使德育、美育课程穿插渗透合理有序。如，在讲授完德育工匠精神专题之后，相继开展相关美育课程，就可以自然融入对优秀艺术作品工匠精神的讲解。在课程方法和方式上，德育教师要改变以往单纯的理论灌输模式，借鉴美育的情感介入和引导方式，可以使教学更加贴近生活、贴近学生，提升德育教学的亲和力。同理，美育课程要确保正确的政治方向，提高课程思政的精准度。其次，第二课堂也不容忽视。其中，学生社团工作尤其要重视。社团活动是实施素质教育的重要途径和有效方式。如，南京旅游职业学院组织开展了"学习二十大 鲜花献给党"德育美育一体化实践教育活动，通过让学生亲自设计具有思想内涵、价值内涵的花型，不仅培养了学生的思想品德，而且提升了学生的美学素养，促进了审美教育与思政教育的同向同行，切实促进了德育美育的一体化发展。这是对"大思政"实践教学的一次成功尝试。只有完善德育美育一体化发展平台，才能确保两者一体化发展的可持续性。

4. 优化德育美育一体化发展校园环境

校园是开展德育美育工作的主要场所，校园环境的建设状况也在一定程

---

[1] 陈燕.美育发展与思想政治教育结合研究[J].山西财经大学学报，2012，34（S4）：87.

度上影响着育人效果[1]。一个处处体现美且蕴含了德育元素的校园环境能够在潜移默化中提升学生的审美能力和综合素养。首先,校园景观环境方面要体现设计美。从校园建筑、校园绿化到道路指示牌等,在考虑其实用性能的基础上,要尽可能地结合院校特色融入审美元素和德育元素。其次,校园文化环境方面要更加贴近学生。教师的关爱要更加具体且有针对性,针对存在不同问题的学生,采用与之相适配的沟通辅导方式,走近学生生活、贴近学生心灵,拉近教师与学生的距离。校园文化活动要更加丰富多彩,且融入德育美育元素,从班级到院系形成共同成长的校园文化氛围,拉近学生之间的距离,开展"朋辈教育"活动。职业教育德育美育的一体化发展既离不开校园景观环境的熏陶和感染,又离不开校园文化环境引导和推动[2]。

（四）旅游职教美育与德育一体化课程建设实践

旅游美学课程是旅游职业教育的通识性课程,是培育未来旅游从业者美学素养,提升审美能力和旅游服务创造美的能力的重要课程,也是旅游职业教育美育开展的关键性课程。在美育基础理论中,美育和德育的关系就是核心问题之一[3]。习近平总书记曾指出"做好美育工作,要坚持立德树人,扎根时代生活,遵循美育特点,弘扬中华美育精神,让祖国青年一代身心都健康成长"[4]。可见美育与德育存在重要联系,旅游美学课程的思政改革势在必行。"大思政课,我们要善用之"[5],在大思政格局下,旅游美学课程思政的改革与实施对教学效果的提升,对"五育并举"工作的开展,对立德树人根本任务的完成,均具有重要意义。

[1] 徐荣荣.现阶段高校德育与美育协同发展的内涵及实现路径[J].江西电力职业技术学院学报,2021,34（8）:118-119,121.

[2] 蒯金娜,张骏,卢凤萍.新时代"大思政"理念下职业教育德育美育一体化发展研究[J].美术教育研究.2023（15）:67-69.

[3] 杜卫.论美育的内在德育功能——当代中国美育基础理论问题研究之二[J].社会科学辑刊,2018（6）:48-58.

[4] 习近平.给中央美术学院老教授回信[N].光明日报,2018-08-31（01）.

[5] "'大思政课'我们要善用之"（微镜头·习近平总书记两会"下团组"·两会现场观察）[N].人民日报,2021-03-07（01）.

1. 大思政格局下旅游美学课程思政改革模式架构

在大思政格局下,德育美育具有育人目标一致、教学内容交互、教学方法同适的特征,因此德育美育一体化发展既有必要性,也具备可行性。可以从德育美育一体化发展的角度出发,构建旅游美学"一中心,两融合,三互促,四支撑"的课程思政改革模式,以建设线上与线下结合,理论与实践融合,促进德技并修,打造美育德育一体化发展的旅游职教美育金课。即以"德技并修,以美育人"为课程思政建设的"一个中心点";以"旅游行业特质"与"美育学科特质"为课程思政内容设计的"两个融合点";以"美育与思政教育互促""美育与人文素养培育互促""美育与旅游服务技能提升互促"为课程思政实施的"三个互促点";以"混合师资组建""线上下资源打造""实践项目设计""旅游行业支持"为课程思政开展的"四个支撑点",构建旅游美学课程思政架构模型。

（1）课程思政改革模式中心点

"德技并修,以美育人"是旅游美学课程开展课程思政改革的中心。旅游职业教育既具有职业教育的一般规律,又具有旅游行业的特殊属性。"全面贯彻党的教育方针,落实立德树人根本任务,培养德智体美劳全面发展的社会主义建设者和接班人"是党的二十大对教育工作提出的总要求,可见,美育是全人素养教育必不可少的组成部分。从旅游行业的角度,旅游活动是一种"审美活动,一种综合性的审美活动"[1],旅游作为审美过程的综合体验,需要旅游从业者具有较高的审美能力和美学素养,能够发现美、了解美、传播美、创造美,让美的自然资源和美的人文资源带给旅游者美的体验,这就要求旅游职业教育对美育有更高的要求。从旅游职业教育角度,美育不仅是全人素养培育的题中之义,也是提高旅游从业者专业技能和岗位能力的必然。"德技并修,以美育人"作为"旅游美学"这一美育关键课程改革的中心,能够较好地统合德育与美育的关系,融合全人教育与职业技能的培养,体现职业教育的共性特征和旅游职业教育的个性特点。

（2）课程思政改革内容融合点

"旅游行业特质"与"美育学科特质"是旅游美学课程思政内容设计的"两

---

[1] 谢彦君.基础旅游学[M].北京:中国旅游出版社,2004:95.

个融合点"。一方面，旅游行业的特质要求旅游职业教育能够培育学生对旅游资源的审美能力，对旅游服务美的塑造能力，对旅游审美的引导能力，对旅游过程中美的事物的敏锐发现能力等，这其中就蕴含了职业道德、工匠精神等鲜明的思政元素。另一方面，"旅游美学"课程的学科基础是"美学"，美学学科具有自身的学科规律和研究范畴，比如美的本质与特征的探寻、美的形式与形式美的关系、美的心理要素与审美过程等，其中蕴含了中华美育精神、真善美的统一等思政要素。旅游美学课程思政建设既要基于旅游行业特质体现职业和岗位的思政要求，也要从美学学科出发，彰显学科属性的思政特点。

（3）课程思政改革实施互促点

以"美育与思政教育互促""美育与人文素养培育互促""美育与旅游服务技能提升互促"为旅游美学课程思政实施的"三个互促点"。在旅游美学的课程思政开展过程中，首先需要实现与思政课程同向同行，达成与"思政教育"的互促，思政课程中蕴含的社会主义价值观、人生观和世界观，以及马克思主义的立场、观点和方法，应该是旅游美学课程思政实施的生发依据和坚实基础，通过"同心聚力、同向发力、同行助力"推进课程思政与思政课程相结合，培根铸魂、启智润心，以更好形成育人的协同效应[1]。旅游美学的课程思政建设还要与人文素养类课程，主要是旅游职业教育的通识课程形成互促关系，也就是要将美育课程有机融入"五育并举"的大框架中开展课程思政的教学，以促进学生"德智体美劳"的全面发展。美育与旅游服务技能提升的互促则是将旅游美学课程的课程思政与旅游职教专业课程的技能教学融合，通过美育过程中课程思政的有机融入，提升学生知识素养，养成马克思主义的科学思维方式等，促进专业课程能力养成、技能提升目标的达成，达到"德技并修"的要求。

（4）课程思政改革开展支撑点

以"混合师资组建""线上下资源打造""实践项目设计""旅游行业支持"为课程思政开展的"四个支撑点"，是从旅游美学课程思政更好开展的保障角度进行的分析。"混合师资组建"指旅游美学课程应该构建起多学科、多专业的混合师资团队，除了美育类教师，思政教师和部分专业教师也应加入团队建

[1] 陈旻."三同三力"推进高校思政课程与课程思政相结合析论[J].思想教育研究，2021，323（5）：122-126.

设中，从思政要素梳理与把关、德技并修的有机融入等多方面为课程的顺利开展保驾护航。"线上线下资源打造"是从金课资源的角度提供保障，旅游美学的课程思政教学不仅仅是课堂线下教学的要求，也是线上课程和信息化资源建设的需求，多元资源的建设既能够提高课程思政的育人效果，也可以为"网络思政"大格局的形成助力。"实践项目设计"是从职业教育的特征出发，将美育与德育以更符合职教学生学情的方式呈现，通过具体的带有实操性质的美育教学任务的实施，将课程思政元素融于其中，以实践性项目设计调动学生参与的主动性。"旅游行业支持"是指旅游美学的课程思政打造需要有校企融合的意识，多样的旅游行业实践，丰富的旅游目的地资源都是开展美育德育一体化建设，促进美育课程思政开展的有力保障，引入旅游行业资源，开展课程思政建设，也是"大思政"理念下，构建德育大课堂的要求。

2. 大思政格局下旅游美学课程思政改革内容体系构建

在旅游美学课程思政建设的过程中，需要将马克思主义美学观与中国具体实际及中国优秀传统文化相结合，将课程思政内容全面融入课程的各模块、项目、任务教学中。结合中华美育精神的特质、美学学科特质和旅游行业的业态属性，从"德技并修，以美育人"的课程思政中心点出发，从旅游审美主体、旅游审美客体和旅游审美介体的三个模块出发，构建起旅游美学的课程思政内容体系，使课思政内容与教学内容水乳相融，课程各模块的主题与课程整体思政中心点分合相济。

（1）旅游审美主体模块课程思政改革内容体系

旅游美学课程的"旅游审美主体"教学模块须以"培养健全审美人格"为课程思政主题。旅游审美主体是旅游活动的参与者，从美育的角度而言，"旅游审美主体"指代的就是旅游职业教育专业学生，这一群体既是未来旅游活动的参与者，又是未来旅游者的审美引领者。由于美是人类本质力量的感性呈现，美的感受能力、鉴赏能力和创造能力的培养，必然涉及人的心理结构的完善、人生态度的优化和人格的全面建构等广泛而深远的问题[1]。因此，与"旅游审美主体"的培养相关的旅游美学教学模块可以设计构建"认识旅游美学""理

---

[1] 刘叔成，夏之放，楼昔勇.美学基本原理[M].上海：上海人民出版社，2001：457.

解审美心理""掌握审美过程"等主要内容,对旅游美学的基本概念,旅游审美主体的美感产生、审美心理等进行分析,是旅游美学课程的基础性模块。这一部分教学内容课程思政元素的融入,可以通过介绍中国审美理论,阐释中国式审美话语,分析中国旅游者审美心理,从"人的自由全面发展""弘扬中华美育精神"等维度出发,融入文化自信自强、传承中华优秀传统文化、培养审美自觉等课程思政点,促进健全审美人格的塑造。

（2）旅游审美客体模块课程思政改革内容体系

旅游美学课程的"旅游审美客体"教学模块须以"讲好美丽中国故事"为课程思政主题。旅游审美客体是旅游活动开展过程中具体鉴赏的对象,结合美学基本原理和旅游资源分类的标准,可以将这一模块的主要教学内容定位在自然旅游资源审美、人文旅游资源审美、艺术旅游资源审美等维度,也可以从崇高、优美、趣味等旅游资源的美学属性特征出发,进行分类阐释。党的二十大报告指出"坚守中华文化立场,提炼展示中华文明的精神标识和文化精髓,加快构建中国话语和中国叙事体系,讲好中国故事、传播好中国声音,展现可信、可爱、可敬的中国形象"。不同的旅游资源均是讲好中国故事的重要载体,是中华文明的精神标识和文化精髓的具象体现。因此这一部分教学内容课程中思政元素的梳理和融入可以从"习近平生态文明思想""文化自信""历史唯物主义观"等几个方面展开,在对我国旅游资源进行审美赏析,阐释审美规律,分析审美方法,探寻审美意蕴的过程中,从自然、文化、艺术等多维度促进德育工作开展,为今后旅游职业教育学生更好地讲好美丽中国的故事奠定基础。

（3）旅游审美介体模块课程思政改革内容体系

旅游美学课程的"旅游审美介体"教学模块需以"塑造中国式美好服务"为课程思政主题。旅游审美介体指代促进旅游审美主体与旅游审美客体连接的中介性企业和个人。从旅游行业的角度而言,主要包括旅行社、旅游酒店等旅游经营性单位以及为其服务的旅游从业人员。因此,从广义上讲,旅游审美介体的教学模块应主要包括旅游目的地形象美塑造、旅游企业形象美塑造、旅游行业服务美塑造等相关内容。这一部分内容与旅游业的经营和服务关系密切,其课程思政要素的梳理和融入可以从"诚实守信""职业道德""工匠精神"等维度出发,体现中国式服务的风度与风范,促进旅游目的地和旅游企业的审美文化建设，提升旅游从业人员的形象美、内在美、服务美等，以开展德育和美育一体化教育，为塑造中国式美好服务提供美育支持。

3. 大思政格局下旅游美学课程思政改革实施路径

旅游职业教育大思政理念下旅游美学课程思政的改革可以遵循"一中心，两融合，三互促，四支撑"的改革模式，通过旅游审美主体、旅游审美客体和旅游审美介体三个模块的内容重塑来开展，在具体实施过程中，教学任务的设计、学习方法的引导、教学空间的打造、教学场域的构建和学习评价的开展尤其需要重视，这几个方面的优化提升也是促进旅游美学课程思政改革的重要路径。

（1）融美育德育于一体的教学任务设计

作为旅游职业教育通识课程，旅游美学课程的开展也需要与岗位能力的培养相结合，因此可以根据具体的岗位典型性任务设计课程教学任务，并将课程思政内容融入其中。比如，针对导游专业的学生，在进行"崇高美"内容学习的过程中，就可以设计红色旅游资源审美与讲解的教学任务，在引导学生掌握崇高美的概念与属性的同时，开展红色教育，传承革命精神，并将其与导游讲解工作结合，切实提升讲解的内涵和感染力。

（2）自主探究的学习方法的引导

美既是一种客观的存在，也是一种主观的感知，因此，美育类课程的开展尤其需要重视学生自主感知、自我探究的学习方法的引导。美育始终指向人的精神归旨，具有引导人树立正确的人生观、世界观、价值观的育人功能[1]。旅游美学课程思政内容应当如盐化水般与美学的感知性、体悟性内容相结合，在引导学生以分组合作、研究探索等方式完成学习任务的同时，从"美"的感性层面浸润情感和心灵，从"德"的理性层面塑造行为和价值观。此外，分组合作和自主探究学习的开展，也在潜移默化中进行了"团结合作""勇于创新"等大思政元素的教育。

（3）全方位多元化的教学空间打造

旅游美学课程思政教育的开展，需要多元教学空间的依托。在校内，要善

---

[1] 张丹. 美育视域下高校社会主义核心价值观培育的路径探析 [J]. 思想政治教育研究，2019，35（4）：48-52.

于利用既有实训场所开展旅游美学教学实践活动。比如，利用形体房开展旅游从业人员形体美和礼仪美的塑造教学，并融入"内外兼修""尊礼守善"等思政元素；利用餐厅服务实训室，将文化元素审美与主题摆台工作相结合，并融入"文化自信""传承中华优秀传统文化"等思政元素。在校外，要积极与文旅行业、企业合作，让广阔的旅游目的地，多元的旅游资源成为美育和德育的平台。通过典型旅游目的地的现场教学、考察、调研、实践，引导学生拓展知识，强化能力，并通过直观认知，感受旅游美学资源，感悟党领导下美丽中国建设的历史性成就和历史性变革，增强"四个自信"，做到"两个维护"。比如，走进乡村旅游目的地，开展农业风光审美实践的过程，也是培育"三农情怀"，树立"服务乡村振兴战略责任担当"的过程。

（4）显性隐性相结合的教学场域建构

无论是美育还是德育，都需要显性课程和隐性课程的密切结合，以形成育人合力。对旅游美学课程而言，显性课程是课程思政教学的主渠道，隐性课程起到了重要补充和支持的作用。打造隐性课程的方式方法很多，既可以结合校园环境氛围的塑造，如雕塑、展板，甚至楼宇与道路的命名，开展美育德育的协同育人，也可以通过大学生艺术节、社团活动等校园文化活动的开展，将旅游美学课程的教学任务及课程思政的教学内容融入其中，引导学生带着目标，带着任务开展相关活动，达成一举多得的育人效果。需要说明的是，隐性课程教育活动开展的主动权往往并不在旅游美学授课教师，甚至并不在教学管理部门，因此，学工、团委、后勤等高职院校的学生管理部门和职能部门应与教学部门形成联动关系，树立以"教学"为中心的意识，形成联合育人的良好局面和校园氛围。

（5）多主体多维度的学习评价开展

课程评价一直是课程改革的难点，也是促进学生反思提升的重点，需要迎难而上，科学改革。旅游美学课程思政的评价在时序上，应该贯穿整个课程的全过程，并将过程性评价和终结性评价结合。在评价主体上，除了自我评价、教师评价和学生互评，可结合旅游职教特点，主动引入旅游行业人员评价和游客评价。在评价内容上，课程思政内容既可以以思政元素罗列的方式在评价表上独立呈现，也可以与美学具体内容相结合，以更加融合的方式供评价主体进行总体判断。在评价的工具上，可充分利用信息化工具，绘制学生的知识、能力、素养和课程思政掌握情况的增值性发展轨迹，以客观真实的记录来评价学生的课程思政学习情况。

在大思政格局下，构建旅游美学课程思政改革的具体模式，厘清思政改革的具体内容体系，明晰思政改革的重点实施路径，开展德育美育一体化的建设，是促进旅游美学课程优化，旅游职业教育美育工作高质量开展，落实"立德树人"根本任务的必要举措，也可以为职业教育通识课程的思政教育改革提供有益借鉴。

第四章

德技并修——大思政格局下职业教育专业课程改革研究

职业教育专业课程是指为了培养高素质技术技能人才,使受教育者具备从事某种职业或实现职业发展所需要的科学文化与专业知识、技术技能等职业综合素质和行动能力而实施的课程教育。职业教育专业课程是一种以就业为导向的教育课程形式,它通过提供系统的职业知识和技能培养,帮助学生为将来的职业发展做好准备。在大思政格局下,职业教育的专业课程同样需要思想政治教育在其中发挥浸润作用。要注重挖掘专业课程和教学方式中蕴含的思想政治教育资源和职业素养,将立德树人的根本任务融入教育教学活动各个环节,推动各类课程与思想政治课程形成思政育人协同效应。

大思政格局下职业教育专业课程改革的中心任务就是开展课程思政建设,而指导课程思政建设的关键性理念是"德技并修",在职业教育中,德技并修的育人理念强调在传授专业技能的同时,注重学生的道德品质培养,承担好育人责任,守好一段渠、种好责任田,使专业课程与思政课程同向同行,通过理实结合、知行合一的方式,形成协同效应,构建全员全程全方位育人大格局,造就高素质的技术技能型人才。

一、大思政格局下职业教育专业课程改革理念与目标

（一）大思政格局下职业教育专业课程改革理念

1.课程思政改革理念

习近平总书记在 2016 年全国高校思想政治工作会议上的讲话中明确指出，"要用好课堂教学这个主渠道，思想政治理论课要坚持在改进中加强，提升思想政治教育亲和力和针对性，满足学生成长发展需求和期待，其他各门课都要守好一段渠、种好责任田，使各类课程与思想政治理论课同向同行，形成协同效应"[1]。党的十九大报告指出，"落实立德树人根本任务，发展素质教育，培养德智体美全面发展的社会主义建设者和接班人"[2]。在 2018 年全国教育大会上的讲话中，习近平总书记强调"要把立德树人融入思想道德教育、文化知识教育、社会实践教育各环节"[3]。高校承担着培养中国特色社会主义合格建设者和可靠接班人的重大使命，使命呼唤担当，在高校思想政治教育实践探索中，提升思想政治教育实效性的关键抓手是最大限度发挥课堂教学的育人主渠道作用。将课程思政理念融入专业课程教育，是贯彻落实立德树人根本任务的新作为，也是秉承人才培养根本要求的新动力。

（1）课程思政的理论支撑

马克思主义关于人的全面发展理论是"课程思政"建设遵循的理论基石之一，马克思主义关于人的全面发展所提出的价值诉求与"课程思政"所追求的价值目标总体一致。马克思毕生之追求正是人的全面发展，它是人类所能发展的最高境界。追求实现人的全面发展是人类生存的本质需要，同时也是"课程思政"育人理念的体系。培养人的能力与意识，充分释放与发展个性，培养学生成为全面发展的人的要求，对课程思政育人实施起到理论支撑作用。

[1] 习近平.在全国高校思想政治工作会议上强调：把思想政治工作贯穿教育教学全过程开创我国高等教育事业发展新局面 [N].人民日报，2016-12-09（01）.

[2] 习近平.决胜全面建成小康社会夺取新时代中国特色社会主义伟大胜利——在中国共产党第十九次全国代表大会上的报告 [N].人民日报，2017-10-28（01）.

[3] 习近平.在全国教育大会上的重要讲话 [N].人民日报，2018-09-10（01）.

中共中央、国务院《关于进一步加强和改进大学生思想政治教育的意见》中明确指出："高等学校各门课程都具有育人功能，所有教师都负有育人职责。"课堂教学是学校教育最基本、最主要的形式，而课程是教育思想、教育目标和教育内容的重要载体，是高校实现立德树人的最主要途径。在课堂教学中，教育的双重功能体现在教书与育人的统一、知识传授与价值引领的统一上，就是说包括思想政治教育课程在内的所有课程都具有育人的内在功能。课程思政即"课程承载思政"与"思政寓于课程"，课程思政是以对学生进行思想政治教育为主线，让教育者的教，见效于受教育者的学，从而塑造学生良好的思想品德、崇高的政治信仰，培养学生正确的世界观、人生观、价值观。在思政课发挥思政教育主渠道、主阵地作用的同时，焕发其他各类课程的思政活力，实现共同育人的目标。

（2）"课程思政"建设的政策依据

思政教育是政策性很强的教育类型，把握教育改革的工作指引尤为重要。进行好"课程思政"建设工作，需要引导教师对与"课程思政"工作相关的方针政策进行学习，领悟精神与精髓，确保"课程思政"工作方向的正确性。

2017 年 2 月 27 日中共中央、国务院印发《关于加强和改进新形势下高校思想政治工作的意见》，表明思想政治教育事关如何办大学、办怎样的大学的根本问题，事关社会主义事业接班人的培养，提出坚持立德树人为根本，坚定理想信念教育为核心，以社会主义核心价值观为引领，强调各门课程都蕴含思政元素，都有育人责任。

2017 年 12 月 5 日中共教育部党组印发《高校思想政治工作质量提升工程实施纲要》，提出坚持理论教育与实践养成相结合，整合各类实践资源，丰富实践内容，创新实践形式，教育引导师生在亲身参与中增强实践能力，树立家国情怀。纲要明确指出要构建课程育人质量提升体系，大力推动以"课程思政"为目标的课堂教学改革，优化课程设置，修订专业教材，完善教学设计，加强教学管理，梳理各门专业课所蕴含的思政教育元素和所承载的思政教育功能，使之融入课堂教学各环节，实现思想政治教育与知识体系教育的有机统一。

2019 年 8 月 14 日中共中央、国务院印发《关于深化新时代学校思想政治理论课改革创新的若干意见》，第一次明确指出要整体推进高校"课程思政"，深度挖掘高校各学科门类专业课程中所蕴含的思想政治教育资源，各类课程与思政课程相互配合，合力育人，制定关于加快构建高校思想政治工作体系的意见，汇聚办好思政课合力，共同提高学生思想政治素养。加大正面宣传和舆论引导力度，推动形成全社会努力办好思政课、教师认真讲好思政课、学生积极学好思政课的良好氛围。

2020 年 5 月 28 日教育部印发《高等学校课程思政建设指导纲要》，指出全面推进"课程思政"建设是落实立德树人根本任务的战略举措，"课程思政"建设是全面提高人才培养质量的重要任务。该文件明确了"课程思政"建设的目标要求和重点内容，强调结合专业课特点进行"课程思政"教学设计，健全质量评价体系和激励机制，对"课程思政"建设做出整体设计和全面部署，对合力推进高校"课程思政"建设走向深入、落到实处意义重大。这是"课程思政"由理念走向实践，从试点走向全面的开始。

（3）"课程思政"建设的现实意义

党的十九大报告中提出要培养担当民族复兴大任的时代新人。"青年一代有理想、有本领、有担当，国家就有前途，民族就有希望。"[1] 国家发展靠青年、民族振兴靠青年。新一代青年在时代背景下都有自己的机缘和际遇，他们都在用自己的实际行动和能力担当来谋划人生、创造历史。青年时期是坚定理想信念、树立正确价值观的关键可塑期。"课程思政"的建设应结合各院校的实际情况，面对以"立德树人"为根本任务的思政大环境，对培养"时代新人"的责任做出现实回应。

"课程思政"培育"时代新人"的爱国情怀。青年人的宝贵在于其富有梦想充满朝气。迈向新时代以来，我国青年始终怀着振兴中华的美好理想不懈奋斗，将学习专业知识与树立崇高理想信念紧密相连。革命战争年代的青年，有理想有愿景，对民族独立、人民解放满怀希望，甘愿为心中之理想信念抛洒热血。社会主义革命和建设时期，青年依旧不畏困苦，积极响应党和国家的号召，挑战荒原走向困难，一往无前建设国家，在新中国的广袤天地艰苦创业、辛勤劳动。在改革开放阶段，广大青年更是团结奋进，发出振兴中华的时代强

---

[1] 习近平 . 决胜全面建成小康社会 夺取新时代中国特色社会主义伟大胜利——在中国共产党第十九次全国代表大会上的报告 [M]. 北京：人民出版社，2017：70.

音，并为国家繁荣昌盛不懈奋斗。青年一代在新时代的培育下必将大有可为，波澜壮阔的新时代也必将使青年大有作为。"长江后浪推前浪"符合自然规律也符合历史规律，"一代更比一代强"是对青年的期许更是青年所要肩负的青春责任。在革命、建设、改革各个重要历史阶段，中国共产党始终对青年一代寄予殷切期望，对青年持以重视、关怀和信任。在"课程思政"的教育教学中培育时代新人的爱国情怀，既要立足于民族又要面向世界，爱国主义精神始终要牢牢扎根于时代新人的精神中、头脑中，这也是党和国家对社会主义建设者和接班人的具体要求。

"课程思政"培育"时代新人"的道德品质。一个国家能否长盛不衰、一个民族能否屹立不倒、一个人能否把握自己实现自己的价值，这些在很大程度上受道德价值的影响。2014年5月，在北京大学师生座谈会上，习近平总书记专门向广大青年系统阐释了社会主义核心价值观，用"扣扣子"的比喻形象生动地说明了青年时期养成正确价值观的重要性。"我为什么要对青年讲讲社会主义核心价值观这个问题？是因为青年的价值取向直接影响未来整个社会的价值取向，而青年阶段正处于价值观形成和确立的关键时期，把握好这一阶段的价值观养成十分重要。这就如同穿衣服扣扣子一样，如果第一粒扣子扣错了，剩余的扣子都会扣错。人生的扣子从一开始就要扣好。"[1]总书记勉励青年人要勤于学习、善于修德、精于明辨、诚于笃行。

"课程思政"培育"时代新人"的责任担当。习近平总书记在表达对时代新人的关心与期望时，也着重论述了关于时代新人的责任与担当，时代新人是充满希望、后劲十足的新生力量，自当肩负实现中华民族伟大复兴的历史重任，"天下兴亡、匹夫有责"，时代新人在党和人民的培育和期盼下更要树立远大理想，为国家和民族的前途而不懈奋斗。历史和实践证明，时代新人应具有深厚的爱国情怀、远大的理想抱负、丰富的创造能力。他们经过时间的打磨，要逐步成为实现中华民族伟大复兴的强大力量。

2."课程思政"基本内涵

深刻理解"课程思政"的内涵是"课程思政"建设实施的重要基础，"课程

---

[1] 习近平.青年要自觉践行社会主义核心价值观——在北京大学师生座谈会上的讲话[N].人民日报,2014-5-5(02)

思政"内涵主要包括基本概念、目标以及内容三个方面内容。

（1）"课程思政"的基本概念

首先，"课程"一词最早是指"伟大的事业"，其内涵不断演进。宋代朱熹所提到的"宽着期限，紧着课程"中的"课程"是指功课与教学进程，其涵义已与当代相近。随着教育的发展和学者们的不断研究推进，出现了学科说、目标说以及经验说等相关解释。我国学者将课程定义为"学生通过学校教育环境获得的旨在促进其身心全面发展的教育性经验"。[1]"思政"可以理解为"思想政治工作"和"思想政治教育"。从内涵上看，"思政工作"指某一阶级或政治团体凭借某些特定的思想政治理论，指导民众等进行思想政治活动，以达到自己的政治目的，维护自己的政治统治。[2]"思政教育"则是指"特定的团体（阶级、政党、社会群体等）通过有目的、有计划、有组织的特定手段对成员施加影响，使其形成该阶级社会所需要的思想品德的活动"[3]。

"课程思政"并不是简单的"课程"+"思政"，而是在这两者的基础上有着更广泛更深刻的含义。"课程思政"并非单独增设的课程，也不仅是与思想政治教育有关的活动，而是一种教育理念和达成方式。这个理念和路径的达成主体是教师，充分发挥教师在课程上的主体作用，对学生价值观进行有效引导，使学生在知识和能力得以提升的同时，也受到政治熏陶、道德浸润、思维启迪，把学生培养成具有家国情怀、道德品质、文化素养的德才兼备、全面发展的社会主义事业接班人。

（2）"课程思政"建设主要内容

从国家政策角度出发，"课程思政"的基础在于"课程"，要在课程的基础上进行"思政"教育。《高等学校课程思政建设指导纲要》要求要科学设计"课程思政"教学体系，并要分类推进"课程思政"的建设。首先，从核心内容看，第一，培养政治认同感。推进习近平新时代中国特色社会主义思想进教材、进课堂、进头脑，坚定四个自信，增强学生对中华民族的政治认同感和民族自豪感。第二，培养家国情怀。培育和践行社会主义核心价值观。让学生有意识

[1] 靳玉乐. 现代课程论 [M]. 重庆：西南师范大学出版社，1995：65.

[2] 仓道来. 思想政治教育学 [M]. 北京：北京大学出版社，2004：11.

[3] 张耀灿. 现代思想政治教育学 [M]. 北京：人民教育出版社，2001：06.

地将小我融入大我,不断追求和实践社会主义核心价值观的内容,将其有意识地化为行动。第三,要提高文化素养。坚持民族精神和时代精神,教导学生理解中国民族优秀传统文化的深刻内涵。第四,加强法治意识。深入开展宪法和法治教育,教导学生学会学习、思考和践行全面依法治国理念,走中国特色社会主义法治道路。第五,提升道德水平。要引导学生树立职业理想,深入了解职业道德并自觉践行。促使学生拥有良好的职业精神和规范,在工作中增强责任感、培养其优秀的职业品格和职业行为。

其次,从学科分类看,"课程思政"可以分为自然科学类与社会科学类。自然科学与哲学思想有着密不可分的关系,很多自然科学都是在哲学的指导下产生的。分析自然科学的思想政治教育元素,离不开哲学思想的指导。自然科学中许多的概念和原理都包含着哲学思想。如自然科学的许多概念都是通过自然界或者是生活中的许多现象抽象以及大量的科学实验总结出来的,探索的过程,正是培养学生坚强意志品质的过程,同时,也是教导学生注重实践的过程。社会科学类的大多数课程都包含意识形态导向。因此,社会科学类的课程教师的政治底蕴和责任意识要更强。社会科学类课程更多是以理论指导实践,其中包含了许多道德思想和道德规范。社会科学相关的课程在一定程度上反映着时代精神,在经过对传统文化的继承、发展和更新后,融合了现代的时代内涵形成现代优秀传统文化,是一个时代的民族精神。

总之,课程思政要以立德树人为根本任务,为培养社会主义接班人而服务。教师作为"课程思政"建设的主体,承担着不断地、有针对性地挖掘和运用思政元素,并融入课堂教学,实现"课程思政"育人的真正价值的任务。

3. 职业教育"课程思政"改革的基本原则

"课程思政"是职业教育课程改革的新理念,在课程思政改革中,包括知识与价值相统一,显性与隐性教育相统一两方面基本原则。

（1）知识性、实践性与价值性相统一的建设原则

职业教育以"培养什么人,为谁培养人和怎样培养人"的问题解答为主线,"课程思政"则是有效解答这些问题的关键举措。

首先，职业教育兼具知识性、实践性与价值性，三者紧密联结。如何在知识、技能的传授中传递价值情感，让学生能在课程中得到思政教育并自觉运用到行业实践活动及日常工作中，是职业教育"课程思政"建设过程中的重点内容。教师要成为学生成长教育过程中的大先生，不仅要锻炼学生能力，更要塑造学生的品格。

其次，要寓价值观于知识和技能中。教师在"课程思政"的课堂上，不仅要满足学生对知识和技能的学习需求，还要让学生在学习中塑造道德行为和坚实政治信仰，进而实现对学生的价值观引导。不仅要增加学生的知识和技能储备，还要对学生在人格培养、价值塑造以及良好的道德品质方面进行教育。"课程思政"可以在课程中将价值引导无形地融入教学，让学生不仅能够得到专业的知识，提升技能水平，还能够获得道德的提升和人格的塑造。

（2）显性教育与隐性教育相统一的建设原则

在职业教育教学中，思政教育有显性和隐性之分。显性教育通常指的是有组织、有计划、有步骤的课堂教学等直接、系统的理论教育方式。在思政教育领域，思政课的开展能够达到立竿见影的思政教育效果，是高校思想政治教育的主渠道和主阵地。通过规范的教学课时、系统的教学内容和明确的教学计划，来讲授马克思主义基本原理及党的创新理论成果，帮助青年学生在关键时期树立正确的世界观、人生观和价值观，增强中国特色社会主义道路自信、理论自信、制度自信、文化自信，永远听党话、跟党走。与之相对，隐性教育强调通过其他课程的开展，将思政元素融入学生的日常学习和生活中，实现教育的潜移默化。这种教育方式不直接传授思政内容，而是将思政元素溶盐于水般渗透在技能教育和知识教育中，让学生在其中体验、感悟，从而达到思政教育育人的目的。

坚持显性教育与隐性教育相统一的原则，要求完善职业教育课程思政的顶层设计，推动课程思政发展，挖掘专业课程和教学方式中蕴含的思想政治教育资源，实现全员全程全方位育人的目标。显性教育和隐性教育的有机结合，可以更好地完成立德树人的根本任务，为社会主义现代化建设和中华民族伟大复兴提供人才保障。

4.职业教育课程思政改革的实践意蕴

职业教育不同类型的专业课程在课程思政开展过程中具有各自的实践性特点。以旅游职业教育为例，旅游类专业主要面向旅游行业培养高素质技术技能人才，主要职业岗位包括导游、领队、旅行社经营人员、景区管理服务人员、酒店管理人员等，相关职业岗位既有服务属性，也有文化传播和公众教育属性，从业人员应具有较高的思想政治素养，在旅游服务过程中传达正确的思想政治导向。因此，旅游职业教育相关专业开展课程思政教学改革，既是加强课程思政建设、开展"三全"育人的需要，也是加强旅游类专业教学的需要。它既有利于在专业教学中引导学生树立正确的世界观、人生观、价值观和荣辱观，培养良好的职业道德和行为规范，自觉坚定理想信念，践行社会主义核心价值观，塑造劳动精神、劳模精神和职业精神，为职业发展打下坚实基础，也有利于提升学生专业素养，培育匠心匠艺，引导学生在岗位工作中讲好中国故事，展示新时代中国旅游新形象，擦亮地方文化名片，从而实现专业知识技能传授与价值引领同频共振、同向同行。

（二）大思政格局下职业教育专业课程改革目标

教育部《高等学校课程思政建设指导纲要》对于"课程思政"建设的总体目标做出了明确指示，即围绕政治、家国、文化、法律以及道德等内容，系统进行中国特色社会主义教育，如社会主义核心价值观教育、法治教育、心理健康教育等，提升高等教育人才培养质量。[1] 教育具有鲜明的政治性、思想性和主体性。"课程思政"是当前各高校着力探索的实践领域。习近平总书记强调："办好我国高校，办出世界一流大学，必须牢牢抓住全面提高人才培养能力这个核心点，并以此来带动高校其他工作。"[2] 从全面提高高校人才培养能力视角度思考"课程思政"建设，将进一步转变教师思想观念，进一步增强教育自觉，推动"课程思政"建设的全面深化。

---

[1] 教育部关于印发《高等学校课程思政建设指导纲要》的通知 [EB/OL].（2020-06-06）[2024-10-10]. http://www.gov.cn/zhengce/zhengceku/2020-06/06/content_5517606.htm

[2] 牢牢抓住全面提高人才培养能力这个核心点——学习贯彻习近平总书记全国高校思想政治工作会议重要讲话（上）[N]. 南方日报，2016-12-13（02）.

1. 提升立德树人实效是根本性目标

德才兼备是新时代中国特色社会主义建设对人才的基本要求，更是职业院校学生全面发展和自我价值实现的内在需要。"课程思政"是落实立德树人教育教学任务的创新理念，是否有效提升立德树人实效是"课程思政"建设成功与否的标准之一。因此，提升立德树人实效是"课程思政"建设的根本性目标。提升立德树人实效的目标指向要求在课程建设过程中，始终秉持以生为本的理念，把人才成长规律作为建设的基本依据，把学生接受教育的效果作为建设的基本标准，找准学生兴趣点、激发学生积极性，由浅入深引导、循序渐进灌输，用真理的光辉吸引人，用精神的魅力感悟人，引导学生在探求真知中感悟文化精髓、道德真义、价值真谛，以满足学生全面发展和价值实现的需要。

2. 全面提升人才培养水平是基础性目标

全面提升人才培养能力是高校发展的核心点。"课程思政"建设的主要任务体现在纠偏课程的工具性价值倾向，疏通阻碍"课程"与"思政"融通的堵塞点，进而引导课程价值重新回归人本位。"课程思政"建设过程即全面提升人才培养水平的过程，因此，建设好"课程思政"关乎高校人才培养水平的提升，全面提升人才培养能力是"课程思政"建设的基础性目标。此目标要义在于"课程思政"建设要把全面提升人才培养水平作为基础性任务来抓，以提升教师教学内容挖掘能力、课堂教学设计能力以及教学方法创新能力为着力点，从每门课程入手，以点带面地提升课程的人才培养水平，进而全面提升学校的整体人才培养水平。

3. 健全"课程思政"体制机制建设是必要性目标

"课程思政"要切实发挥"育德""育才"双重效能，需要多部门协调、跨学科协同以及不同专业背景教师的通力合作，最终构建"三全育人"的大思政格局。持续、全面推进"课程思政"向纵深发展，离不开相关体制机制的建立和完善。此目标要义在于不断构建和完善"课程思政"建设的领导体制，形成自上而下有效联动、各部门合力协同的组织领导工作局面；建立和完善"课程思政"教师队伍培训、职称晋升、评优评奖等教师激励机制，深度激发教师全情投入的热情和改革创新的勇气;构建和完善"课程思政"的专家听课制度、定期调研制度和学生评价反馈制度,构筑专家评价与学生评价结合、听课与调研结合的全方位科学有效的质量评价体系。

4. 提高"课程思政"人才培养实效是决定性目标

"课程思政"人才培养实效,是指以院校课程为主要载体,重点培养符合国家和社会发展需要、具有伟大民族精神和中国特色社会主义理论素养的高素质人才,注重思想政治教育,加强德育引领,促进学生全面发展的教育实践。其目的是培养学生成为既有扎实的学科知识和专业能力,又具备较高的思想政治素质和文化素养,能够为国家经济和社会发展、为人民幸福生活做出贡献的复合型、创新型人才。"课程思政"人才培养实效的重要性在于,院校是培养未来国家发展所需人才的重要阵地,加强思想政治教育,全面提高学生思想政治素质,有利于切实提高高校学生的综合素质,增强其社会责任感,为实现中华民族伟大复兴的中国梦做出贡献。具体而言,提高"课程思政"人才培养实效需要聚焦以下要点:其一,增强学生的爱国情怀和责任意识,进一步培养学生的民族精神,增强文化自信;其二,厚植学生的社会责任感和家国情怀,支持国家建设和发展;其三,加强学生的道德素质和职业操守,使其更好地适应和服务社会,具备高尚的人格和优秀的职业道德;其四,激发学生的创新和创业精神,带动科技创新和社会进步;其五,提高学生的信息媒体素养,加强学生自我管理、自我约束意识,自觉形成网络免疫力,让学生能够更好地运用媒体技能,对网络内容进行正确的价值研判,善于辨别对错、美丑、是非。

5. 促进"德技并修"是职业教育的核心目标

在近年来出台的职业教育政策文件中,"德技并修"是一个出现频次很高的热词。这是职业教育对时代发展的呼应,精准表征了当今时代理想的职业教育人才规格。然而,何谓"德技并修"?如何正确理解"德"与"技"的关系?这些根本性问题亟须得到准确定位。德技并修,首先是指"德技融合",即德育与技能教育一体化。当前对德技并修的认识囿于已有的实践模式和思考框架,把德育、技能教育视作两种并列且分离的教育,二者简单拼接就是"德技并修"。这种观点是受长期固化的职业教育实践样态束缚的结果,是简单思维的体现。

要真正夯实德技并修,必须采用整体思维去洞察其本质。德技并修应是德育融于技能教育,不能孤立于技能教育之外;技能教育必须蕴含德育的元素,不能是"纯化"的技能训练。二者是有机的整体,不是两种原本分离的教育活动的生硬拼凑。德育融于技能教育之中,这一观点并不陌生,但之前没有在整体思维的框架下去界定"德""技"之间的关系,难免存在偏谬。德技并修,根本的涵义是以德为本、以德驭技。"德""技"不是对立的关系,而应相辅相成。二者之中,"德"是根本,是学生全面发展的底蕴,是学生未来职业发展与获得人生价值的保障;同时,也是技能学习的激发器,是正确使用技能的定盘星。"技"是学生发展的鲜明标志,是学生胜任工作的硬核本领,也是学生未来安身立命不可或缺的保证;同时,"技"是养成学生一般道德和职业道德的基本途径,也反哺德育与时俱进。德技互融互动,理论上意味着以德驭技、以技育德,二者一体化实施。然而,从长期的实践看,职业教育口头上重视学生品德与价值观的养成,也常常宣称以"育人"为最高目标,实际上却聚焦于技能形成,把德育放在最后位序,最高目标往往衰变为最空的目标,德育常常悬浮在空中,或蜕变为形式化活动。针对当下存在的弊端,德技并修必须把德育置于重点位置,在所有的教育教学中优先考虑德育,这是当下德技并修能够落实的关键所在。

"寓德于技"也是德技并修应有的题中之义。长期以来,德育的主要途径是单独开设的德育类课程,职业教育专业课教学中的"德育"往往被忽略。在这种分裂的课程架构中,"以德为本"被理解为要大大强化德育系列课程。然而,研究早已表明,孤立的德育课堂教学的效果差强人意。由于与学生生活和学习的具体活动分离,这类课堂教学只能聚焦于德育知识的传授,无法有效提升学生的道德情感、道德意志和道德践行能力;教学内容普遍存在"假大空"的弊端;教学方法则多依赖灌输与背诵。德育的本质决定了其必须更多融于具体活动,而职业教育的很多专业课教学就有实践教学的需要,能为有效的德育开展提供广阔空间。基于此,职业教育的德育应充分依靠专业课程与教学,大力挖掘专业课教学中的德育元素,努力促进德育融入专业课教学,使专业课教学成为德育的主阵地。要实现德技融合,特别是要把德育有机融入专业课程的教学,不仅关涉理念革新,更涉及改变学校的组织结构与管理模式、改革课程体系、提升专业课教师的德育能力等方面。

（三）大思政格局下职业教育专业课程改革维度

行业产业的发展对职教专业课程的思政性要求体现在多个方面，以旅游职业教育为例，包括理想信念教育、社会主义核心价值观教育、红色文化及中华优秀文化教育、创新创业及职业素养教育、生态文明和乡村振兴教育等方面。新时代行业产业的高速发展要求专业课程在传授知识和技能的同时，还要注重培养学生的思政素养，以适应行业发展的需求。具体来说，做好职教专业课程"课程思政"建设，应充分考虑课程思政建设的定位、体系、课程、考评这四个维度的问题。

1. 课程思政建设的定位维度

从功能上看，虽然课程思政与思政课程都是落实立德树人根本任务的重要手段和渠道，但是二者分工不同，职业教育者应该厘清二者的功能和边界，防止在实践中出现偏差，出现专业课程"泛思政化"——把所有课程简化成思想政治教育课程，或者出现忽视思想政治理论课育人作用的现象。职业教育课程思政是在完成专业知识体系建构的同时，找准思想政治教育内容的有效切入点，通过知识传授过程中对思想政治教育元素的挖掘来进行思想政治教育，增强课程的育人导向，达到立德树人的效果。

职业教育专业课程思政建设的总体思路是：坚持以习近平新时代中国特色社会主义思想为指导，以立德树人为根本，以理想信念教育为核心，贯彻价值塑造、能力培养、知识传授"三位一体"的教育理念，深入发掘和提炼课程中所蕴含的思政元素和德育功能，在思政元素的选择上能够体现理论性、思想性、指导性、时代性，第一时间传播党的创新理论和国内外热点时事，将政治认同、家国情怀、社会责任、文化素养、道德规范、法治意识、思维品质、科学精神、创新能力等思政要素融入课堂教学，将做人做事的道理、社会主义核心价值观、实现民族复兴的责任与理想贯穿课程始终。结合行业专业特点，构建以专业平台课程为支撑、以专业基础和专业主干课程为核心、以个性化发展课程为辐射、以实践环节为补充的类型丰富、层次递进、相互协同的课程思政体系，做深专业课程教育，做精第二课堂教育，做优实践教学教育。通过挖掘专业知识传授和能力培养中的德育因素使其成为价值教育的有效载体，搭建专业教学与思政教育相互融合的桥梁，成为思政课堂内容的延伸，使课程思政与思政课程共同构成旅游职业教育思政教育"课程共同体"，实现"同向同行、协同育人"的目的。

2. 课程思政建设的体系维度

（1）工作格局上提高政治站位

在政治站位上，首先应该明确院校党委对课程思政体系建设的领导责任。党委要高度重视，统一思想，突出落实党委主体责任，明确各级党委对课程思政体系建设的职责与分工，形成党委统一领导、院校两级负责、以行政渠道为主落实的组织架构和工作格局。所谓"大思政"，就是"要用好课堂教学这个主渠道，各门课程都要与思政课程同向同行，形成协同效应"，它要贯彻到旅游职业教育各门课程之中，使各门课程都能承担起德育的职责，课程思政是总体要求和集体行为，而不能是个别要求和个体行为。明确思政教育不是某一门课程、某一位教师的单独行为，而应是整个教育环境共同塑造人、培养人、锻造人的任务。要形成全员参与"立德树人"工作，就要着力形成"立德树人"工作共同体，就要将思政教育纳入旅游职业学生培养的系统性、全局性的制度设计，构建全方位、全过程、全员育人的新模式，营造协同育人氛围。

（2）着力加强教师队伍建设

教师是传播知识、传播思想、传播真理的工作者，承担着塑造灵魂、塑造生命、塑造人的工作。教师不能只做传授书本知识的教书匠，更要成为塑造学生品行的"大先生"。课程思政体系建设最为核心的要素是教师，其主体是专业课程任课教师。教师队伍的能力建设是课程思政体系建设中的关键一环。教师能力建设主要是指在教学内容、方法转换过程中的能力建设问题。不是所有的教师天生都能讲好思政，不是所有的知识传授过程中都适宜穿插思政教育的内容，这就需要体系建设的领导者从面上去解决这个问题，甚至去重塑专业课程任课教师的教育理念，积极引导专业课程任课教师改进教学内容和教学方法，加强自身能力建设以适应课程思政改革新要求。

（3）建立健全组织保障机制

构建职业教育课程思政体系，充分挖掘和运用各门课程的思政元素，发挥各门课程的思政教育功能，是一个长期性、系统性的工程，需要各部门协同作战、共同发力，共建育人保障机制。课程思政资源的整理与挖掘，专业知识与思想政治理论的结合等需要投入大量的人力、物力。院校党委要发挥统揽全局的作用，在组织保障、师资建设、教学目标等方面统筹安排，明确学校、院系及各行政部门在课程思政教育教学中的地位与职责分工，使各职能部门紧紧围绕"全方位、全过程育人"的目标形成育人保障的合力。职教专业课程教师要在构建完整课程体系的基础上深入挖掘思想政治教育元素，并在课程大纲、内容设计等方面根据课程思政的要求和标准进行修订，使课程符合旅游行业对人才的时代需求。

3.课程思政建设的课程维度

不同职业教育专业课程内容的思政性要求具有共性和个性兼备的特点，以旅游职业教育专业课程为例，其主要课程思政教育维度包括五个方面。一是理想信念教育：通过专业课程，引导学生树立正确的世界观、人生观和价值观，培养学生的爱国情怀和社会责任感；二是社会主义核心价值观教育：将社会主义核心价值观融入课程教学内容，通过案例分析、小组讨论等形式，帮助学生理解和认同社会主义核心价值观；三是红色文化及中华优秀文化教育：通过红色旅游、文化旅游等课程，让学生了解中国革命历史和中华优秀传统文化，培养学生的民族自豪感和文化自信；四是创新创业及职业素养教育：培养学生的创新意识和创业精神，同时注重职业素养的提升，如团队协作、沟通能力等；五是生态文明和乡村振兴教育：强调生态文明理念，引导学生关注环境保护和可持续发展，同时，了解乡村振兴战略，鼓励学生服务乡村文旅发展，增强学生的社会责任感和参与意识等。此外，各类专业课程还应通过优化教学体系、创新教学方法，如线上线下混合式教学、情景模拟、项目驱动学习等，确保思政教育内容的有效融入，实现知识传授与价值引领的有机结合。具体而言主要包括以下四个方法。

（1）制定教学目标时融入思政元素

教学目标是教学活动的核心，是指导教师教学行为的重要依据。在职业教育课程思政教学中，制定教学目标时融入思政元素能够更好地引导学生树立正确的人生观和价值观。通过设定具有思政意义的教学目标，引导学生认识到学习的意义和价值，增强学生学习的自觉性和主动性，培养学生的责任感和使命感，从而帮助他们树立正确的人生观和价值观。此外，制定教学目标时融入思政元素还能够更好地激发学生的学习动力和潜能。教师在确定教学目标时，可以设定一些具有思政意义的目标，如培养学生的创新精神、团队合作能力等，这些目标既符合职业教育专业的需求，又能引导学生在学习中培养健康的心态和积极的心态，激发他们的学习动力和潜能。教学目标融入思政元素是职业教育专业教师融课程思政于教学的关键做法之一，它有助于引导学生树立正确的人生观和价值观，激发学生的学习动力和潜能，推动职业教育的全面发展。在实际教学中，教师们应该加强对教学目标的设计和思政元素的融入，不断提升自身教学水平，为学生的综合素质培养奠定坚实的基础。

（2）以案例教学展现思政教育内容

案例教学是教学中常用的一种有效方法，通过具体的案例展现职业教育教学内容，更具体、生动地向学生传递正确的人生观和价值观。在职业教育教学中，以案例教学展现思政教育内容是非常重要的一环。案例教学利于加深学生对抽象概念的理解和接受。在教学中，教师可以选取一些具体的案例来讲解思政教育中的相关知识，让学生通过具体的案例来理解抽象的概念，从而更好地理解和接受其所传达的价值观念，激发学生的学习兴趣和参与度。学生在学习过程中往往会感到枯燥乏味，而生动的案例教学能够引起学生的兴趣，提高学生的学习积极性和参与度，从而更好地实现思政教育的目标。案例教学也能够培养学生的分析和解决问题的能力。通过分析案例中的问题和情节，学生可以培养自己的分析和解决问题的能力，提高自己的实际操作能力，更好地应对未来的挑战。

（3）师生沟通互动引导学生树立正确的人生观和价值观

专业教师可以通过与学生面对面的交流，了解他们的学习情况、生活状况和内心想法。教师要倾听学生的声音，尊重他们的意见，给予他们关爱和支持，让学生感受到教师的关心和信任。教师可以通过课堂讨论、心理辅导和个别谈话等方式，引导学生正确看待人生，树立正确的人生目标和价值观。教师要给学生树立榜样，让他们学会感恩、承担责任和奉献，培养学生的社会责任感和正能量。良好的师生关系和正确的引导，能够更好地培养出德智体美劳全面发展的优秀人才。

（4）校企合作提升实践类课程思政育人效能

在校企合作不断深化的背景下，职业院校应与企业之间进行基于共同价值观和文化理念的结合和交流，培养具有实践能力和创新精神的高素质人才，通过企业的文化理念和价值观与职业院校的思政教育相结合，达到培养学生思想道德素质、职业道德素养以及社会责任感的目的。校企文化对接应注重增强职业院校的思政教育实践性，校企合作可以提供大量的实践机会，让学生有机会参与真实的工作，从而让他们更好地理解社会和行业的发展情况，增强其对职业和社会的认知。通过与企业的交流合作，学生可以更加直观地感受企业的文化氛围和价值观，并在实践中学习和践行。

校企合作可以根据企业的实际需求和行业的发展趋势，为学生提供更加贴近实际的思政教育内容和项目。通过与企业合作，职业院校可以在教学中聚焦行业热点问题，让学生更好地理解和掌握相关的知识和技能。校企合作还可以提供企业导师的指导和培训，帮助学生更好地了解职业规划和行业发展，提高就业竞争力。校企文化对接可以促进职业院校的思政教育个性化发展。不同的企业有着不同的企业文化和价值观，通过与不同企业合作，职业院校可以为学生提供多元化的思政教育内容和方法。通过参与不同企业的实践活动，学生可以体验不同的文化氛围和价值观，这将有利于拓展学生的思维和眼界，培养学生的创新能力和跨文化交流能力。

校企文化对接不仅是一种临时性的合作，还是一种长久的文化交流和共同发展。通过校企合作，职业院校和企业可以建立起长期合作的机制，共同探讨和推进课程思政教育的发展，根据企业的需求和学生的特点，开发和完善相关课程和项目，提升课程思政教育的实效性。

4. 课程思政建设的考评维度

对职业教育学生课程思政学习情况的评价需要开展多元综合评价，即建立多元主体全程参与式的新考评体系，由专业课程的教师进行主评，辅导员进行测评，学生开展自评，行业企业人员参评，对学生的德育及智育情况进行综合考评。将学生的理论学习、课外实践和企业实训表现结合,突出"知行合一"理念在考评中的地位。

对"课程思政"的考核评价不仅要看课程思政建设对学生的积极影响,还要看课程思政建设对任课教师产生的积极影响。评价体系也不能再沿用传统的评价方式,即仅用一串数字来简单地反映学生复杂的思想政治状况以及反映任课教师的教学效果,而必须尊重当今学生个性化与多元化的发展趋势,立足于学生全面发展的角度,将思想政治教育的考评与德智体美劳等维度的考评有机地统一起来,让每一个学生的个性特点与能力得到充分的体现。

5. 案例分析

结合以上阐释,以南京旅游职业学院建设的江苏省课程思政示范课程"乡村旅游开发与经营管理"课程为例,我们来进行专业课程思政改革维度的具体分析。

"乡村旅游开发与经营管理"课程锚定"乡村旅游",促进"乡村振兴"定位,以"立德树人,德技并修"为理念,以厚植"大国三农"情怀,增强"乡村振兴"担当为课程思政方向、重点。

课程思政目标:感悟党领导下新时代乡村伟大变革;践行社会主义核心价值观;培育职业道德和工匠精神;增强生态文明、创新发展等意识;养成马克思主义思维方式等。首创"课程思政小红星体系",结合专业内容,架构五大课程思政主题,具体如下。

调研分析:了解"农"情。感悟党领导下乡村的伟大变革,增强"四个意识"、坚定"四个自信"、做到"两个维护"。规划开发:立足"农"本。科学开展乡村旅游规划开发,理解"三农"根本,维护"生态宜居",贯彻"依法治国"。产品打造:体现"农"质。从"三农"本质出发开发旅游产品,树立"人民至上"的马克思主义唯物史观,践行"职业道德",助力"产业兴旺"。管理服务:坚守"农"品。心怀三农,坚守品质,提高经营管理成效。践行"社会主义核心价值观",通过"乡风文明"推动"治理有效"。契合发展:促进"农"兴。了解乡村旅游发展趋势,融入抗疫精神、五大发展理念等,促进"生活富裕",服务中国式乡村发展。各主题围绕"大国三农情怀,乡村振兴担当"课程思政中心，做到水乳相融，分合相济。

课程依托"省高水平高职院校培育单位"旅游类高职院校，依托省首批高水平骨干专业"旅游管理"专业。从为中国式旅游行业发展培养德技并修的高素质技术技能型人才的办学定位出发，通过调研乡村旅游行业对人才道德品质需求、对接高职思政课程教学点，分析马克思主义基本原理契合点，挖掘出课程思政要素一百余个；与课程各模块、项目、任务相融合，围绕"大国三农情怀，乡村振兴担当"课程思政中心，以课程思政"五大主题"串联，形成"课程思政小红星"体系。课程首创"同向同行"课程思政建设实施模式，发挥混合式教学团队和跨学科优势，实现课程思政有出处、有根基、有依托。

（1）与思政课程教学同向同行，有出处。将本课程的专业知识点，技能点与高职各门思政课程的教学点对接，开展"双向研究"，本课程的思政要素均与思政课程国家统一教材和内容的具体出处呈对应关系，以思政课程点为"论点"，以课程思政点为"论据"，解决课程思政与思政课程同向同行的机理、逻辑、途径问题，使思政课程要素具有丰富的来源、可靠的出处、坚实的基础。

（2）与马克思主义原理学习同向同行，有根基。本课程的课程思政点与马克思主义哲学的基本原理点成契合关系，将乡村旅游经营管理的知识技能学习与人生观、价值观、世界观的塑造，根植于马克思主义的观点、立场、方法中，从认知架构、思维方式的底层逻辑角度促进学生的"德技并修"，解决课程思政易浮于表面的问题，更深层次地通过课程思政促进学生的全面发展。

（3）与行业发展同向同行，有依托。课程思政建设服务于中国式乡村旅游发展的人才培养需要，融德育于专业技能养成，满足乡村旅游人才对道德品质的要求。课程思政依托行业，引入行业专家参与，关注行业需求，并与中国乡村旅游发展的具体实际相结合，同乡村蕴含的中华优秀传统文化相结合，且不断随着乡村旅游新业态、新技术、新工艺、新规范的发展而完善。解决课程思政易与行业需求脱节的问题，彰显了职业教育的特点。

在教学方法上，采用"线上与线下结合""课堂与实境结合""探究与实践结合"的"三结合"教学方法，在课程负责人主持的在线课程和教材中开设相对应的"课程思政小红星"板块；引入乡村旅游行业楷模现身说法环节；引导学生走入乡村旅游点进行切身体验；在探究性、实践性任务中融入生态文明、乡风建设等课程思政内容的探寻与感悟等方式,强化课程思政教学效果,做到课课有思政元素,时时有思政意识,将知识体系、能力体系与思政体系密切融合。

课程还形成了完善课程评价体系,客观反映增值情况,课程思政在各部分评价均有体现,自开展课程思政改革以来,学生评教满意度均在98%以上。各级督导评价均为优秀。学生座谈会及评教结果显示,学生认为课程利于培育三农情怀,增强乡村振兴担当,提升思政素养。同行专家予以高度肯定。

通过课程学习,学生以思政元素融入为特点,获得全国职业院校技能大赛一等奖,入选文旅部大学生实践项目(乡村研学)等十余项。课程负责人主持的《"德技并修,产教融合"乡村旅游核心课程改革模式》入选文旅部"双师型"计划,团队成员获得省教学技能大赛一等奖等奖项,主持相关课题多项。课程负责人主编和主持的融入课程思政内容的本课程配套教材、在线课程入选江苏省十四五首批职教规划教材、首批精品在线开放课程,且均被推荐参加国家规划教材、国家精品在线课程评比。在线课程已开课六轮,被三百余家单位的近万人选修,均量广面大。实现课程思政推进三教改革,助力教学相长。总体而言,课程思政建设具有以下创新点。

(1)课程思政体系创新构建。首创"课程思政小红星"体系,以"大国三农情怀,乡村振兴担当"为课程思政中心,聚集五大课程思政主题,形成重点突出、内容全面,逻辑清晰的课程思政体系。

(2)同向同行模式创新实施。首创"同向同行"三维课程思政建设与实施模式。实现课程思政与思政课程,与马克思主义基本原理相对应;通过行业参与、四新融入、持续完善与行业发展"同向同行"。

(3)多元化教学创新开展。负责人具有跨学科背景,团队实现跨学科、校企混编,以混合式师资通过"三结合"教学法,促进课程思政入心、践行,并以此为抓手推进"三教改革"。

二、大思政格局下职业教育专业课程改革重点任务

（一）锚定总方向，确保专业课程与思政课程同向同行

在推动职业教育专业课程改革建设过程中，要明确"课程思政"与"思政课程"同向同行的定位。"课程思政"与"思政课程"同向同行必须明确"思政课程"的主导地位，这个主导地位不是说"思政课程"要去主导其他课程，而是在思想政治教育过程中"思政课程"要占核心地位，"课程思政"系列课程起到补充作用。这就需要建立一种同向同行的运行机制，更好地促进"课程思政"与"思政课程"同向同行。为此，要建立"以一导多"的运行机制，所谓"一"即"思政课程"，所谓"多"即"课程思政"系列课程。建立"以一导多"，就是"思政课程"要在重大问题上起到引领作用、示范作用，并在具备条件的情况下引导"课程思政"建设。要建立"课程思政"与"思政课程"同向同行联动机制，形成协同效应。两种不同类型的课程要同向同行必须有一种联动机制。建议形成以学校党委领导，马克思主义学院与相关开设"课程思政"系列课程学院以及学校相关行政部门协调合作，打通"课程思政"系列课程之间的学科壁垒和体制藩篱，整合不同学科资源和教师队伍。

"课程思政"与"思政课程"同向同行最终依靠制度保障。当前，相关课程设置日趋成熟，无论是盘活存量，还是做好增量工作，都离不开制度设计，需要制度保障。这就需要推动学校制度创新，一方面要继续推动"思政课程"建设，使之能够更好地发挥职业院校思想政治理论课的功能；另一方面又要制定激励政策，推动"课程思政"建设，有计划地推动各门专业课程加入"课程思政"系列，以制度的形式加以保障，使之能够长期运行。最终使得"课程思政"与"思政课程"交相呼应相互促进，同向同行，共同为立德树人服务。

（二）培育主力军，提高专业教师大思政育人意识与能力

教师是教育教学工作的一线组织者和实施者，是将立德树人根本任务贯穿教育教学全过程的关键。要营造良好的课程思政课堂氛围，引导和激励教师重视课程思政建设，强化专业教师队伍建设，组建思政教师和专业教师教研

团队，探索教学、科研协作模式。加强教师课程思政基础知识教育培训力度，通过开展课程思政专项辅导、教师红色文化探访、现场课堂观察、教师课堂训练和课程思政基础知识集中教研等活动，进一步增强教师的德育意识，提高专业教师的课程思政教学设计水平和课堂教学能力。

加强理想信念教育，厚植爱国主义情怀。院校是思想阵地，专业教师作为知识技能的教授者和理想信念的传播者，需要坚信自己的信仰，在传播文化知识的同时，做好学生的思想工作，培养学生的爱国主义意识和精神，并从自身做起，以身作则，使爱国主义意识根植于学生心底。教师言传身教，才能在教学中向学生传递正能量，才能让学生正确地看待世界，看待人生。"学高为师"，丰富的学识储备是旅游专业教师的立身之本。专业教师在课程思政建设中，要紧跟行业产业发展，及时将行业产业新发展与课程思政元素有机融合，通过课堂分享给学生，激发学生的学习兴趣。注重提升专业教师的思政意识。专业课教师以其专业性见长，然而，为适应行业发展的新形势，仅有专业性的教师显然已不能适应和满足行业对新型人才的需求。专业教师除了传授先进知识文化，还要成为学生思想上的引路人，健康成长的好伙伴。近些年来，国家对专业教师的思政教育力度逐渐加强，目的便是提升专业教师的思政意识，借助教师这一载体与媒介，将专业教育与思政教育相结合，在遵循专业教育的科学规律的同时，融合思政教育的理念与方法。

对课程思政的正确认知是专业教师有效助力专业人才培养的关键。专业教师可以通过微博、微信、短视频、小游戏等学生喜闻乐见的方式宣传、深化课程思政的概念和内涵，把停留在书本上的思政元素形象化和具体化，以便学生理解和吸收。时代和行业发展对专业教师的要求逐渐提高，专业教师应该不断提高自身各方面的能力和素养，尤其是在教育教学的过程中挖掘专业课中的思政资源，进而实现专业教育与思政教育的结合。受思政素养水平限制，一些教师本身对于一些思政问题理解得不到位，再加上不同专业之间的思政元素多有差异，因此，专业教师与思政教师的合作工作亟待展开。只有各展所长，针对专业教育与思政教育融合产生的问题展开讨论、加以分析，才能切实推动课程思政教育的新发展。

（三）坚守主战场，提升专业课程建设的大思政改革水平

理念是行动的先导。大力推进专业课程改革，要在创新思政教学理念方面加大工作力度，为促进课程思政的科学和健康发展奠定坚实的思想基础和理论基础。专业课程教师应当深入研究课程思政的有效实现形式和实施路径，了解和掌握思想政治教育的正确方法，并将其融入专业课程教学改革中，努力取得更好的成效。

推动专业课程思政教学改革，需要把健全和完善课程思政教学体系上升到战略层面，努力使课程思政教学改革向纵深发展，不断拓展领域，持续提升效能化水平。要大力加强专业课程思政教学资源体系建设，除了要将相应的思想政治教育理念融入专业课程，还要根据行业产业的实际情况开发相关资源，如对当地的红色文化资源进行收集、整理与开发，并将其融入旅游类专业课程教学等。同时，应当与"党史教育"进行有效结合，这对于强化学生坚定中国共产党的领导和走中国特色社会主义道路具有十分重要的引导作用。

为了能够使专业课程教学改革实现更大突破，还要在打造课程思政教学载体方面加大工作力度，努力使专业课程思政教学更具有针对性、吸引力。在具体的实施过程中，教师应当本着以人为本的原则，结合当代职教学生的特点，从培养学生综合素质入手，将信息技术、网络技术等应用于专业课程教学，比如，为了培养学生法治意识，引导学生多通过网络学习与专业课程相关的法律法规，做好学习笔记，学生之间也可以进行交流与互动。与此同时，打造专业课程思政教学载体，也需要进行持续创新，特别是为了发挥学生主观能动性，可以引导学生通过互联网建立"专业学习小组"或者"专业创客空间"，学生可以在这些平台学习，从而培养学生自主学习、互动探究、团结合作意识。

（四）抓住主渠道，增强专业课程课堂教学大思政育人效能

抓住课程教学主渠道，增强专业课堂教学的大思政育人效能，需要做到以下几点。首先，聚焦"大思政"与专业课程教学的融合。课程思政建设的重点首先在于如何将专业知识和思政内容特别是发生在学生周边的社会问题和现象自然融合。专业知识教学侧重知识的"求真"，而思政教育强调"真善美"的

统一。因此，知识领域的"真"融入"善与美"，将其中的"善美"用生动鲜活的方式与专业知识自然融合，才更具有说服力，更具思政育人效果。教师在教学中应运用"大思政"的理念，对知识和技能进行追根溯源，在解决社会、行业问题中对它们进行多维度、多时空的深度和广度分析，在此过程中对学生进行价值引领和精神塑造，进而更好地起到"大思政"育人效果。

其次，应聚焦"大思政"对专业课堂教学全方位的引领作用。专业课程"大思政"的传递要通过教师这一关键主体发挥作用。这对专业课程教师提出了更高要求，即不仅要掌握专业课理论知识，还要掌握每个知识背后所蕴含的社会价值。换句话说，就是要处理好"知"与"德"的辩证关系。习近平总书记所讲的"人才培养辩证法"中，蕴含的一个重要层面就是要深刻认识到"德"与"知"之间的辩证关系，"知"要有助于"德"的认识，"知"要服务于"德"的养成，因为"德"才是真知。专业课程教师要深刻认识讲授专业知识的目的，把握好"人才培养辩证法"。掌握"德"与"知"的辩证关系，才能更好地发挥教师知识引领的重要作用。

最后，应聚焦"大思政"课程教学体系的设计。部分专业课程教师在教学过程中已经形成了一整套固有的教学方案，在现有教学设计中，根据理论知识开展教学导入、教学内容，对于"大思政"的教学设计和教学方法的运用不足，思政教育存在方法单一，或者呈现"两层皮"的情况，仅是简单地罗列、叠加，而没有进行精心的设计，导致学生对于强行插入的思政内容接受度较差。此外，有些专业课程教师即便进行了思政教学设计，但是内容不切实际、方法不够灵活，也导致学生对于这部分思政内容不够信服和认同，不能入脑入心。因此，重构专业课程的"大思政"教学设计，运用恰当的教学手段，才能实现思政内容与传统教学知识的自然融入。开展专业课程思政建设，设计课程架构在先，融合传授在后，更重要的是课前关于思政内容的设计。在设计中，先进行学情分析，充分考虑学生的认知与接受能力，从学生角度出发开展思政教学设计，根据课程思政育人目标，从国家社会、公民个人、专业学习三个层面出发，挖掘思政元素，采用多种教学手段开展工作，将学生的专业培养、就业能力和社会服务紧密结合在一起，提升学生的国家民族自豪感，增强他们的社会责任感和担当意识，强化职业认同感和服务精神，全面提升专业课程育人的效能。

三、大思政格局下职业教育专业课程改革路径

（一）优化课程顶层设计，明晰教学主体责任

"课程思政"本质是职业院校在教学理念以及实践层面合理有效的创新，这项工作涉及教师考核、教学改革等多方面的内容，牵涉党委工作部、人事处、教务处、各教学单位等多部门，因此，职业院校必须加强顶层设计，理顺课程思政整体工作思路，合理分工，形成科学高效的工作机制。职业院校应立足自身办学特色和学生特点，将专业课程作为载体，构建符合其要求的课程思政体系。首先，相关职能部门应明确自己的职责，应对"课程思政"保持较高的关注度，明确各部门主体责任；教务部门应牵头开展课程标准的修订，教材的开发以及教学技能的指导工作；人事部门应加强对专业课教师的课程思政能力的培训，并制定相应的激励机制，从职称评审、干部提拔等方面调动专业教师践行"课程思政"的教学积极性；马克思主义学院应组织思政课教师积极走进二级学院，与专业课教师一同挖掘课程思政元素，增强思政育人效果。职业院校承担专业教学的二级学院应明确建设职责。二级学院是推行"课程思政"建设的直接职责部门，应根据自己的专业特色、师资现状组建合理高效的实施团队，深入研究，设计适合自己专业的"课程思政"实施方案。各部门根据自己的管理职责，制定相应的管理细则，为"课程思政"的有效开展提供全面的保障。在推行过程中，各部门应紧密沟通，根据"课程思政"在专业基础课教学中实践情况，进一步完善制度修订。

教师作为教育的主导力量，承担着传授知识、技能、价值观的主要职责，这就要求教师除了自身的专业领域，还要提升自身的马克思主义理论水平，思想政治素养，不但用自己渊博的学识，还要用自身坚定信仰所折射出人格魅力去影响学生。教师是"课程思政"建设中对课堂教学负责的第一责任人。教师的完整职责和使命是教书育人，教师也是"课程思政"建设的领航舵手，其素质水平的高低对学校的育人质量和"课程思政"的最终成效产生直接影响，教师教学要始终重视学生的全面发展，有效将德育和智育融入课堂教育，坚定培养合格的社会主义接班人的理想信念，以立德树人根本任务的落实为旨归，扎实全面地展开"课程思政"建设。"课程思政"对教师的要求是要做到潜心教学、

心无旁骛，教育者育人前先接受培训，强化思想、开阔视野、创新思维、严于律己、匡正人格，严把师德关，坚定对知识的不断求索、坚定对育人育才的仁爱之心，以价值引领价值、以智慧启迪智慧、以灵魂塑造灵魂，强化自身理论基础和道德修养，成为传播先进思想文化的带头人，毫不动摇坚定贯彻党的方针政策的支持者，全面肩负起对学生进行知识、思维、品格、道德教育的责任。

"'课程思政'亦蕴含着国家意识形态的教育任务，思想政治教育的首要功能就是维护国家意识形态安全，而国家意识形态的首要价值是政治价值。"[1] 因此，全体职教教师有高水平的政治素养，才能够肩负完成思想政治教育和"课程思政"建设意识形态教育的最终使命。学高为师，身正为范。没有教师自身的德育高度，就不会有"课程思政"的建设高度。注重言传身教，以行为为表率才能撼动学生的思想意识，教师的言行是内在素养的外在体现，教师的言谈举止对学生思想品质的塑造起到修正作用。教师应自觉分清与其他职业在内涵和外延上的边际关系，不能困于名利，而要忠于操守。实践"课程思政"不仅要看教师自身说了什么，更要看其做了什么、做得如何。既要言传，更要身教，才能出现"亲其师，信其道"的理想效果。

（二）创新专业课程标准，明确课程思政目标

创新专业课程标准，明确课程思政目标需要确定课程思政建设的三个维度。首先，教育的首要问题是明确培养什么人，明确育人的首要问题是准确把握"课程思政"的本质。办社会主义大学，各门课程要明确落实立德树人根本任务，"课程思政"依托于各门课程教学内容中挖掘和运用专业课程蕴含的思政元素，通过有机结合显性与隐性教育，实现知识传授和思想引领、价值塑造和能力培养的统一，构建"大思政"育人格局，将育人这一首要问题紧紧抓住。新时代职业院校"课程思政"建设工作必须紧紧围绕立德树人的根本任务进行设计和实施，坚持以马克思主义理论为指导、坚持党的全面领导、坚持贯彻党的教育方针，遵循教书育人规律，强化育人导向，把价值引领有机融入教学全过程，充分发挥"课程思政"育人功能，提升育人质量。

[1] 王淑荣，董翠翠."课程思政"中专业课教师政治素养的四重维度[J].河南师范大学学报（哲学社会科学版），2022（2）：129-137.

　　其次，要真正把"三全育人"落到实处。据统计，职业教育教学中80%以上的教师在从事专业课的教学，课程中的80%以上是专业类课程，学生学习时间中80%以上是用于专业课程的学习，这就迫切需要教师能够把传授知识、思想塑造、能力培养融入专业课程的课堂教学，均衡全面地提高各类专业人才的思想道德水平。教师要深入研究马克思主义方法论的教学体系，在各门课程的教学中，积极主动地引导学生学习和掌握辩证唯物主义和历史唯物主义方法，培养科学的思维方式；专业课老师也要把马克思主义方法论的教育教学视为自己的"正业"，强化对马克思主义方法论的理解和实践应用能力，做好与本学科方法有机结合的工作，让专业知识和方法的传授过程同时也是马克思主义方法论的教育和应用过程。落实"三全育人"需要全面推进"课程思政"建设，全面统筹教育教学各个环节、办学治校各个领域、人才培养各个方面以及育人成才资源与力量的相结合，由此层层融合发力，促进"三全育人"格局形成，完善"三全育人"的工作机制和内在需要。

　　总体而言，要用"思政思维"审视专业课程，把握专业课程整体的思政改革方向。以旅游职业教育的全国导游基础知识课程为例，这是一门旅游管理专业的必修课程，立足让学生掌握中国历史常识，以及民俗、宗教、古代建筑、古典园林等中国传统文化基础知识，以及旅游业发展、旅游景观、主要客源国概况等旅游相关性基础知识，以适应导游工作实际需要。文化是旅游的灵魂，顺应专业课程与课程思政的有效融合，要用"人文思维"思考《全国导游基础知识》课程的建设，将审美观、价值观、绿色观、创新观、开放观培养融入教学目标，健全知识、能力、素养三位一体的教学目标体系。在教学中，不仅要关注学生知识、能力的提升，更要注重学生内生情感态度的形成和发展，强调帮助学生从欣赏中国优秀人文底蕴中，感悟社会主义核心价值观，提升中华文化自信心，增强资源保护、传承和发展理念，增强导游作为地域文化使者的使命意识等。

　　再以酒店管理实训类课程"宴会设计"为例，南京旅游职业学院的课程组在进一步对接企业岗位标准的基础上确定了"宴会设计"课程的教学目标。通过课程的学习与课后训练，使学生系统地熟悉不同类型主题宴会宾客办宴的动机和需求类别，掌握不同类型主题宴会的菜单、酒水、台型台面、环境、服务流程的设计要求和方法,掌握不同类型主题宴会的评价标准。从而使学生能够根据不同类型宴会主题,结合顾客需求进行主题宴会全面设计,并能够全面赏析设计作品。在学习中注重深化社会主义核心价值观,并强化学生的服务意识、劳动意识、职业认同,培养团队意识、竞争意识、全局观念,为今后担当社会责任、职业进步发展奠定良好的基础。在"宴会设计"课程建设过程中,紧扣以上教学目标,深度挖掘课程思政元素,多角度对学生进行培养,全面拓展和提升学生的综合素养。

(三)挖掘专业育人元素,充实课程思政内容

职教专业课融入思政工作的前提是挖掘出课程中蕴含的思政元素。在专业课教学过程中,教师可以根据不同课程的内容体系,以思政理论基础为支撑,以中国化、情境化、实践化、全球化、社会化、创新化等为思路来挖掘其中蕴含的思政资源。

1. 专业理论知识教学过程中的思政元素挖掘

以旅游职业教育为例,相对于哲学、历史学、经济学、管理学、心理学、人类学等传统学科,旅游类专业属于新兴专业,专业发展史较短,基础理论较薄弱。在"旅游经济学""旅游消费者行为学""旅游规划与开发"等专业课中,很多理论都是从其他传统学科借鉴而来的。尤其是国外学者提出的理论思想都有特定的历史、国情和行业实践背景。在引入其理论思想时,专业课教师必须厘清其产生的具体时代背景和具体情境,解读和借鉴时必须从"中国化、旅游化、情境化"等视角进行审视和解读。例如,旅游类专业理论课"旅游经济学"涉及的"供求规律""产业集聚""消费效用最大化"理论,"旅游规划与开发"涉及的"区位论""中心地理论"理论,"旅游消费者行为学"涉及的"马斯洛需要层次理论""消费者决策模型"理论,对这一系列引入的跨学科理论,需要站在马克思主义教育观的立场和立德树人教育根本任务的高度,从思政视角进行全方位的审视。此外,针对"旅游者哪些需求是合理合法的""哪些旅游资源是值得大力开发的""旅游项目中的创意和噱头该如何把控社会道德与伦理边界""民族旅游地该如何塑造自身特色并促进各民族交往交流交融""旅游接待户、旅游合作社等业主该如何助力本地居民共同富裕""如何从供给和

需求两侧看待游客的旅游体验深度"等旅游业发展中出现的新问题,专业教师更需要深度剖析和挖掘其中蕴含的思政元素,鼓励学生进行创新性思考的同时,有机融入思政教育。总体而言,对于旅游类专业理论性知识教学,首先,要用马克思主义辩证法和哲学观来看待其理论观点,发现其进步性和局限性;其次,必须考虑其中国化借鉴时需要采取的必要调整,注重中国的国情,展现社会主义价值观;再次,还要考虑旅游业的特殊属性,深入考量旅游业的独特规律;最后,还要考虑当前的时代背景和旅游实践情境。

以专业课基础课"酒店市场营销"为例,酒店市场营销课程思政改革的整体思路是:提炼课程思政元素,对授课内容进行梳理,将课程思政元素与知识点进行有机结合,结合对酒店管理专业教师和学生调查结果,设计酒店市场营销课程思政训练模块及教学活动,撰写课程思政框架下的"酒店市场营销"课程教学大纲等教学资源库,从而达成对酒店市场营销课程思政的改革。该课程的思政元素包括以下内容。一是将中华优秀传统文化融入课程教学。一家有品位、高品质、对顾客吸引力强的酒店必然在其环境打造、硬件装修、服务流程、菜品菜式中融入了丰富的文化内涵。中华优秀传统文化在酒店产品开发、酒店品牌塑造、中国古代酒店业竞争中的商业价值观中都有体现。在酒店市场营销授课过程中,深挖中国酒店业自古至今在发展、扩张、竞争、传承中的典型营销案例,提炼其中思政元素,把中华优秀传统文化和素质教育融于授课过程,培养学生文化自信。如通过观看中华百年老字号餐饮企业的视频,就餐饮企业命名中的中华古诗词及历史典故展开拓展学习,可以让学生感受"知情意行"的品格精神;通过建国饭店等国内品牌酒店发展及应对外来酒店品牌竞争的历史过程,让学生感受"修身、齐家、治国、平天下"的理想信念,树立品牌强国的理念。二是弘扬家国情怀。在酒店市场营销课程的授课过程中,针对"酒店市场营销环境"内容的讲述,组织学生对"2013 年'八项规定'对酒店行业的影响"的讨论,引导学生思考国家政策出台的背景与初衷,培养其大局观;组织对"2020 年新冠疫情下的酒店困境及营销"的讨论,帮助学生树立与祖国同命运、与社会同发展的价值观。同时,引导学生思考如何运用专业知识为行业服务,为社会服务,真正实现学以致行业用、社会用。培养学生家国情怀,强化其爱国情、强国志、报国行,号召学生为实现中华民族伟大复兴中国梦不懈奋斗。三是引导学生树立正确的价值观。如在市场营销宏观环境的经济因素讲解中,针对"收入""支出"在基本概念及相关知识讲解之外,还组织学生通过"国家统计局及地方统计局"等官方网站,查找最近三年中国国民经济收入及支出结构、城镇居民的收入及支出结构,询问自己家庭的收入及支出结构,使学生理解父母之不易,懂得感恩父母。在对酒店消费者购买行为中"炫耀型购买动机"讲解时,带领学生分析网络上各种酒店消费的"炫耀晒图""只追潮流、不顾个体差异""只买贵的不买对的"等消费现象,使学生懂得炫耀型、攀比性消费会导致个人价值观扭曲甚至腐化堕落;站在酒店企业未来从业者、经营者的角度,启发学生思考如何引导顾客合理消费,打造绿色酒店。四是培养职业道德,养成职业情怀。酒店市场营销课程的应用性较强,为达到良好的教学效果,在授课过程中灵活运用各类教学方法,使学生进行案例知识点挖掘、解析,培养学生在自主学习的基础上,加强团队意识,塑造与人探讨的协作精神。在"酒店市场营销环境调查与分析"部分,让学生分工合作完成相关任务,培养其爱岗敬业、严谨负责、团结互助的职业精神,形成一丝不苟、认真负责、诚实守信的职业素养。在"酒店企业营销战略规划"部分,通过对国内外知名酒店企业案例的分析,让学生明白企业的初心和使命,再融入"不忘初心,牢记使命"、艰苦创业精神思政元素,鼓励学生在专业学习和今后的工作岗位上不惧困难、勇挑重任、报效祖国等。

2. 专业实践技能教学过程中的思政元素挖掘

深入挖掘专业实践课程中的思政资源,探索使思政教育与专业教育融为一体的具体实施方法,可有效深化旅游类专业课程的育人功能。课程思政教学不是喊口号、走形式,关键在于任课教师要用心从思政视角对教学内容进行多维度全面审视,深入挖掘其中蕴含的思政内涵。教师的教学理念站位要有高度,解读要有深度,价值引领要有温度。专业课程思政元素的发现和展示应做到不突兀、不牵强,教学解读要有说服力、感染力和持久力。每位专业教师都应积极探索适合自身的课程思政教学理念与方法,将思政工作渗透于教学中,有效提升学生的专业水平和思政水平,使其在人格发展、价值立场和旅游专业素养方面得到全面提升。

以南京旅游职业学院专业实践课程"宴会设计"为例，该课程在建设过程中，紧扣教学目标，深度挖掘课程思政元素，多角度对学生进行培养，全面拓展和提升学生的综合素养。课程蕴含的思政元素包括以下几方面。一是弘扬传统文化，坚定文化自信。在中式主题宴会设计任务中，围绕主题进行菜单的设计。学生需要掌握中式宴会的菜单的构成、搭配，更要针对主题设计充满寓意的菜品，这就需要充分了解中国饮食文化和中国民间习俗。如菜系风格与特点、发展与创新；名菜名酒名茶的历史由来与经典工艺，民间宴请礼仪与风俗禁忌等均成为学生做好设计的必备知识。台面设计、环境设计环节，怎样体现台面物品与主题的完美融合，中式传统婚礼寿宴的氛围如何营造，则需要具有中华传统文化的知识背景。二是涵养家国情怀，倡导爱国爱家。在学习任务中融入歌颂祖国、热爱家乡等元素。在常规宴会设计学习情境的中式主题宴会设计任务中，学生一般会选择结婚、贺寿、纪念日等常规宴会主题来进行设计，这些主题都体现了平凡人生的幸福时刻，在教学过程中教师注意引导和启发学生去发现个人成长、家庭幸福与国家繁荣富强、社会安定和谐之间的紧密联系，鼓励学生在设计中加入歌颂祖国发展、社会和谐等元素，并引导学生探索、感知添加爱国元素之后，设计作品的变化，这是第一次让学生了解宴会要怎么设计，如何才能使设计作品既有意义又有新意。三是激励敬业奉献，勇担社会责任。毕业宴会任务中，除了展示主题的表面含义，教师特别注意引导学生在设计中考虑展示青年学生积极向上、投身社会主义现代化建设的热情和勇于担当社会责任的决心，将设计内容与专业、职业相结合，将职业素养、职业愿景融入设计元素中。自由命题创意主题任务中，教师启发同学们在创意主题的确定时，既要考虑创新，更要考虑与时代、时事的紧密结合。教学实践中，在反复地讨论之后，各小组呈现了"致敬逆行者""疫路有你"等感恩为抗击疫情驰援武汉做出杰出贡献的医护人员的作品，"幸福苗乡、小康茶园"体现精准扶贫、赞叹全面建成小康社会的作品，"大手牵小手"、关爱留守儿童、温暖外出务工家庭的作品，"绿水青山"保护资源环境、爱护美好家园的作品等。

再以实践课"饮品知识"为例，课程通过校企共建"线上 SPOC+线下实践"学习平台及"实习实训、课证融通、学科竞赛、创新创业"交流平台，提出了"开启美好学习体验，培养终身学习能力"的课程教学改革理念。在教学中，让学生接触各类饮品背后所需的文化道德、职业素养、创新技能等元素，加强学生对知识技能的应用。具体而言，课程蕴含的思政元素包括以下几方面。一是中华茶文化与酒文化。中国较具代表性的饮品是茶、黄酒和白酒。我国是世界上最早发现茶和制茶的国家。从神农尝百草探索茶的药用价值开始，除烹煮饮用之外，茶还能当菜吃。世界上大部分茶树树种在中国，中国也有世界上最多的茶叶种类和最完善的茶叶科研教育体系等。唐朝是我国古代茶文化发展极为兴盛的时期，起源于唐宋时期的"茶马互市"一直是历代统治者所沿用的重要措施之一。茶马古道是当今世界上地势最高的贸易通道，也是民族融合与和谐之道，体现出中华民族生生不息的拼搏精神和崇高的民族创业精神。此外，茶文化中展现的"和而不同""美美与共"的高尚精神，展现出了中国茶文化的文化自信和茶艺技艺比拼的工匠精神等。作为四大文明古国之一的中国，最具代表性的主流酒类是"白酒"。宋元时期，蒸馏技术传入中国，中国酒开始走上独树一帜的区别于世界其他各国蒸馏酒的酿酒之路。中国白酒，屹立东方。白酒是蒸馏酒中历史最早、发酵周期最长、工艺最复杂、产量最大、国际化程度最低、生产国家最少的一种酒。此外，黄酒是世界三大古酒之一，是我国最古老的独有酒种，被誉为"国粹"。中国黄酒历史源远流长，与传统儒家文化逐渐融为一体，成为中华民族文化的一部分。中国古代劳动人民，将他们的勤劳与智慧运用到了酒的发酵和蒸馏过程中，并总结出"水是酒之血，粮是酒之肉，曲是酒之骨，技是酒之魂"。酒伴随着人类的文明，在我们的一日三餐、一年四季中扮演重要角色，是古代劳动人民的智慧结晶。酒文化是以酒为特质载体，以酒行为为中心的独特文化形态。中国的酒文化，不仅体现在酿酒哲学上。酒除了用在农事节庆（如采茶、重阳下沙、冬酿、开秧酒、敬谷神节等）、婚丧嫁娶、庆功祭祖、升迁乔迁、接风洗尘等民俗活动中，同时也是文人墨客酣畅的诗词文字中的灵感常客，在曲水流觞和飞花令中，或是畅谈那些家国情怀，亦可诗酒年华。二是职业素养元素。"饮品知识"将实践教学与赛事驱动教学融入课堂教学，让学生在线上线下的学习与巩固中，掌握咖啡、茶、中国酒、葡萄酒、烈酒与鸡尾酒等各类饮品对于服务温度、服务器皿、服务顺序、服务方法的掌握。教师示范的每一个步骤，与学生训练的每一个动作，都在推动侍酒技能的提升和动作的规范化。通过国际化服务理念和知识、理论与技能在实践中的优化传播，引导学生学习严谨、耐心、专注、奋进、敬业的工匠精神。通过米酒发酵工艺的探索、中国茶艺的传播、手冲咖啡的萃取、葡萄酒的品鉴、烈酒的识香等技能融入教学，加强学生的岗位技能体验，创设工作环境，感知职业形象，增强实践能力，讲好技能故事，弘扬劳动光荣的时代风尚。三是创新元素。鼓励学生使用本地和区域特色产品对饮品饮料的风味与出品进行改良，让东方的智慧去碰撞西方鸡尾酒的精髓，让西方的佳酿来提升东方的烹饪美味。在餐饮的世界里，通过创新融入中国文化和民族特色，创造符合世界的东方的茶饮和果饮，同时也让世界分享中国酒的醇香。通过项目教学，让学生设计与实践主题酒会、沙龙等，如学生会开展葡萄酒与音乐会、中国酒标设计、咖啡沙龙与手冲体验等相关项目的探讨，学生会将知识与技能"学以致用"。当前，无论烈酒类市场的百花齐放与产品推陈出新，还是国潮健康的茶饮强势入局，人们对于包装、口感、品牌、健康等元素给予了更多的关注，也为饮品市场的发展提供了更为广阔的空间。对于学生们的勇敢、自由与整合，要给予更多的鼓励，让他们的思维与构想落到实处。四是职业操守元素。订货与收货、库存与盘点、定价与销售这些关于饮品的仓储管理与成本控制是"饮品知识"课程中重要的教学章节，课程通过行业案例与教学酒店运营实况，以及数据计算，让学生守好诚信之门。严格按照产品规格与要求，比对价格与市场询价，记录每一笔酒店的饮品入库与出库并把关每一个环节按照规章制度执行。作为未来饮品行业的从业者，学会把控质量，不违法违规经营是基本的职业道德要求。同时，也要求学生更好地理解各类饮品知识，用专业有温情的语言向消费者传播产品信息，不欺骗不诱导。此外，饮品在各类酒店等餐饮场所中，还需要严把法律之门，销售经市场监管部门许可的产品，进购符合食品安全生产和商标法的产品，销售保质期内产品。同时，对于不同信仰、年龄及身体状况的顾客在购买饮品的过程中，需要严格按照法律规定进行销售。学会关注顾客的身体健康进行有效的劝说，关心顾客的人身安全和财产安全，如不饮酒驾车、珍爱生命等，对违反饮酒规定和禁烟规定的顾客友善提醒和法律制约等。

（四）完善教学方法手段，促进专业思政融通

　　课程设计要凸显育人目标。教师的课程设计需要具备准确性、针对性、具体性等特点，不同课程涉及不同的教学方式、教学方法和教育内容，在课堂教学过程中，注意专业知识教育与思政教育协同互促发展，唯有如此，课程思政

设计才能更加高效。课程是协同育人的基本载体和基本方式，没有好的课程，课程思政就会成为无源之水无本之木，不能达到立德树人、铸就教育之魂的思政目的。采用什么样的教学方法对课堂育人的效果也有重要的影响，在课堂上需要选择合适的教学方法达到课程思政与专业知识的同向同行。课堂教学通过学生的课堂反应以及课下反馈来验证教学方法是否适用，是否需要优化调整。在内容上也需要进行一定的设计，将思政要素融入各个教学环节，教学内容凸显时代感、话题性强、可论性强，贴近学生生活。

教师应完善教学方法，尽可能激发学生的学习热情，紧扣教学内容、围绕教学主体，拓展启发式、参与式、沉浸式和开放式等多种方法助力教育教学实践。此外，还应重视课程思政场域建设，激活网络环境、社会环境和校园环境中的思想政治教育资源，与课堂思政环境有机互动，打造立体化育人格局。将协同机制所聚合的各类资源，通过实践运用到课程思政建设的各个环节当中，实现从理念到实践，转化为学生思想的力量。

信息化时代催生的"互联网+"教育，大大拓展了旅游职业教育课堂，混合式教学、SOPC课程、线上课程、在线课堂、翻转课堂等各类课堂应运而生，随着互联网与各领域的紧密结合，应重视在线课程的思政教学。随着在线课堂逐渐发展成为一种重要的课堂形式，增强在线课堂与传统课堂的协同育人势在必行。线上课程思政是线下课程思政的延伸与拓展，通过线上线下混合教学的方式强化学生互动，启迪学生的思维。线上课程思政凭借互联网技术信息的丰富性更容易激发受教育对象的学习主动性，受教育对象主动接受教育内容，积极进行自我教育，并且进行二次传播，这个过程在一定程度上反映了课程思政的教育效果，侧面增强了教育者与受教育者之间的互动，具有更高的时效性，可以促进线下课程思政的发展，达到线上线下课程思政相辅相成协同育人的效果。网络学习资源素材的丰富性和形象性可以从多维度引导教育对象树立正确的世界观、人生观、价值观。与此同时，线上课程思政还拓展了线下课程思政教育的方法。数字化时代，课程思政建设应当抓好线上课程思政与线下课程思政之间的协同，融合时代元素，在继承、发扬和创新的路上不断推进课程思政的建设。具体而言，职业教育专业教师可采用以下教学方法，促进课程思政的开展。

1. 案例教学：实现知识性与价值性统一融合

在专业教师引导下，通过对案例的讨论与研究，提出问题分析问题解决问题，从而培养学生思考问题和解决问题的能力。以案例分析引出解决之道，既传授知识，也重视能力和素质的培养，有助于深化学生的专业认同与职业理想的形成。同时，开展"课程思政"教学案例库建设，使专业课思政教育内容有具体的教学载体。选取贴近职业教育一线和社会、行业热点的典型案例进行深度剖析，可以提高学生的学习兴趣，增强学生的自豪感、使命感和责任感。由于学生群体庞大，获取知识信息的基础差异较大，专业教师在针对某一教学内容进行教学时，可结合学情分析，开展分层教学，"课程思政"内容也需要以分层递进的方式融入学科教学，从不同角度、不同深度挖掘思政内涵。

2. 实践教学：涵养实践智慧与塑造实践品格

知识和价值观不能仅在认知层面达到转变或者认同，要增强"课程思政"教学的效果，还需要让学生在行为层面有所表现。职业教育"课程思政"教学方法更需要重视学生的参与、体验和实践。以"酒店管理虚拟仿真实训沙盘"课程为例，在沙盘教学中，学生进入课堂，就等于进入了"企业"，每个人都有一个"岗位"角色，如总经理、财务主管、人力资源主管等。每个人也都有了专属分工，以及自己的"任务"。一个班级被分成了不同的"企业"，企业与企业之间有了竞争。因为商业利益的驱使，同学之间也要保密，防止"商业计划泄露"。老师也不再是滔滔不绝的"讲师"，而是引导师、企业的模拟"董事长"，督促、指导、监督企业的运营。沙盘教学，真正使学生变成了课堂的主体，使他们的聪明才智有了释放、发挥的舞台。学生有了具体的任务，教师（董事长）对学生进行监督、问责和指导，使教育变得不再空洞。在虚拟经营过程中，经营困境、资金短缺、生存挑战、资源节约利用等问题不断暴露，需要学生逐个找出问题、定义问题、探讨解决问题的方法，制定并实施解决措施，接受心理、知识、素质和责任感的挑战。学习过程中采取"团队学习、行动学习、体验学习"的方式，在行动中解决问题，在行动中体验知识的应用，在行动中体验团队合作，在行动中学习、模仿团队中的优秀者。这样的学习方式，能够更好地培养学生的合作、沟通、组织等能力，提高他们的心理素质和品德修养。沙盘模拟教学不仅检验了学生运用理论知识的实践能力，更培养了学生的团队协作意识、沟通能力、演讲技巧等，充分展现了学生的个性。另外，通过担任不同的职业角色，也加深了学生对职业发展要求的认识，更加明确了未来的职业发展方向。在模拟企业经营过程中，"不抛弃、不放弃"的责任意识，遇到问题攻坚克难、迎难而上的精神，工作职责分工、团队精诚合作的氛围，培养了学生抗挫折、敢奋斗的良好素质。

3. 互动教学：沟通交流借鉴与合作共同发展

针对旅游职业教育的特点，专业教师以喜闻乐见的教育方式传授知识与价值观，与学生增加互动，使学生更乐于接受和认同。着重交流的教学过程能够提供给学生更多参与学习的机会，有利于"课程思政"教育教学的开展，增强教学育人的效果。启发互动教学模式不提倡课堂教学模式固定化、单一化，而要求从实际出发来安排教学过程，具体而言，大体分为四步。

第一步，课前布置作业，收集材料。教师在上完前一部分课程内容后，针对下一次课堂内容布置作业，对学生进行分组，分别收集材料，集体讨论，课下还可以通过邮件、面谈、线上交流等方式，实现资源共享。以"酒店客房服务与管理"课程为例，"客房岗位设置和岗位职责"这一项目的教学，可以事先根据酒店客房岗位设置将学生分组，要求每组学生选出一名"主管"，课后由"主管"根据学生的特点，分别选出"领班"和"员工"，在"主管"的主持下，查阅每个岗位的设置标准和岗位的职责。又如，"酒店客房预订业务"这个项目教学中，主要讲解饭店客房预订的方式和类型。在进行这一项目学习之前，要求学生查找有关预订方式及类型的资料，学生分组对各种预订方式进行模拟，便于学生从实际操作中去加深对客房预订方式和种类的了解。

第二步，学生讲解、演示。教师要求学生把课前准备的材料展示出来，这种做法，可以让学生自主学习，激发学生的学习兴趣，使学生深刻地掌握课程的重难点。以"客房岗位设置和岗位职责"项目教学为例，采用灵活的教学手段，导入"部门例会"的形式，教师扮演"客房经理"主持会议，由各个"主管"和"领班"描述岗位职责、日常事务以及在工作中遇到的问题。这种互动式教学，体现了以学生为中心的教学理念，提升了学生对职业的认知和职业自豪感。

再将这种互动式教学方式运用到"酒店客房预订业务"项目教学中,学生的演示主要体现在将酒店岗位的工作程序和内容搬到课堂。教师在课前准备电话预订、网络预订实训的场景,相关信息包括客人姓名、电话、传真,客房的类型,住离店时间,付款方式,客人抵达方式及特殊要求等。学生依据课前收集到的材料,根据教师场景的设置,模拟一段电话预订或操作网络预订。通过学生分工合作完成相关任务,培养其爱岗敬业、严谨负责、团结互助的职业精神,帮助学生形成一丝不苟、认真负责、诚实守信的职业素养。

第三步,巧设疑问、学生探讨、教师指点。提出"问题",引导学生观察、发现、分析、解决问题,这才是课堂教学的轴心,从而起到了启发学生归纳总结问题的效果。教师在学生演示和讲解完后,先不评论和讲解,让学生运用所学到的知识相互探讨,点评优秀的、值得借鉴的部分,也指出不足的地方。在此过程中养成学生发现问题、解决问题的意识和能力。在相互点评中,也有利于培养学生形成客观认识自己和他人的品质。

第四步,精简小结,巩固新知。教师要抓住学生急于鉴别自己探索结果的心理,回到主导地位,剖析错漏,归纳、推导正确的结论,具体、准确、系统地讲述知识内涵和构成。其中可融入各类课程思政元素,鼓励学生在专业学习和今后的工作岗位上不惧困难、勇挑重任、报效祖国。课堂小结,也是启发施教、教改互动模式的一个重要环节。与传统教学总结不同的是,不是教师对自己的分段讲述进行自我总结,而是学生以小组合作的形式进行知识点挖掘、分析、解析、汇报,让学生在自主学习的基础上,形成团队意识,塑造协作精神。

（五）搭建合作交流平台，保障育人提质增效

搭建合作交流平台,深化产教融合、校企合作是职业院校提升人才培养质量的重要路径,也是开展课程思政的重要抓手。职业院校要在深化产教融合、校企协同育人、共同开展课程思政教育方面积极作为,主动推进,主要做法如下。

1.三方联动，搭建"三位一体"协同育人平台

以岗位职业能力培养为本位,构建行业、企业和学校"三位一体"的协同育人体系。以南京旅游职业学院为例,2018年,学院深入推进校企合作示范

基地建设，围绕产教融合酒店课程实训项目、实体旅行社门店运营项目、酒店管理模拟仿真实训平台三个项目，开展与企业的深度合作，共育酒店与旅行社专业实训课程和教材资源。依托自营的御冠教学酒店，推进"一店两院"产教融合实践，推动更多的专业和课程开展"前店后院"的尝试。校企联合开发的成果不仅能应用于行业，更反哺于教学，实现产教研深度融合。在校企协同育人过程中，重视汲取优秀的企业文化，把优秀企业文化作为重要的德育元素融入课堂，提升"课程思政"的实效性。在具体实施过程中，注意遴选共性元素对学生进行企业文化教育，尤其要选择专业课中对学生职业道德培育具有价值的元素，将企业精神、价值观念、行为准则、道德规范等潜移默化地融入课堂，使学生在校期间就开始接受职业素质培育，为学生融入企业、适应企业做好充分准备。

2. 对接行业，构建"产教融合、校企合作"的人才培养模式

对接产业需求，以培养学生职业道德、职业素质、岗位技能和就业竞争力为目标，充分依托产教融合实训平台和校企合作实习基地，利用学校和企业两种不同的教育环境和教育资源，实现人才培养目标和行业指导作用的衔接，形成产业高素质、高技能人才协同育人模式。将工匠精神的培育与课程实践、技术技能训练结合到一起，让学生通过实践训练掌握技术、提升技能，在反复训练和操作中去体悟和感知，通过职业角色实训，在职业场域中培养学生的职业精神，在企业实践中培养学生精益求精、至善至美和专业专注的工作态度，以及对所从事职业高度认可的职业精神。同时，大力加强人才培养方案与课程教学体系的建设与改革。以行业发展和企业需求作为人才培养方案调整的依据，合作企业全程参与校企合作人才培养方案的编制与调整修订。构建面向行业产业、具有国际化视野的人才培养课程体系。校企联合开发基于产教融合的校企特色实践课程、操作标准和教材，形成一批校企合作，具有专业典型特色的企业课程、课程标准和企业教学案例。

3. 内培外引，培育"双向互通"的校企合作师资队伍

深化校企合作，聘请行业中具有较强影响力和专业能力的精英，如产业教

授、能工巧匠、高阶主管、劳动模范等担任企业专业带头人、兼职教师进入教学岗位,全面参与教学和学生的实践。通过学徒制的方式来传承工匠精神,通过行业教师面对面、手把手甚至是一对一的指导,培养学生对职业的热爱与敬畏、对技能的执着与专注。与此同时,搭建双师培训基地,"一师一企"对接基地和"教师企业工作站"等校企合作实践平台,有计划、分批次地派遣骨干教师到企业进行行业培训、挂职工作和实践锻炼,切实提高教师的专业实践能力。学校和企业合作制订双师队伍培养计划,把立德树人放在更重要的位置,引导学生正确对待学习,正确对待职业,正确对待社会,正确对待人生。在"课程思政"实施过程中,注重引导学生提升知识技能,发展理性平和的情感态度,坚定积极的理想信念,树立科学的人生观和价值观,培养热情、乐观、豁达的生活观,形成积极、勤恳、认真、踏实的职业观。

(六)健全课程评价机制,营造健康教学生态

课程思政的教学效果要依据科学合理的评价机制来评判。评价的主要标准在于七个方面。第一,"课程思政"的目标设计是否科学正确、具体明确。关于目标是否科学正确的问题,可以结合职业教育相关的课程内容,判断是否能够坚定理想信念、是否能够厚植爱国主义情怀、是否能够加强品德修养、是否能够增长知识见识、是否能够培养奋斗精神、是否能够增强综合素质等。关于目标是否具体明确的问题,要根据专业教师对职业教育相关课程的思想政治教育总目标是否表述明确,是否将总目标落实和细化到具体章节等维度进行考量。第二,"课程思政"的育人元素是否得到充分挖掘。专业教师是否充分挖掘课程所蕴含的育人元素,应该以挖掘度来衡量而不仅仅以挖掘量来评判。不同课程的思想政治教育资源的内容也会存在一定的差异,"课程思政"挖掘量是绝对指标,因课而异,而挖掘度是相对指标,是指课程思政资源挖掘的程度。挖掘度一方面根据专业教师对职业教育相关课程的理解程度来判断,理解程度高,挖掘度则高;另一方面根据专业教师对思政内涵的深刻理解和对课程育人的积极参与来判断,其对思政内涵的理解把握越深刻清晰,对课程育人的主观能动性越高,则挖掘度越高。第三,思政教育与专业教育是否得到有机融合。对于融合度的评价就是对"课程思政"有效性的直接判断。首先,思政元

素是否自然无痕润物无声地融入专业课程。专业教师应深入挖掘育人切入点，勤于关注时事政治，在授课过程中有意识地带入与此相关的人、物、事，以学生容易接受的方式引导其价值导向，实现教书育人双重功能。其次，在专业课程中融入思政元素是否深刻突出。一方面"课程思政"不是专业课程到思政课程的简单延伸，将专业课程简单"思政化"的做法是对"课程思政"理解的偏差；另一方面对于课程思政元素的挖掘要准确和全面，不能千篇一律，大而化之。第四，在"课程思政"实践中，为了深度融合并突出重点，还需要适当采取化整为零的策略，比如，将思政元素与课程习题、课后作业结合，实现深度融入。第五，需要考量"课程思政"教育是否具有明显的实效性。注重实效性考核有利于增强教师社会责任感，敦促教师积极关注国内外大事、社会变革，给学生最新的知识教育，使学生了解国内外发展动态，认清国际形势和时代发展的趋势，同时，也有利于弥补教材内容的滞后性问题。第六，"课程思政"是否针对错误观点和思潮进行理性批判和坚决抵制。我国正处于经济社会发展的关键时期，国际形势变幻多样，各种社会思潮层出不穷。在多元的社会环境中，正确与错误并存、先进与落后交织。"课程思政"教育应涵盖对错误思潮的批判，专业教师应敢于向错误思潮亮剑，善于以批判错误思潮来激浊扬清、凝聚共识，向学生揭露错误思潮的本质及危害，防止错误思潮的散布和蔓延。第七，"课程思政"是否具有较高的达成度。达成度评价就是展现对照标准的结果，总结预设目标与结果实效之间的完成程度。从实际来看，达成度主要关注学生的学习成效，以课程结束为时间节点，参考标准以学生的思想意识、品德素养、言谈举止等是否有积极的改善或明显的转变，是否达成课程预设的思政教育目标。以考试的形式检测"课程思政"融入的成效是方法之一，但不应仅限于以考试的结果来评判，考试是对知识的检验，关注怎么"想"，"课程思政"带来的教育成果，更为重要的是如何"做"。"知行合一"才是"课程思政"最好的教育结果。

"课程思政"教学效果的科学评估体系的构建是一项系统工程，评估内容要具备科学性、客观性、先进性，评估的结果要具有真实性、合理性、有效性。因此，职业院校"课程思政"评估体系的构建首先要遵循问题导向的原则。要敏锐地抓住当下"课程思政"评估体系构建所存在的普遍且突出的问题，以明确和解决问题为目标指向。以问题为起点则要从解决问题出发设计评价体系，对"课程思政"实效性起到积极的引导和促进作用。其次要坚持体系完整的原则。事物的功能能否得到充分发挥取决于事物构成要素的完整性。如果事物构成要素结构不完整则会阻碍事物功能的发挥。要保证职业院校"课程思政"评估系统能够科学准确地反映"课程思政"实践的真实结果，其所构建的评估体系必须达到标准的完整，由此才能反映出"课程思政"的整体完成度。最后要秉持简便易行的原则。构建评估体系的主要目的是完成对"课程思政"教学效果的评价，检验具体成效。检验标准要紧紧围绕学生的思想观念、政治修养、道德品质和教师的思想认识、政治觉悟、职业道德等进行设立，因此，要明确指向、显性可测、客观标准，评估方法简单易行。

以本书作者指导入选的全国课程思政示范课程，宁夏旅游学校的"导游业务"课程为例进行分析，可对上文阐述的大思政格局下职业教育专业课程改革路径进行实例验证。

课程思政建设总体设计方面，"导游业务"课程首创了"课程思政'红石榴'"体系，将课程思政的元素与课程技能培养、知识学习有机融合。课程思政"红石榴"体系的构建有三重内涵。其一，"千籽同根"，凸显"民族团结"。习近平总书记指出"各民族要像石榴籽那样紧紧抱在一起"。宁夏是我国唯一的回族自治区，民族学生占较大比例，课程将"民族团结"的课程思政内容渗透课程教学的各个项目和环节，引导学生增强中华民族同根同源的认同感、自豪感，坚定学生"四个意识""四个自信"，尊重民族习俗文化，为民族地区稳定、繁荣助力。其二，"籽籽相抱"，形成思政合力。课程项目涵盖了导游服务的全过程，每个项目均从"习近平新时代中国特色社会主义思想""社会主义核心价值观""职业理想和职业道德教育"等维度出发提炼课程思政点，课程120个思政点和"民族团结"核心课程思政点就如颗颗石榴籽，紧紧围绕"立德树人"的根本任务，形成育人的合力。其三，"千房同膜"，实现德技并修。思政内容渗透在课程各环节，以课堂讲授、导游实训、榜样言传身教等形式与学习任务有机融合，以导游服务的"技能提升"统合思政内容，形成如石榴一般"千房同膜"的结构，使思政要素与导游服务技能点、知识点密切结合，形成完整的如"红石榴"一样饱满的课程体系（见图4-1）。

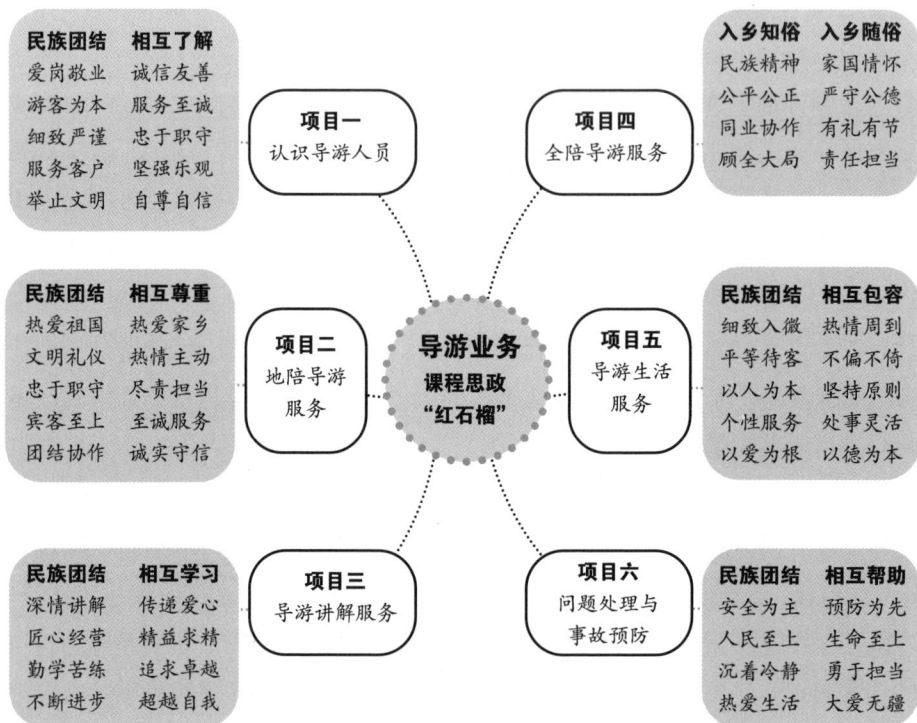

图 4-1 "导游业务"课程思政总体设计

　　课程思政教学实践方面，宁夏是国家全域旅游示范区，习近平总书记在宁夏指出"发展全域旅游路子是对的，要坚持走下去"。宁夏旅游学校作为宁夏唯一的旅游职业院校，以"立足宁夏，服务西部，辐射全国"为办学定位，近年来，致力于课程思政建设工作，将其作为落实"立德树人"的重要举措。宁夏旅游学校"旅游服务与管理"专业是全宁夏最早开设的同类专业，该专业建于2008 年，是宁夏学生数量最多的中职旅游类专业，作为自治区重点专业和文旅厅重点支持专业，聚焦高素质技能型旅游人才培养，以"优秀的品德、全面的素养、高超的技能、长久的潜力"为人才培养目标，已为全国尤其是西部地区培养了数百名毕业生，涌现出了全国优秀导游、省级模范导游等一大批高水平人才，为全域旅游的发展助力。"导游业务"是该专业核心课程，也是宁夏旅游学校"课程思政金课"改革的首个重点课程。宁夏旅游学校在教育厅、文旅厅支持下，举全校之力，组建区内外、校行企"混合式"教学团队，对课程进行了全方位改造，结合宁夏区情、学生实际、课程特点创设了"课程思政'红石榴'"体系，深入挖掘、系统梳理各个项目、任务中的思想政治教育元素，并结合教学内容具体化、系统化，形成"千籽同根"的"民族团结"课程思政贯通点，"籽籽相抱"的多维度课程思政分布点，"千房同膜"的课程思政与专业技能融合点，实现了课程内容的全方位思政化、优质化。

在具体的教学过程中，课程抓住了三个关键环节，促进了"三教改革"，加强了"校企融合"。环节一，立足课堂，厚植根基。通过课堂学习，采用项目化、情境化等教学方式，引导学生树立"民族团结观"和社会主义核心价值观。引导学生了解导游职业，感受国家发展，结合导游服务技巧教学，引导学生树立正确民族观、岗位职业道德和工匠精神。本课程的校本教材编写基本完成，近期将正式出版。环节二，线上资源，百花齐放。课程团队开发了系列线上微课程，建立了"导游业务"课程资源库，并在每一部分开设"红石榴课程思政板块"，民族团结、生态环保、法治精神、党领导下宁夏的脱贫致富等均渗透其中，通过线上线下教学，不仅提升了学生素养，也促进了教师水平的提高。环节三，现场实训，硕果累累。结合课程特点，走进旅游目的地，开展实训教学，先后建立了"六盘山""将台堡"等课程思政教学基地，将课堂搬到纪念馆、博物馆、革命遗址中去，团队中的企业教师发挥重要作用，榜样的现身说法、言传身教，不仅提升了学生技能，也让学生切身感受到榜样的精神力量。学生在行业从业、各类大赛等方面都斩获了佳绩，本专业的校企合作也由于本课程与行企的深度融合，进入了"快车道"。

课程评价与成效方面，课程考核评价采用多元综合评价法。将自评、互评、教师评价、行企评价等主体相结合，利用教学课程平台的学习过程数据记录，实现过程与结果评价相结合。将课程思政建设作为骨干专业、优质课程、党支部建设、教师考核等的重要参考。在考核环节还设计"课程思政"得分点，占总分的 10%~20%。同时，实行了教学考核中"意识形态"一票否决制。本课程进行改革以来，好评度极高。近年来，课程的学生评教满意度均在 98% 以上。问卷调查显示，100% 的学生认为课程的学习有利于形成正确的"民族团结观"，提升"职业道德"，增强"家国情怀"。近年来，学生在课程学习中，撰写具有思政元素的高水平导游词，获得了全国旅游职业院校导游服务大赛团体一等奖（西部地区最佳成绩），宁夏行业导游大赛院校组一等奖 1 项，二等奖 2 项（全区最佳成绩），2020 年宁夏职业院校导游技能大赛二等奖等荣誉。课程建立的"红石榴课程思政"体系已经逐渐形成品牌效应，不但在校内其他专业核心课程中得到普及，还被银川职业技术学院、宁夏工商职业技术学院等旅游院校借鉴。课程组成员受邀在全区职业教育研讨会和各院校的课程思政建设会议上作交流发言，得到了一致认可和好评；宁夏旅游职业教育行指委拟将"红石榴课程思政"的建设思路在全区旅游职业教育中推广。《中国旅游报》在《克服疫情 保障学习 改革创新 提高质量——2020 年旅游职业教育教学改革与创新发展侧记》的专题报道中，两次提及本课程相关内容，报道指出本课程教学"深入介绍红色旅游资源，实现教学内容与育人功能的有机融合"，"让学生真切体验红军长征途中物资匮乏的艰苦生活，深刻领会红色经典承载的精神内涵，让学生对红色旅游景点的讲解更加生动、饱含感情"。

课程思政创新点包括三个方面。①课程思政体系的创新构建。构建了"红石榴课程思政"体系，以"民族团结"为课程思政核心，聚集不同维度的课程思政点，形成重点突出、内容全面，且与课程技能点、知识点融合的新型课程思政体系。对于职教专业课程，尤其是民族地区的课程思政建设具有借鉴意义。②混合式教学团队建设。面对西部职业院校，尤其是中职院校人才缺乏的现状，大胆创新，积极引进，以特聘、兼职等多种形式引入区内外、行业企业高水平人才加入课程思政教学团队，弥补先天不足，形成教学合力，积极响应习近平总书记"聚天下英才而用之"的指示。③多元化的教学开展形式。一方面，宁夏是我国第一个"互联网 +"教育示范省，本课程契合信息化发展趋势，探索课程思政线上下结合的教学方法，建设资源库，开展线上下混合教学。另一方面，体现"类型教育"特点，课程开展中走进景区点，引入行企教师，有效地通过榜样力量和旅游资源的体验，促进课程思政元素的入心与践行。

四、实证分析：酒店管理类专业课程思政建设研究与实践

文化与旅游融合发展、互动共进是旅游产业转型升级的必由之路。在文旅深度融合持续推进的过程中，旅游行业对人才的需求发生了变化，由传统的技术技能型人才（专才）向复合型人才（全才）转变。旅游职业院校学生除了要拥有扎实的专业技能，还必须拥有高尚的职业道德、坚定的文化自信和良好的人文素养。旅游职业院校进行课程思政改革，可以让学生在学习专业技能知识的同时，培养旅游工作者所需的高尚的职业道德、坚定的文化自信、正确的价值观，以思政课程为引领，辐射扩展到专业课，在把握"文化＋旅游"融合方向中，实现德技并修、知行合一的双线交汇与推进的新发展。在这样的背景下，南京旅游职业学院的国家级职业教育教师创新团队——酒店管理与数字化运营教师创新团队积极开展了一系列课程思政教学改革，探索适合旅游与酒店管理专业特色的课程思政实施路径和方法。

（一）提升专业教师的课程思政意识与能力

酒店管理与数字化运营教师创新团队带领全体专业教师深入学习理解习近平新时代中国特色社会主义思想，贯彻落实全国高校思想政治工作会议中的讲话精神，坚定不移地培养师德师风优异的教师队伍。专业教师肩负给学生传授专业理论与职业技能的责任，在言谈举止方面更应当具有示范性。在教学中，酒店管理与数字化运营教师创新团队深入挖掘思政元素，注重学生的思想政治教育，帮助学生形成正确的世界观、价值观及人生观，培养良好的职业道德与职业素养。

酒店管理与数字化运营教师创新团队从以下几方面开展教学改革，努力提升专业课教师的课程思政教学能力。第一，提高专业课教师的课程思政设计能力。课程思政设计能力是开展课程思政的关键和前提，酒店管理与数字化运营教师创新团队在顶层设计上借助思想政治教育专家、课程论专家给专业教师提供思想政治教育的内容和方法示例，引导专业教师通过实践探索，不断积累经验，不断反思，在反思中解决问题，提高课程思政能力。第二，提高专业教师掌握学情的能力。教师不仅要了解学生专业知识技能学习情况，还要

了解学生的思想情感、兴趣态度和价值观状况，也要了解学生的心理特征和接受方式。只有这样才能在课程思政实施过程中做到有的放矢、因材施教，收到事半功倍的教学效果。第三，提高专业课教师课程思政的实施能力。团队教师运用课程思政资源，营造专业教学的育人氛围，调动学生的主动性积极性，通过情境教学、案例教学、讨论教学、实践教学等路径方式，有效地开展课程思政教学。

（二）结合行业与学生特点确定课程教学目标

职业院校专业课程内容与教学目标一般都与职业、岗位相对接，因此，专业课程的思政元素可结合具体教学内容灵活展开。这里以酒店管理与数字化运营教师创新团队重点打造的课程思政示范课程"酒店前厅服务与管理"为例，具体分析专业课程实施课程思政的途径和方法。

"酒店前厅服务与管理"是高职酒店管理专业的核心课程。本课程基于"高等职业学校专业教学标准""前厅服务员国家职业技能标准"和酒店管理专业人才培养目标，培养学生良好的职业能力、职业素养与职业发展能力。结合酒店管理人才培养目标融入思政元素，采取模块化组织、理实一体、翻转课堂的课程设计理念。根据专业特点，深入挖掘并提炼课程所蕴含的思想政治，注重立德树人，落实课程思政要求；依据难易程度及学生学习认知规律，内容由浅入深、任务从简到繁、项目从单一到综合，由易到难，由简单到复杂，对课程内容进行进阶式模块化组织。根据产教融合的职教要求，融通酒店前厅部典型工作任务与行业实际案例，对教学流程实现理实一体化；结合大数据、互联网的时代背景和以生为本、自主学习与探究学习的学习模式，进行教学方法、教学评价的创新探索。课程教学将课堂教学、课外自学与实践实训等相结合，线上线下相衔接，借助纸介、音频、视频、多媒体设备辅助的立体教学手段，综合运用教材、教辅、互联网等多种教学资源，充分调动学生学习主动性，实现课程教学目标。

课程的教学目标是以前厅服务与管理的实际工作任务为路径，通过工作任务引领相应模块主题教学活动并具体开展实施，使学生掌握现代前厅服务与管理的基本理论和基础知识，熟悉前厅运行与管理的基本程序和方法，具备前厅一线工作所必需的话务、礼宾、预订、接待、结账等服务技能,能熟练操作前厅酒店管理信息系统,并能胜任前厅的基层管理工作,达到前厅服务中、高级(参照《前厅服务员·国家职业标准》)的水平。同时,在教学过程中注重培养学生知礼懂礼、爱岗敬业、善于沟通、团结协作的职业精神。在实现知识能力教学目标的同时培养学生诚实守信、遵纪守法的职业态度,培育善待他人、沟通协作的服务意识以及吃苦耐劳、积极上进的职业精神。切实提高对学生团队协作、敬业精神、职业道德、政治意识、文化自信、民族自豪感等的教育,增强学生的职业荣誉感和自豪感,使学生成为具备工匠精神的高素质酒店前厅人员。

(三)结合专业课程特点深入挖掘思政元素

首先,"酒店前厅服务与管理"课程蕴含较强的文化属性,重点培养学生的文化自信、人文情怀,弘扬中华传统文化。以酒店业为代表的"中国服务"行业是助力中国经济行稳致远的重要力量。"中国服务"是指中国自主创新、具有中国特色的服务。前厅是酒店的门面,是酒店对客服务的关键部门,前厅服务应体现酒店文化,前厅服务人员的形象、服饰和服务礼仪具有鲜明的文化特色。酒店前厅部应以宾客体验为主线,围绕为宾客创造独特、愉悦的深刻记忆来设计和组织服务;以中国文化为灵魂,以中国的传统文化为指导,创造具有中国特色的服务哲学;以中华情感为核心,让中华的传统美德和待客之道唤醒和激起宾客的情感需求,与宾客产生情感上的共鸣;以民族符号为形式,通过中华礼仪、中国节日等打造浓厚的中国文化特色。"中国服务"应贯穿本课程教学的始终,通过学习提升学生服务意识、职业品行,培养良好的职业习惯,提升学生的文化自信和审美内涵。

其次,劳动光荣、技能宝贵、创造伟大,"酒店前厅服务与管理"课程具有较强的实践属性,培养学生精益求精、追求卓越、宾客至上的工匠精神。世界技能大赛酒店接待赛项中关于 VIP 接待、宾客投诉的处理、入住接待、结账离店等相关赛程,与课程教学中的 Opera 操作实训、前厅接待标准操作实训、沟通能力、随机应变能力、服务意识、服务态度、服务语言、服务习惯的培养密切相关。在日常教学中,除了让学生掌握相关技能和知识,还应重点培养学生吃苦耐劳的精神和追求向宾客提供"满意 + 惊喜"卓越服务的工匠精神。

此外，"酒店前厅服务与管理"课程具有较强的法制属性，增强学生的职业荣誉感、职业责任感和职业使命感。酒店入住接待的标准程序需符合国家公安部门户籍管理的要求；酒店员工不得泄露客史档案中客人的资料信息；前厅部员工应加强对在酒店从事非法活动的客人的甄别；前厅意外事件的处理、客人物品报失处理、VIP 接待安全管理、钥匙管理、住宿登记安全管理等内容均凸显了本课程的法制属性。通过相关内容的教学培养学生的法制精神和遵纪守法的意识，增强职业责任感和职业使命感。

再次，"酒店前厅服务与管理"课程具有较强的创新属性和时代属性，强化创新教育意识，引导学生进行创造性学习，开展各种创造性活动，训练学生的创新思维能力，着力培养学生的创新精神和创造能力。酒店前厅部员工为客人排忧解难，"不是无所不能，但一定竭尽所能"。通过创设教学情境，培养学生创造性思维和追求完美极致服务的职业成就感。通过酒店金钥匙卓越的服务理念——"先利人、后利己，用心极致、满意加惊喜，在客人的惊喜中找到富有乐趣人生"，培养学生高层次精神追求的人生观、价值观和方法论，培养学生热爱服务、乐于奉献的职业精神；通过酒店接待服务中旅游文化推介、VIP 接待、委托代办等相关的内容的互动教学，培养学生乐于助人、用心服务的职业习惯，培养职业认同感和职业崇高感，提升文化自信、制度自信。

最后，"酒店前厅服务与管理"课程的有效开展有助于提升学生团队合作意识。课程以项目、模块开展和实施教学活动，发挥小组学习的优势，着力培养学生的团队合作意识。课程强调教学是教与学的互动，师生双方相互交流、相互沟通、相互启发、相互补充，在这个过程中教师与学生分享彼此的思考、经验和知识，交流彼此的情感、体验与观念，丰富教学内容，追求新的发展与发现，从而达到共识、共享、共进。一方面使学生成为教育主体，当学生提出独特见解时，教师给予支持和鼓励，使学生有求知的动力，乐于走进新问题，养成质疑的习惯。另一方面，引导学生进行丰富的想象，提高学生举一反三、融会贯通的迁移能力。学生的参与有助于对情感、态度以及价值观的接受，从而更好地实现"课程思政"的育人目标。

（四）结合教学目标开展课程思政教学设计

作为新时代职业院校思想政治教育教学改革深化与创新的产物，"课程思政"的核心要义是专业课程通过深入挖掘学科中蕴含的思想政治资源，充分发挥每一门课程的育人功能和每一位老师的育人职责，推动专业课和思政课同向同行，协同育人。在教学过程中，深入挖掘提炼本课程所蕴含的思想政治元素和承载的德育功能，将社会主义核心价值观融入课程内容，以"隐性嵌入"的方式将思想教育引导融入课堂教学与技能实训，教书与育人相统一形成协同效应。围绕课程思政的核心要义，"酒店前厅服务与管理"课程借助云班课、在线开放课程等信息化的教学手段，系统优化课前预习、课中调研成果展示、课后巩固的教学过程，将思政育人目标融入教学内容，切实做到"润物细无声"，具体教学设计如表4-1所示。

表4-1　"酒店前厅服务与管理"课程思政教学设计

思政目标	教学内容	教学设计
培养学生的沟通能力和团队协作意识；让学生认识到社会主义制度的优越性，培养家国情怀；培养学生学思并重、省察克制、慎独自律、积善行德、实践升华等职业素养。	前厅入门入职	充分借助云班课、在线开放课程等信息化的教学手段，系统优化课前预习、课中调研成果展示、课后巩固的教学过程。 1.通过任务驱动法给学生布置酒店任务，并进行调研成果汇报，培养从比较疫情影响下的全球酒店业经营状况入手，认识到新时代中国特色社会主义制度的优越性。 2.增强家国意识，认识到政治稳定、经济发展对酒店业的蓬勃发展起到决定性作用。 3.通过连线行业专家介绍酒店前厅人员职业素养和职业能力要求入手，培养学生学思并重、省察克制、慎独自律、积善行德、实践升华等职业素养。

思政目标	教学内容	教学设计
培养学生追求卓越服务、精益求精、严谨认真、客人至上的工匠精神。	总机服务	充分借助云班课、在线开放课程等信息化的教学手段，系统优化课前预习、课中调研成果展示、课后巩固的教学过程。 1.通过任务驱动法开展教学，教师精心设计三个问题，针对酒店员工的服务态度、专业水平和保密意识开展小组调研，学生分组致电不同的五星级酒店总机，并评价其服务态度、专业水平和保密意识。通过房间保密和免打扰服务相关内容的讲解，提升学生的法制意识。 2.通过叫醒失误的案例教学使学生认识到总机工作的专业和严谨，培养学生严谨认真、卓越服务、责任担当的职业精神。
培养严谨认真的工作作风、吃苦耐劳的工作态度；培养创新精神和创新能力；培养诚实守信、责任担当的职业道德。	客房预订	1.通过任务驱动教学法，教师在蓝墨云发布工作任务，学生以小组为单位，致电酒店预订客房，通过精心设计的三个问题电话调研酒店预订中心的服务水平，学生总结酒店服务的内涵。教师水到渠成地介绍"中国服务"的含义，即国际水平、本土特色和物超所值。师生探讨如何以宾客体验为主线，围绕为宾客创造独特、愉悦、美好的记忆来设计和组织服务。 2.通过 Opera PMS（酒店前厅软件）系统操作，熟练掌握预订的受理技能，Opera PMS 系统中对客人预订信息的录入方式和格式有严格的要求，训练和培养学生严谨认真的工作作风和吃苦耐劳的工作态度。 3.对于宾客的预订要求，一定要做好相关记录；由酒店超额预订，却不能满足宾客需求的问题，培养学生诚实守信和责任担当。 4.通过"前厅服务与管理"在线开放课程开展线上线下混合式教学。

思政目标	教学内容	教学设计
学生树立职业崇高感、职业成就感、职业认同感、职业使命感、职业责任感；修炼职业品行和职业道德。提升文化自信和制度自信。	礼宾服务	1.邀请企业专家进课堂：邀请杰出校友金钥匙组织中国区主席介绍礼宾及金钥匙服务的卓越服务理念，分享优质服务案例。通过酒店金钥匙卓越的服务理念——"先利人、后利己，用心极致、满意加惊喜，在客人的惊喜中找到富有乐趣人生"，培养学生高层次精神追求的人生观、价值观和方法论，培养学生热爱服务、乐于奉献的职业精神。 2.通过案例分享，理解酒店金钥匙服务理念——为客人排忧解难"不是无所不能，但一定竭尽所能"的内涵，培养学生创造性思维和追求完美和极致服务的职业成就感。 3.通过酒店金钥匙服务的文化标识和服务形象的学习，培养学生的文化自信，提升文化和审美内涵。 4.参照世界技能大赛酒店接待赛项中相关旅游文化推介的内容，培养学生乐于助人、用心服务的职业习惯，培养职业认同感、职业使命感和职业崇高感，提升文化自信、制度自信。
培养学生严谨负责的工作态度；遵纪守法的法治意识；使学生了解并认同中华待客之道，学会换位思考、以人为本。	总台接待	1.通过案例分享"酒店客人不希望登记证件"让学生明确按照国家公安机关的要求，客人在酒店住宿应当凭有效身份证件办理住宿登记，即使灵活处理以满足客人需要也不能违反职业原则。培养学生严谨负责的工作态度和遵纪守法的法治意识。 2.通过总台接待 upselling（升档销售）和 upgrade（免费升级服务）不同情况的分析和处理，向学生传播中华民族的传统美德和待客之道，唤醒和激起宾客的情感需求，换位思考、以人为本达到与宾客心灵上的共鸣。 3.通过总台接待的标准操作程序和相关 Opera 操作的实训练习，提升学生包容、协作、尊重、友善等职业素养。

思政目标	教学内容	教学设计
培养积极、乐观、热情等职业情商；提升学生的创新精神、创造能力和人际沟通能力。	宾客关系管理	1. 通过世界技能大赛酒店接待赛项中关于 VIP 接待服务的若干种复杂情况的案例分析，探讨如何向宾客提供"满意＋惊喜"的个性化服务，提升学生的职业情商，强化创新教育意识，引导学生进行创造性学习，开展各种创造性活动，训练学生的创新思维能力，着力培养学生的创新精神和创造能力。 2. 结合酒店行业工作案例和世界技能大赛中宾客投诉处理的案例，培养学生的职业情商，提升学生情绪管理的能力，培养乐观、自信、热情的积极情绪，通过情景演练提升学生的沟通能力。
提升学生的服务意识、服务能力和管理能力；养成良好的职业行为习惯。	前厅服务质量管理	1. 通过在线开放课程，开展线上线下混合教学，掌握前厅服务行为、服务质量标准和 PDCA 管理法相关内容，强化学生的服务意识，师生探讨如何围绕为宾客创造独特美好的记忆，来设计和组织前厅服务；以民宿符号为形式，打造"中国服务"品牌，提升酒店品牌效应。 2. 通过连线行业专家、开展行业调研树立正确的服务观念，养成良好的职业行为习惯。
提升法制意识和安全防范意识；培养职业责任感和使命感。	前厅安全管理	1. 通过在线开放课程的学习，布置小组调研任务。通过对酒店疫情防控时期前厅安全管理案例的调研，掌握前厅突发事件处理、疫情防控、客人信息安全、住宿登记安全管理、钥匙安全管理、收银安全管理、行李安全管理、访客安全管理等教学重点。 2. 通过案例分析和情境演练，让学生认识到酒店对客人的安全保障义务，培养学生的安全防范意识和责任担当。

（五）结合课程内容优化课程思政教学方法和考核

"酒店前厅服务与管理"课程充分借助云班课、在线开放课程等信息化的教学手段，系统优化课前预习、课中调研成果展示、课后巩固的教学过程。主要采用任务驱动教学法、案例分析法、角色扮演教学法、体验式教学法、混合教学法等教学方法，在不同的教学方法运用中有机融入思政元素，注重立德树人、三全育人。本课程采用的教学方法主要有以下几种。第一，任务驱动教学法：教师围绕特定的工作任务，开发设计具有明确具体的、可操作的教学任务，布置给学生小组学习和完成任务。学生通过发现问题、分析问题、解决问题来设计服务方案包括 VIP 接待、入住接待、结账退房、礼宾服务、预订服务、宾客投诉处理等实训项目，达到课程内容学习和掌握的目的。第二，案例教学法：案例教学是教与学双方直接参与，共同对问题或疑难情境进行研究的一种开放、合作、互动的教学方式。教师通过对真实发生案例的筛选和提炼，引导学生运用理论分析案例，在分析过程中，促进学生态度、情感和价值观的转变，提高学生对情感态度价值观教育的认知认同。教师引导学生找到案例中包含的思想性、人文性和价值性，对学生进行态度、情感和价值观的教育。酒店前厅作为一个和客人接触最多的前线部门，语言沟通技巧、换位思考、尊重他人等挑战无时无刻不存在着。案例教学法贯穿整个教学的全过程，每一部分的知识、技能均有相关案例与之配套。第三，体验式教学法：通过参观考察校外基地、课外实践、访谈行业专家、调研住客需求行为、参与社会公益活动、参与量表调研测评、课外竞赛等方法巩固加强学习。第四，混合式教学法：通过翻转课堂、线上线下等网络教学的灵活应用，学生课前预习、课中讨论实训、课后练习，教师及时根据学生的反馈调整教学方法，从而增强课程的教学效果。第五，情境模拟法：主要应用在入住接待、结账退房、VIP 接待、宾客投诉的处理等环节的教学中，教师创造适合的教学环境，学生分组学习，不同小组轮换扮演不同的情境角色来模拟实际的工作过程，运用并整合所得到的知识与技能。情境教学是教师借助情境，唤醒学生自身潜在的生活经验和内在情感，充分调动学生的内在学习动力。教师通过情境的创设，激发学生的学习兴趣，丰富学生的亲身感受，使学生在体验中产生共鸣。通过情境模拟，学生可以更好地结合前厅岗位的要求，更自如地展现职业素养。第六，主题讨论法：不定期地选择具有现实意义或热点问题如酒店投诉处理问题组织学生进行讨论，通过教师引导，激发学生的学习欲望和热情，引导学生独立思考，提升其分析问题解决问题能力；学会收集相关信息资料，进行小组讨论，并形成讨论结果在课堂演示。此过程中以学生为主，教师只是引导者。通过主题讨论法，可以增强学生对知识和技能认知，从而达到教学目的。多种教学方法的灵活应用，能够极大地激发学生的学习热情，从而增强该门课程的教学效果，提升学生职业素养与职业能力。教师提炼并强调其中的"合作精神""大局意识""敬业精神"等。通过课内教师讲解，课外行业实践体验，学生对"爱岗敬业、恪守责任、服务意识"等酒店员工的职业素养有了更深的认知，专业技能、沟通能力和职业荣誉感都得到了一定程度的提升。

将课程思政模块纳入课程考核方案，加入课程思政模块的考核；根据课程的特点建立相应的考核标准，从人文素养教育、职业素养教育（职业观念、情感、职业道德、职业作风和职业守则等）和遵纪守法等方面考虑；着重考核学生在掌握了专业知识和技能的同时，是否具备了良好的职业道德，是否知法懂法，是否树立了正确的酒店的职业观和价值观。

通过课程思政改革，"酒店前厅服务与管理"课程组将思政教育"无痕"融入课程内容，将诚实自信、爱国主义、工匠精神、文化自信、创新意识等思政元素有机地融入本课程，实现了思政教育与知识传授、技能培养的有机统一，达到了"引领价值""传授知识"与"培养能力"三位一体化的教学目标，转变了学生的思政学习方式。解决传统思政理论课程教育中枯燥乏味的问题，激发学生学习的兴趣，调动学生学习的热情。学生在学习的过程中，端正学习态度，进而转变学习方式。通过开展酒店调研、行业专家进课堂等形式，学生以行业精英为榜样，能用"精益求精、追求卓越"的工匠精神和"创新创造"的时代精神等来严格要求自己，提高思政学习的自觉性、主动性和严谨性，提升了学生的综合素质。通过融入思政元素，解决了专业课程教学过程中，思想教育与创新思维、专业发展、行业要求、专业素养脱节的问题，全面提升学生的职业素质和思想水平，使学生成为具备工匠精神的高素质酒店行业技术技能人才。

第五章

三全育人——大思政格局下
职业教育隐性课程改革研究

　　隐性课程又称潜在课程、无形课程、非正式课程,指的是"不在课程规划(教学计划)中反映,不是通过正式的课程和教学来实施,而是通过无处不在、无时不在的物质情境、文化情境和人际情境,如校貌、校舍建筑、实验设备、校园文化、校风、校纪等,对学生身心发展产生潜移默化的影响,从而促进或者干扰教育目标实现"[1]。大思政教育强调所有的主体、课程、课堂都担负着育人的责任。因此,加强隐性课程建设是大思政格局下职业教育课程改革的应有之义。同时,大思政格局下职业教育隐性课程改革也具有重要意义,能够丰富教育方法,更好地顺应思想政治工作规律、遵循教书育人规律和遵循学生成长规律,弥补显性思想政治教育的不足,实现显性教育和隐性教育的协同育人,促进教育目标的实现。大思政格局下职业教育隐性课程改革主要包括学生社团、校园网络文化和校园生活的思政育人等。

　　2016年,习近平总书记在全国高校思想政治工作会议上强调要"把思想政治工作贯穿教育教学全过程,实现全程育人、全方位育人"[2]。2017年,中共

[1] 雷绍业.高校隐性课程的德育功能探究[J].湖南医学高等专科学校学报,2002(1):58-61.
[2] 习近平.习近平谈治国理政(第二卷)[M].北京:外文出版社,2017:376.

中央、国务院印发的《关于加强和改进新形势下高校思想政治工作的意见》,提出要坚持全员全过程全方位育人。"三全育人"具有丰富的内涵,全员育人强调育人主体的广泛性,要求思政教师、辅导员、专业课教师、后勤管理人员、学生中的先进分子、社会力量等都要参与到育人中来;全过程育人强调时间上的连续性;全方位育人强调育人空间的广延性,"育人工作要囊括学生学习、思想、生活等各方面"[1]。"三全育人"既是新时代加强和改进高校思想政治工作的重要举措,也是大思政格局下职业教育隐性课程改革的指导理念。高校思政育人不能局限于思政教师和思政课堂,还要拓展到学生课后活动和校园生活中去,"通过全员、全过程、全方位地挖掘隐性思想政治教育育人潜力,协调促进各育人主体把隐性思想政治教育的陶冶、体验、互动、示范、熏陶作用落实到位,贯穿至高校人才培养的全过程"[2]。

一、大思政格局下职业教育学生社团思政教育

(一)职业教育学生社团的类型、特点与思政教育功能

学生社团是学生依据自身兴趣爱好,按照一定的章程组成的群众性学生团体,是学生校园生活的重要组成部分,也是学校思想政治教育的重要阵地。职业教育大思政格局下隐性课程的建设要加强学生社团建设,充分发挥学生社团的育人功能,使学生社团成为"拓展学生眼界和能力、充实学生社会体验和丰富学生生活"[3]的重要平台。

1.职业教育学生社团的类型

职业教育学生社团类型多样,一般可以分为"思想政治类、学术科技类、创新创业类、文化体育类、志愿公益类、自律互助类及其他类"[4]。以南京旅

[1] 岳修峰.普通高等学校"三全育人"研究[M].北京:社会科学文献出版社,2018:3.

[2] 白赛楠."三全育人"视域下大学生隐性思想政治教育研究[D].辽宁中医药大学,2021:20.

[3] 中共中央文献研究室编.习近平关于青少年和共青团工作论述摘编[M].北京:中央文献出版社,2017:55.

[4] 中共教育部党组 共青团中央印发《高校学生社团建设管理办法》的通知[EB/OL].(2020-01-20)[2024-05-27].http://ytw.hnie.edu.cn/info/1005/2841.htm.

游职业学院为例,学校现有各类社团 32 个,涵盖了思想政治类、学术科技类等四类,社团成员共计 2100 多名。

一是思想政治类社团。思政类社团又称"政治类社团""理论学习型社团",由对政治感兴趣的学生组成,"以学习和研究马克思列宁主义、毛泽东思想和中国特色社会主义理论体系"[1],以提高成员思想政治素质为目标的学生组织。思想政治类社团在我国具有悠久的历史,尤其是五四运动后,怀揣着救国救民、探寻真理的先进青年在当时成立社团,研究时政,探寻救国道路。如李大钊在北京大学组织成立马克思学说研究会。这些社团以学习、研究和宣传马克思主义为宗旨,促进了马克思主义在中国的广泛传播。思想政治类社团具有鲜明的政治性特点,在传播主流意识形态方面具有重要作用。南京旅游职业学院现有的思想政治类社团包括知行社、三尺普法社和德美社等。

二是学术科技类社团。学术科技类社团是"以提高学术水平和实践能力为共同目的而建立起来的,与专业学习、学术研究紧密结合的带有专业实践性质的社团"[2]。学术科技类社团具有较强的专业性,是显性课堂的重要延伸,有助于进一步巩固和拓展学生专业课程知识,提升理论水平和专业技能。同时,还可以将专业知识应用于实践,提升实践能力。例如,南京旅游职业学院的大蓝鲸导游社、南旅电商运营社等,和学生的专业紧密结合,搭建实践平台,推进学生课堂知识的应用,提升学生理论联系实际的能力,拓展学习的深度。

三是文化体育类社团。文化体育类社团是由具有相同兴趣爱好的学生组成,以开展文体活动为主要内容的学生社团。文体类社团在学校社团中数量较多,覆盖人群最广,是开展学校美育和体育的重要平台。具体而言,文化体育类社团又可以细分为两类。其一,文艺类社团。如南京旅游职业学院的墨儒文学社、燕歌读书会、美术社、野格音乐社等。其中回闻诵声社是由爱好朗诵、主持的同学们组成的社团,社团以传播优秀文化、以声音弘扬校园正能量为主旨,为社员们搭建了一个诵读经典文学作品、学习朗诵主持技巧的平台。在这个大家庭中,有校园主持人、文学爱好者,也有热心社团事务、多才多艺的骨干社员。指导教师专业背景为文学、戏剧和美育,能为社团同学提供必要的指

[1] 迟慧. 大学生理论学习社团建设存在的问题及对策 [J]. 思想理论教育导刊, 2018 (6): 149-151.

[2] 于丹,周先进. 高校学生社团的发展、类型及德育功能研究 [J]. 中国农业教育, 2011 (5): 73-77.

导，积极履行指导教师的指责。在日常活动开展方面，社团在校团委和社联的领导下，自主、自发地制定社团章程、开展学习和交流。为了响应江苏省高校"活力社团"的评选标准和要求，回闻诵声社积极探索建设"活力社团"的思路、方法和成功经验，旨在提升社团成员综合素质、推动校园文化发展方面发挥更大的作用。其二，体育类社团。如网球社、羽毛球社团、排球社等。文化体育类社团通过开展丰富的文体活动，如草坪音乐节、读书分享会、手工剪纸、体育比赛等，可以展现学生的风采，发挥学生的特长，丰富学生的校园文化生活，满足学生的精神需求，培养学生艺术修养，陶冶情操，促进学生全面发展。

四是志愿公益类社团。志愿公益类社团是指面向学校和社会以开展志愿服务和公益活动为主要内容的学生社团。志愿性、无偿性、公益性是志愿公益类社团最突出的特点。志愿服务不仅是社会文明进步的重要标志，也是帮助他人、服务社会的重要途径。2013年，习近平总书记在给"本禹志愿服务队"的回信中指出，志愿活动"在服务他人、奉献社会中收获了成长和进步，找到了青春方向和人生目标"[1]。可见，志愿服务具有"助人"与"自助"、"立己"与"达人"的双重作用。通过开展系列志愿活动，如义务献血、乡村支教、探访老人、垃圾分类、法律普及等，既能够传递爱心，为他人送温暖、为社会做贡献，提升社会文明程度，也能提升志愿者的思想觉悟和道德情操，增强志愿者的社会责任感和奉献精神，这一类社团与大思政教育的开展关系也十分密切。

2. 职业教育学生社团的特点

学生社团作为一种正式组织，在构成、管理、运行等方面也有自身的特点，主要体现在自主性与规范性、多样性与广泛性、娱乐性与教育性三个方面。

一是自主性与规范性。学生社团是"在高校党委的领导和团委的指导下开展活动的群众性学生团体"[2]。它是基于学生个人的兴趣爱好而建立的，秉持着"自主选择、自愿参与"的原则吸收社团成员；在社团的管理方面，主要是在社团老师的指导下，坚持自我管理、自我教育、自我服务，由学生自己管理社

---

[1] 中共中央文献研究室. 习近平关于青少年和共青团工作论述摘编 [M]. 北京：中央文献出版社，2017：24.

[2] 中共教育部党组 共青团中央印发《高校学生社团建设管理办法》的通知 [EB/OL]. （2020-01-20）[2024-05-27]. http://ytw.hnie.edu.cn/info/1005/2841.htm.

团内部事务,因而具有较强的自主性。同时,无论是国家层面还是学校层面,都出台了相关的政策文件,加强社团制度建设,规范社团管理,对社团注册登记、日常管理、活动开展、考核方式等都提出了具体的、明确的要求,并且许多社团内部也制定了管理章程,社团管理都要在这些管理制度下进行,不完全是按照学生个人的意愿,因而社团也具有规范性。

二是多样性与广泛性。学生兴趣爱好的多样性决定了社团类型是多样的而非单一的,要满足不同类型学生的需求。根据社团的性质和活动内容的开展,教育部将其分为思想政治类、学术科技类、创新创业类等七类。不同类型的社团开展的社团活动也有所差异。例如,南京旅游职业学院的普法社主要开展案例的分享,以案释法,加强法律的普及,培养学生的法治思维和提升学生的法律意识。英语社主要开展"读书会"活动和有关英语方面的娱乐活动,有效地拓展成员有关英语方面的知识。在活动形式上也是多种多样,包括分享会、讲座、辩论、演出、社会实践等。从社团成员构成来看,学生完全基于自愿和兴趣加入,不受专业、班级等方面的限制,成员来源较为广泛。

三是娱乐性与教育性。课堂教学作为育人的显性课程,有明确的教学目标、教学内容和评价标准,教学过程规范、严谨、正式。作为隐性课程的重要组成部分,社团则是为了拓展学生兴趣爱好、丰富学生的校园生活,社团活动以休闲为主,具有灵活性、多样性、娱乐性、趣味性等特点,通过多样化的活动,使学生获得身心的成长和愉悦。社团活动一个突出的特点就是寓教于乐,在休闲娱乐中实现育人的目标。例如,德美社坚持以美育人、以文化人,通过社团活动提升学生的道德品质、审美能力、人文素养等,塑造美好心灵,促进青年身心健康。美术社为美术爱好者搭建交流平台,通过美术活动培养大学生发现美、欣赏美、创造美的能力。剪纸社开展剪纸教学,培养学生的动手能力,提升审美水平,让学生感受传统文化的魅力,传承剪纸艺术。学生社团娱乐性与教育性的特点也说明社团活动开展要注重价值导向,努力提升学生的综合素质,促进学生的全面发展。

3. 职业教育学生社团的思政教育功能

学生社团是开展思想政治教育的重要阵地,在校园文化建设、实施素质教育等方面发挥着重要作用，要深入挖掘学生社团的思政教育价值，使学生社团成为立德树人的助推器。

第一，为思想政治教育提供载体。思想政治教育载体是指"承载和传导思想政治教育因素，能为教育者所用，且教育者和受教育者可借此相互作用的一种思想政治教育活动形式"[1]。思想政治教育的开展需要以载体为依托，通过载体实现教育者和受教育者的互动，传递思想政治教育信息。思想政治教育的载体是丰富多样的，活动是重要的载体之一。即思想政治教育者为了实现一定的教育目标，有组织、有计划地开展各种活动，使受教育者在参与活动中接受教育，提升思想觉悟。学生社团则为思想政治教育的开展提供了依托，促进思想政治教育生活化，增强思政育人的效果。例如，南京旅游职业学院的知行社带领社团成员前往红色场馆参观学习，了解革命先烈的英勇事迹，追寻红色记忆，赓续红色血脉，传承红色基因，激扬青春斗志，就取得了很好的思政育人效果。

第二，引领学生成长的价值方向。任何一个国家都有自己的价值体系和价值规范，并且要使之内化为全体社会成员的共同价值追求。然而在现实社会中，社会价值取向总是多元的，主流和非主流并存。高校从来就不是脱离社会的象牙塔，而是意识形态工作的前沿阵地，敌对势力"下功夫最大的一个领域就是争夺我们的青少年"[2]。大学阶段是价值观形成的关键时期，学生的价值观念正处在成熟定性的阶段，缺乏正确的引导就会走向反面，抓好这一时期的价值观教育至关重要。习近平总书记曾经用"扣扣子"的比喻形象地予以阐述。在学生社团活动中，将主流价值的要求贯穿其中，对学生进行渗透教育，潜移默化地影响学生的价值观念和行为方式，进而引导学生树立正确的价值观，拧紧思想的"总开关"，把稳人生的"方向盘"。

第三，促进学生的自由全面发展。思想政治工作的任务就是要"不断提高学生思想水平、政治觉悟、道德品质、文化素养，让学生成为德才兼备、全面发展的人才"[3]。人的全面发展集中体现在学生在德、智、体、美、劳各个方

[1] 陈万柏，张耀灿. 思想政治教育学原理 [M]. 3 版. 北京：高等教育出版社，2015：239.

[2] 习近平. 论党的青年工作 [M]. 北京：中央文献出版社，2022：171.

[3] 习近平. 习近平谈治国理政（第二卷）[M]. 北京：外文出版社，2017：377.

面的充分发展。社团类型的多样性为实现学生全面发展提供了有效途径。例如，以思政类社团为依托开展德育，用党的创新理论武装学生头脑，引领学生思想发展，厚植学生爱党爱国爱社会主义的情怀；以学术科技类社团为依托开展智育，将社团活动与学生专业结合起来，提升学生的专业水平；以文艺类社团为依托开展美育，以美育人，提升学生的审美能力和人文素养；以体育类社团为依托开展体育，"帮助学生在体育锻炼中享受乐趣、增强体质、健全人格、锻炼意志"[1]。通过构建科学规范的学生社团工作体系，促进社团工作与五育协同开展，助力学生全面发展。

（二）职业教育学生社团思政教育开展现状

1.职业教育学生社团思政教育的成效

职业院校普遍重视学生社团工作的开展。这里以南京旅游职业学院为例，分析社团思政教育开展成效。南京旅游职业学院注重学生社团的思政教育，以政治引领把牢社团发展方向，规范管理提升社团建设水平，努力做到"积极开展方向正确、健康向上、格调高雅、形式多样的社团活动，丰富课余生活，繁荣校园文化，促进青年学生德智体美劳全面发展"[2]。

第一，社团的政治引领更加有力。南京旅游职业学院党委高度重视学生社团工作，将其纳入学校思想政治工作和群团工作并对整体格局进行谋划部署，定期召开专题会议听取学生社团工作的汇报，了解社团工作的开展情况，及时研究解决有关问题，加强对社团工作的支持和指导。如2023年，学院召开社团意识形态专题工作会议4次，社团指导老师工作会议2次，社团骨干培训8期，"青年大学习"专题政治理论学习31期，开展"面对面"谈心谈话活动56次，牢牢把握社团发展的政治方向，提升社团工作队伍建设的水平。

第二，社团的建设管理愈加规范。根据中共教育部党组、共青团中央印发《高校学生社团建设管理办法》要求，南京旅游职业学院结合学院实际，修订了《南京旅游职业学院学生社团管理办法》，进一步规范社团管理。根据《关于

---

[1] 习近平.论党的青年工作 [M].北京：中央文献出版社，2022：176.

[2] 中共教育部党组　共青团中央印发《高校学生社团建设管理办法》的通知 [EB/OL].（2020-01-20）[2024-05-27]. http://ytw.hnie.edu.cn/info/1005/2841.htm.

推动高校学生会（研究生会）深化改革的若干意见》的文件精神，设学生会社联部协调各社团开展相关工作。加强对社团的审核考核，对考核不合格的社团予以通报并要求及时整改，情节严重的可直接取缔，以推动社团的健康发展。选聘具备较强的思想政治素质、组织管理能力、关爱学生成长的本校老师担任学生社团指导教师，指导学生社团发展建设，把握社团发展正确方向。建立社团活动审批制度，社团活动需经指导老师审核确认，提交至团委、学工处、党委宣传部等相关职能部门审批后方可进行，指导老师需全程参与指导，保证社团活动的意识形态安全。

第三，社团的文化育人效果明显。南京旅游职业学院以社团活动为载体，把思政教育与学生职业素养提升结合起来，促进学生德技共进。依托"一院一品""大学生文化艺术节""社团巡礼"等打造系列品牌活动，形成鲜明独特的"从点到线，从线到面"带动辐射的品牌效应，为广大学生搭建展示风采和才艺的青春舞台，丰富了在校学生的校园文化生活，实现了文化育人的目标。同时，社团还依托一些重大的时间节点，开展专题活动。例如，以建党百年为契机，开展"师生共讲党史课""红歌合唱比赛"等校园文化活动，引导学生深刻认识中国共产党百年的光辉历史、伟大成就和宝贵经验，坚定学生对中国共产党的信任，树立青春向党、挺膺担当的志向。

2. 职业教育学生社团思政教育的不足

职业教育学生社团思政教育取得了较大的成绩，有效地保证了社团发展的正确方向，引领了学生思想成长，促进了学校思想政治工作的提升。但在教育对象、活动形式等方面还存在不足，需要进一步解决。

一是教育对象的覆盖面不够全。习近平总书记指出，掌握科学的思维方式，有助于提高分析和处理复杂问题的能力，而辩证思维就是其中十分重要的一种。"在任何工作中，我们既要讲两点论，又要讲重点论，没有主次，不加区别，眉毛胡子一把抓，是做不好工作的。"[1]学生社团思政教育也要树立辩证思维，做到全覆盖与抓重点的统一。目前，普遍存在的情况是学生社团思政

[1] 习近平. 坚持运用辩证唯物主义世界观方法论 提高解决我国改革发展基本问题本领 [N]. 光明日报，2015-01-25（01）.

教育的对象更加关注社团骨干成员，即社联和各个社团的负责人，而对社团普通成员的思想政治教育抓得不够，对社团思想政治教育"关键少数"和"绝大多数"的关系把握上不够全面，需要建立更加完善的、面向全体社团成员思想政治教育制度，扩大覆盖面。

二是社团活动思政元素融入不够。社团活动是开展思想政治教育的依托，社团活动设计开展得好不好，直接影响学生思想政治教育的效果。尽管学生社团都有固定活动，但是这些活动与思想政治教育的结合得还不够。以思政类社团为例，思政类社团成立的目的就是开展理论学习，用党的创新理论武装学生。但这类活动往往理论性强、形式单一，职业院校学生理论基础和思辨能力较为薄弱，参与的积极性不高，因而思政类社团的读原著类活动开展得并不充分。在其他类型社团中，社团活动多以文体活动为主，比较注重活动的娱乐性、趣味性和休闲性，对思政元素的挖掘还不深、融入度不高，没有处理好"教"和"乐"的关系，社团活动"寓教于乐"的目标还没有得到完全实现，社团活动和思政教育还没有完全做到互促互融。

三是社团活动和显性课程衔接不紧。显性课程和隐性课程都是育人的重要课程，两者在育人目标、教育内容、育人方法等方面具有高度的契合性和互补性，实现显性课程和隐性课程的协同育人，有助于保证育人过程的连贯性，增强育人的效果。尽管各个学校对显性课程和隐性课程建设都提出了具体的要求，但现实中两类课程缺乏联动、各自为政的现象还较为突出，如何实现两类课程的有机贯通、同向同行，增强育人合力还需深入思考。以思政类社团为例，普遍存在思政课教学改革、实践教学的开展和社团活动结合得还不够，存在"两张皮"的现象，需要探索思政课与思政类社团融合发展的路径，从而形成思政课引领思政类社团发展、思政社团反哺思政课教学的良性互动。

（三）职业教育学生社团思政教育改革路径

学生社团作为学校思政教育的重要阵地，要抓好政治引领、价值引领、队伍建设、平台搭建等工作，将思想政治教育贯穿其中，增强思政教育的效果，促进德技并修育人目标的实现。

1. 以政治引领把稳社团发展的方向

要加强对社团的政治引领，把稳社团发展的方向。一是坚持党对社团工作的领导。党的领导是学生社团发展建设好的根本保证。学校党委要提高对社团工作地位的认识，把社团工作纳入学校思政工作全局进行把握和考量，建立党委学生工作部门牵头负责，团委、组织、宣传等相关职能部门共同参与的学生社团工作机制，加强社团工作的顶层设计，出台相关政策文件，推进社团规范化、制度化建设，定期召开社团工作会议，了解社团工作进展，提供必要指导，及时纠正工作中的偏差。同时，学校还要加强对社团的支持，为社团发展提供场地、资金等保障，支持社团活动开展。二是加强团委对社团工作的具体指导。团委要"始终成为党联系青年最为牢固的桥梁纽带"[1]，成立社团管理部门，配备专职工作人员，做好对社团的日常管理工作，加强社团活动的组织审核、健全社团干部的培训、做好学生社团的监督考核。三是加强社团价值引领。要把思想政治工作贯穿社团建设的全过程，建立思想政治理论学习制度，深入开展马克思主义教育、爱国主义教育、社会主义核心价值观教育等，提升学生的思想觉悟和政治素养，铸牢社团工作思想之魂。

2. 以队伍建设激发社团发展的活力

加强学生社团的思想政治教育，关键在人。要加强社团工作队伍建设，激发社团发展的活力。一方面，要抓好社团骨干队伍的培养。社团骨干是社团成员中的先进分子，他们思想素质高，工作能力强，在社团成员中有较强的影响力、号召力和凝聚力。要抓好骨干队伍建设，把好入口关、培训关和考核关，选拔一批德才兼备的社团骨干人员，做好社团骨干的日常培训，提升他们的政治素养和工作技能，加强社团骨干的考核，发挥社团骨干在社团思想政治教育中的引领作用。另一方面，加强社团指导教师队伍建设。要做好社团指导教师的选聘，选配思想政治素质好、组织管理能力强、具备社团发展相关的专业知识的教师，把握社团发展的正确方向，加强社团成员思想政治教育，指导社团的发展和活动的开展，规范社团日常管理，促进思想政治教育和社团工作同步推进。同时，要健全对指导教师的考核激励，将社团工作量纳入年度工作量，

---

[1] 习近平.习近平谈治国理政（第四卷）[M].北京：外文出版社，2022：275.

在绩效考核、职称评定等方面适当予以照顾,激发教师工作的积极性。

3. 以品牌活动提升社团育人的效能

社团活动是社团开展思想政治教育的有效载体,每个社团要结合本身的特点和优势,深入思考社团活动的内容和形式,将思政教育内容有效融入其中,使学生在社团活动中受教育,提升学生的思想道德素质。例如,在思政类社团中开展红色故事讲解活动就很具有代表性。习近平总书记指出:"要讲好党的故事、革命的故事、根据地的故事、英雄和烈士的故事,加强革命传统教育、爱国主义教育、青少年思想道德教育,把红色基因传承好,确保红色江山永不变色。"[1] 中国共产党的百年奋斗历程,留下了无数令人难忘、感人肺腑的红色故事。这些故事展现了共产党人崇高的理想追求、价值理念和精神品质,是教育青年的鲜活素材。开展红色故事讲解,能够让学生从中感悟深刻的道理,汲取成长成才的精神力量,更好地将主导价值内化为个人的价值追求。以旅游职业教育为例,对旅游职业院校的学生尤其对导游、旅游管理等相关专业学生而言,参加红色故事讲解活动也能够提升脚本创作和讲解能力,从而提高自身的专业技能,即在社团活动中实现学生德与技的同步提升。总之,学生社团要走特色化发展道路,形成系列化、品牌化的社团活动,在活动中教育学生、引导学生和塑造学生。

4. 以两类课程贯通提升育人的合力

要正确认识和处理显性课程和隐性课程的关系,找准两类课程的结合点,促进显性课程向隐性课程辐射和延伸,提升育人的合力。一是要把社团活动和显性课程教学改革结合起来,使学生社团成为增强教学效果的助推器。以思政课为例,在大思政课建设背景下,创新思政课实践教学成为思政课教学改革的重要方向。由于思政课内容多、理论教学任务重、课时有限,教学活动不可能完全在课堂上展开,这就可以让思政类社团参与教学改革,以社团为载体开展实践活动,让实践成果在课堂上展示,从而实现思政课建设和社团活动互促互融。二是把社团活动和竞赛活动结合起来。竞赛活动时间跨度长,参与

---

[1] 习近平.论党的青年工作[M].北京:中央文献出版社,2022:100.

人数多，作品要求高，需要花时间修改打磨。学生社团可以将品牌活动与各类竞赛联系起来，开展校内选拔，对潜力作品进行重点打造，坚持以赛促学、以赛强技。例如在思政类社团中，可以重点围绕着大学生讲思政课大赛、"我心中的思政课"全国高校大学生微电影展示活动进行。三是把社团活动和职业技能等级证书结合起来。职业院校人才培养实行"1+X"等证书制度，在完成学习任务获得学历的同时考取职业资格证书，可进一步提高就业能力。社团可以将证书考取纳入其中，提升学生的专业能力。

二、大思政格局下职业教育网络文化思政教育

（一）职业教育网络文化概念、特点与思政教育功能

1. 职业教育网络文化的概念

"文化"一词由来已久，具有丰富的内涵。最早将"文"和"化"并联使用是在《周易·贲卦》中，"观乎人文，以化成天下"，意指用人文精神来教化天下。西汉刘向在《说苑·指武》首次使用"文化"一词。"圣人之治天下也，先文德而后武力。凡武之兴，为不服也。文化不改，然后加诛。" 这里的"文"即"文德"，"化"即"教化"。"文化"即"用文德来教化"。随着时间的发展，"文化"一词的内涵进一步丰富，具备"文物典章、礼乐制度、观念习俗"等内涵。在西方，"文化"一词从拉丁文中演化而来，最先指的是耕作、居住、练习、培育等含义。十九世纪中期以后，随着新的人文学科的兴起，文化才逐渐被赋予新的内涵。1871 年，英国人类学家泰勒在《原始文化》一书中对"文化"作了全新的界定："文化或文明，就其广泛的民族意义来说，乃是包括知识、信仰、艺术、道德、法律、习俗和任何一个人作为一名社会成员而获得的能力和习惯在内的复杂整体。"[1] 这一定义得到了较为广泛的认同。

互联网的发展和普及，对人类社会的生产生活、社会结构、交往方式等都产生了深刻影响，也包括对思想文化。正如加拿大传播学家麦克卢汉所说：

---

[1] 爱德华·泰勒.原始文化 [M].南宁：广西师范大学出版社，2005：15.

"媒体会改变一切，不管你是否愿意，它会消灭一种文化，引进另一种文化。"[1]网络文化正是网络信息技术和文化深度融合发展而形成的一种新型的文化形态。对网络文化的内涵，学者也是众说纷纭。斯诺认为："网络文化是技术与文化相结合的产物，是在科学和文艺之外的'第三文化'。"[2]国内较早研究网络文化问题的学者匡文波在《论网络文化》中指出："网络文化是以计算机技术和通信技术的融合为物质基础，以发送和接收信息为核心的一种崭新文化。这是一种与现实社会文化具有不同特点的文化。"[3]冯永泰认为："网络文化是以网络技术为支撑的基于信息传递所衍生的所有的文化活动及其内涵的文化观念和文化活动形式的综合体。"[4]尽管学者们对网络文化的界定各有侧重，但其中也有一些共识：一是信息技术是网络文化形成的物质基础；二是网络文化是一种独立的文化形态，其生产、传播等具有自身的特点。

相较于网络文化，职业教育网络文化的内涵并没有那么宽泛，它"是校园文化和校园网络结合的产物，是校园文化借助和运用校园网络而产生和形成的一种校园亚文化，是校园文化的新形态"[5]。具体而言，可以从三个方面来把握。第一，地理空间限定。职业教育网络文化形成和传播于职业院校校园空间范围内，以师生为主体。第二，需要有技术支撑。学校的门户网站、微信公众号、微博等网络平台是职业院校网络文化的物质载体。第三，和校园文化紧密相连。网络是对现实世界的映射，职业院校网络文化是职业院校校园文化在网络空间的反映和延伸。

2. 职业教育网络文化的特点

职业教育网络文化有着自身的特点，主要表现为开放性、交互性、多元化等。

一是开放性。互联网的发展降低了准入门槛，无论其身份、地位、职业如何，都能够平等地参与信息的制作、传播和接受，这就打破了传统媒体信息垄

[1] [加]埃里克·麦克卢汉，弗兰克·秦格龙.麦克卢汉精粹[M].何道宽译.南京：南京大学出版社，2000：248.

[2] [英]c.p.斯诺.两种文化[M].上海：三联出版社，1994：3.

[3] 匡文波.论网络文化[J].图书馆，1999（2）：16-17.

[4] 冯永泰.网络文化释义[J].西华大学学报（哲学社会科学版），2005（2）：90-91+94.

[5] 骆郁廷.校园网络文化的发展与创新[J].思想政治教育研究，2011（1）：4-7.

断的局面,使人人都是信息源成为可能。诚如弗里德曼所说:"互联网的出现,为人们提供了低成本的全球沟通工具,互联网技术的革命推动了世界扁平的过程。"[1] 网络空间是一个开放的空间,为各种思想、观念、文化的传播提供了平台,每个人都可以参与到校园网络文化建设中来。

二是多元化。网络空间的开放性意味着不同的主体都能够参与到网络文化的创作和传播之中,而主体的思想观念、价值取向、兴趣爱好是多元的,从而使不同类型的网络文化汇聚到网络空间中来,互联网成为各种思想文化信息的集散地,因而职业院校网络文化具有多元化,主流的与非主流的并存,先进的和落后的相互交织,各种思想观念良莠不齐,加大了学生思想引领的难度。这也要求在职业院校网络文化建设过程中,要始终处理好"一"和"多"的关系,弘扬主旋律,不断巩固和壮大主流舆论,批判和反对各种错误观点,建设好广大师生的网上精神家园。

三是交互性。各类校园网络平台为职业院校网络文化发展提供了物质基础,也为师生间的交流提供了更为便捷的平台。不同于传统的交流方式,网络平台具有匿名性,主体的身份差别被遮蔽,在网络空间中双方都处在平等的地位,不容易受到现实空间中复杂关系的制约。同时,网络媒体打破了传统的"我说你听"单向传播模式,每个主体都能够自由地选择和发布内容,表达自己的观点,"出现'无限中心化''去中心化''去权威化'等多种趋势"[2]。因此,在职业院校网络文化建设过程中要确立"主心骨",塑造主流校园网络文化的权威,用主流校园网络文化引领价值方向。

3. 职业教育网络文化的思政教育功能

"所谓功能,是指事物的构成要素以及该事物与他事物发生联系时表现出来的特性和产生的效果。"[3] 职业院校网络文化对全体师生起着导向、凝聚、规范等作用,在学校思想政治教育有着重要地位。

一是价值导向功能。当前,我国社会处在改革的深水区,转型发展的关键

[1] 托马斯·弗里德曼.世界是平的 [M].何帆,肖莹莹,郝正非,译.长沙:湖南科学技术出版社,2006:48.
[2] 李万平,方爱东.微时代高校主流话语权威塑造的机遇、挑战及对策 [J].理论导刊,2019(11):115.
[3] 张耀灿等.思想政治教育学前言 [M].北京:人民出版社,2006:160.

期,社会阶层不断分化,利益格局不断调整,各个阶层竞相发声,各种思想相互碰撞。互联网广泛使用,各种信息的传播更加便捷迅速,各种思想观念都集中反映到网络中来,思想文化呈现出多元化,冲击着人们的思想观念和价值取向。青年是全社会思想最活跃的群体,"青年的价值取向决定了未来整个社会的价值取向"[1],加强对青年的价值引导至关重要。而"文化的影响力首先是价值观念的影响力"[2]。在职业教育网络文化中蕴含着价值追求和主张,学生在浏览、阅读过程中会不自觉地受到这些内容和观点的渗透和影响。要培育积极健康的职业院校网络文化,唱响主旋律,弘扬真善美,引导学生的价值观念和行为方式。

二是规范行为功能。作为观念上层建筑,文化总是潜移默化地融入日常生活的全过程中,约束和规范着人们的行为。例如,我国传统文化所强调的"五常"即仁、义、礼、智、信,就是用来调整和规范君臣、父子、兄弟等人伦关系的行为准则。有学者指出:"文化的作用就是以社会规范'化'人,以发挥理性对人的行为的主导作用。每一种文化都提供具有约束性、普遍起制约作用的行为规范。"[3]职业院校网络文化就是在学校长期历史发展中积累起来的,为校内师生所认可和遵循的规范。如各类规章制度,往往带有强制性,要求师生遵守,制约着他们的活动。还有一些无形的,诸如校风校训、教风学风、学校精神等,以一种无形的力量来约束学校成员。

三是凝聚激励功能。文化是一个国家和民族的灵魂,是最深厚持久的力量,是维系民族发展的精神纽带,对全体社会成员产生极大的凝聚和感召作用。在几千年历史发展中,中华民族历经曲折而屹立不倒,饱受磨难而顽强发展,"其中一个很重要的原因就是世世代代的中华儿女培育和发展了独具特色、博大精深的中华文化"[4],为中华民族发展壮大提供了不竭的精神动力。其实,对于一所学校来说同样如此,职业院校网络文化是在学校发展过程中形成的,体现了一所学校的价值理念、行为准则、精神风貌等,是全校师生的"最大公约数"。无论是在心理上还是情感上,都能得到广大师生的认同,成为一种黏

[1] 习近平. 习近平谈治国理政(第一卷)[M]. 北京: 外文出版社, 2018: 172.

[2] 中共中央党史和文献研究院编. 习近平关于总体国家安全观论述摘编[M]. 北京: 中央文献出版社, 2018: 106.

[3] 杨耕. 深刻理解造就新的文化生命体与建设中华民族现代文明[N]. 光明日报, 2023-8-28(15).

[4] 习近平. 论党的宣传思想工作[M]. 北京: 中央文献出版社, 2020: 93.

合剂，进而对全体师生产生凝聚和激励作用，形成一种向心力和归属感。

（二）职业教育网络文化思政教育开展现状

做好高校思想政治工作，要因事而化，因时而进，因势而新。2017 年 2 月，中共中央、国务院印发了《关于加强和改进新形势下高校思想政治工作的意见》，指出："要加强互联网思想政治工作载体建设，加强学生互动社区、主题教育网站、专业学术网站和'两微一端'建设，运用大学生喜欢的表达方式开展思想政治教育。"[1] 同年 12 月，教育部党组印发《高校思想政治工作质量提升工程实施纲要》，再次强调要"推动思想政治工作传统优势同信息技术高度融合"，"创作网络文化产品，传播主旋律、弘扬正能量，守护好网络精神家园"[2]。总体而言，各职业院校在网络文化思政教育方面均进行了有效的探索和实践，取得了一定的成绩。

1. 建立了网络文化育人阵地，但平台管理仍需规范

根据中国互联网络信息中心《第 53 次中国互联网络发展状况统计报告》显示，截至 2023 年 12 月，我国手机网民规模达到 10.91 亿人。其中 20~29 岁网民占 13.7%。而根据《2024 中国居民睡眠健康白皮书》显示，56% 的大学生每日手机使用时长超 8 小时。毫无疑问，互联网已经成为青年学生交流、学习、娱乐的重要平台。可以说，"年轻人几乎是无人不网、无日不网、无处不网，谁赢得了互联网，谁就赢得青年"[3]。职教网络文化育人首先要有硬件支撑，以各种网络平台为载体，构建系统的网络育人阵地。现实中，各个高校已经建立了包括门户网站、微信公众号、官方微博、抖音官方号等在内的网络矩阵平台，发布丰富的内容，充分展现职教网络文化的风采，扩大职教网络文化吸引力、辐射力、影响力和感召力，丰富学生的精神世界，引领学生的思想方向。但各个网络平台的归口管理还没有完全统一，管理主体多元，缺乏协调联动，工作合力还有待提升。同时，网络媒体的兴起并不意味着取代或者抛弃传

---

[1] 中共中央国务院印发《关于加强和改进新形势下高校思想政治工作的意见》[N].光明日报，2017-02-28（01）.

[2] 中共教育部党组关于印发《高校思想政治工作质量提升工程实施纲要》的通知 [EB/OL]（2017-12-05）[2024-08-31].http://www.moe.gov.cn/srcsite/A12/s7060/201712/t20171206_320698.html.

[3] 本书编写组.习近平总书记教育重要论述讲义 [M].北京：高等教育出版社，2020：30.

统媒体，而是要"坚持传统媒体和新兴媒体优势互补、一体发展"[1]。在传统媒体和新兴媒体融合发展方面，部分学校没有处理好两者的关系，存在着畸轻畸重，网上网下的工作统筹还有待增强。

2. 构建了网络文化育人内容，但内容体系仍需完善

职业教育网络文化建设就是"高校师生将自己的生活方式凝结在作品中，将意图表达的思想观念和价值观进行学习领悟，并内化为自己的精神世界，为精神生产提供'原材料'，再通过网络技术的加工，外化和对象化于网络文化产品中"[2]，最终由师生阅读、选择、吸收、内化。也就是说，职教网络文化思政育人是文化生产和文化消费相统一的过程。在此过程中，内容建设是根本。从实际工作中看，职业院校已经运用各种网络平台发布作品，以优秀的作品鼓舞人，充分发挥网络文化作品在宣传科学理论、传播先进文化、塑造美好心灵、弘扬社会正气等方面的作用，提升主流价值的引领力，让正能量更强劲、主旋律更高昂。但在内容体系方面仍然存在一些不足。一是特色不够突出。坚持普遍性和特殊性相统一，结合职业院校的特色定位，创作富有特色的优质网络文化作品还不够多。二是职业教育网络文化表达形式还不够生动活泼。目前职业院校平台发布的内容以图文为主，表达规范、内容充实、语言严谨。这种形式和学生的语言习惯、表达方式之间存在着一定的距离，一定程度上降低了学生参与的积极性，影响了职教网络文化育人的效果。

3. 建立了网络文化育人队伍，但队伍素质仍需提升

职业教育网络文化思政教育的开展，离不开优质人才队伍。当前，职业院校网络文化思政育人的队伍已经初步建立，整体素质较好，但仍有提升的空间。一方面，队伍数量有待充实。根据调查可知，职业院校网络文化思政育人专职人员不多，尤其是在二级学院（部门）中，主要由辅导员（部门指定人员）兼任，挑选部分优秀学生协助本部门网络平台的运营，做好日常内容的编辑、发

---

[1] 中共中央党史和文献研究院编.习近平关于网络强国论述摘编[M].北京：中央文献出版社，2021：63.

[2] 黄碧玉.高校网络文化产品育人：出场语境、本质意蕴和实践策略[J].高校辅导员学刊，2024（4）：83-88+99.

布和推送，专职队伍的人员数量需要充实。另一方面，队伍的专业能力需要提升。职业教育网络文化思政教育是一项内容丰富的工作，绝不是简单地从其他地方复制几篇文章、转发几个视频。需要懂网络技术、会选题策划、会文字写作、能拍摄制作等，对育人队伍提出了较高的要求。由于育人队伍数量的不足以及队伍成员学科背景不同，并非每个成员都是这样"全能型"人才，需要加强业务能力的培训，提升队伍的专业水平。

（三）职业教育网络文化思政教育改革路径

习近平总书记指出："人在哪儿，宣传思想工作的重点就在哪儿，网络空间已经成为人们生产生活的新空间，那就也应该成为我们党凝聚共识的新空间。"[1] 职业教育网络文化思政教育改革路径要以阵地建设为基础，以内容建设为根本，以队伍建设为关键，以素养提升为保障，创作优质的网络文化产品，提升思政育人的效果。

1. 以阵地建设为基础，提升职业教育网络文化的传播力

习近平总书记指出："互联网是当前宣传思想工作的主阵地。这个阵地我们不去占领，人家就会去占领。"[2] 职业教育网络文化思政教育的开展，要加强硬件建设，打造全方位、立体化的传播平台，占领育人的主阵地。首先，要统筹网络平台的管理。学校网络平台众多，归口部门不一，只有统筹管理才有聚合力。要构建党委统一领导、宣传部门负责、其他部门参与的职业教育网络文化管理体系，统筹网上网下两个阵地，构建网上网下同心圆。例如，在管理体制方面，南京旅游职业学院就成立了网络思想政治工作中心，具体统筹负责学院网络文化建设与管理。其次，要加强网络平台的建设。要充分运用学校门户网站、微信公众号、微博、易班等网络平台，构建全方位、全覆盖的职业教育网络文化传播体系，提高网络文化思政育人的覆盖面和影响力。同时，主动设计议题，引导师生参与话题，引导舆论走向。最后，要加强对平台内容的把关。网络已是当前意识形态斗争的最前沿。尤其是网络空间的开放性，使

---

[1] 习近平. 习近平谈治国理政（第三卷）[M]. 北京：外文出版社，2020：318.

[2] 习近平. 巩固发展最广泛的爱国统一战线 为实现中国梦提供广泛力量支持 [J]. 中国纪检监察，2015（10）：4.

各种信息鱼龙混杂，众声喧哗，一些错误思潮也在蔓延。要严格落实意识形态责任制，通过贝叶斯过滤、敏感词屏蔽、智能清洗等方式，对内容进行筛选把关，守牢意识形态安全底线。

2. 以内容建设为根本，提升职业教育网络文化的吸引力

做好宣传思想工作，"关键是要提高质量和水平，把握好时、度、效，增强吸引力和感染力，让群众爱听爱看、产生共鸣，充分发挥正面宣传鼓舞人、激励人的作用"[1]。职业教育网络文化思政教育本质就是以优质的网络文化产品满足师生的精神需求，从而实现对师生思想和价值观的引领。因此，职业教育网络文化产品的质量决定育人的效果。一是要以社会主义核心价值观为引领。要"发挥社会主义核心价值观对国民教育、精神文明创建、精神文化产品创作生产传播的引领作用"[2]，深入挖掘中华优秀传统文化中蕴含的社会主义核心价值观的要素，创作出体现社会主义核心价值观要求的网络视频、网络文章、网络文化展品等，引导学生树立健康的价值观、世界观以及人生观，将社会主义核心价值观转化为学生的情感认同和行为习惯。二是要体现职业教育特色。在校园网络文化建设中，紧密结合"行业"和"职教"两个关键词做文章，形成系列的网络文化产品，帮助学生了解职业教育、学科专业和行业产业的发展，树立"职业教育前途广阔、大有可为"的信念，明确行业发展对自身的要求，通过持续学习，提升自己的专业水平，提高对未来职业的适应能力。三是要创新话语表达。要用青年学生易于接受的群众话语、生活话语、网言网语和喜闻乐见的、带有区域特色的表达方式来讲述网络文化，增强学生的理解与认同，真正将职教网络文化中蕴含的价值主张和实践要求落到实处。

3. 以队伍建设为关键，提升职业教育网络文化的支撑力

"念好了人才经，才能事半功倍。"职业教育网络文化建设，要以队伍建设为关键，提供有效支撑。一方面，要建立数量充足的队伍。要设立专职岗位，

---

[1] 习近平. 习近平谈治国理政（第一卷）[M]. 北京：外文出版社，2018：155.

[2] 习近平. 决胜全面建成小康社会 夺取新时代中国特色社会主义伟大胜利——在中国共产党第十九次全国代表大会上的报告[N]. 人民日报，2017-10-28（01）.

专人负责校园网络文化建设和管理工作,提高招聘标准,招聘基础知识扎实、懂网络运营、会策划创作的人才。同时,还要坚持专兼结合,吸收思政教师、辅导员、学生中的骨干加入校园网络文化育人队伍中。例如,南京旅游职业学院从各个内设机构中吸收政治立场坚定、政策理论水平较高、网络运用能力强的教师,组建学校宣传员和网评员队伍,协助做好网站管理、舆情管理和化解负面声音工作,提高学院意识形态工作管理水平。另一方面,加强队伍的能力建设。要引导教师深刻认识校园网络文化建设的重要性,提高教师运用马克思主义分析和解决问题的能力,提升教师的理论水平。要加强对教师的业务能力的培训,掌握校园网络文化的生产机制、网络技术的基本操作、网络文化的传播规律等,提升职业教育网络文化产品的创作能力。

4.以素养提升为保障,提升职业教育网络文化的践行力

青年学生是网络的主力军,也是职业教育网络文化建设的重要力量。当前,部分学生还存在着网络道德失范、网络信息辨别能力不强、网络法律意识淡薄等问题,亟须提升学生的网络文明素养。一是要开设相关课程。学校可以开设"计算机网络基础""网络媒介素养""网络道德与行为规范"等系列课程,补齐学生网络知识的短板,引导学生正确、理性地使用网络,增强学生的规则意识、法律意识、底线意识,提高学生学网、懂网、用网的能力。二是要做好警示教育。习近平总书记曾强调:"加强反面教育,使党员领导干部充分认识到违法违纪的危害,通过强化警示作用使其'不敢为'。"[1] 要用好各类反面教材,深入剖析反面案例的危害,揭示问题的表象和原因,找到解决问题的办法,深化学生对内容的理解,更好地起到警示教育作用。三是开展职业教育网络文化的实践活动。要改变单一的说教方式,以"大学生网络文化节"和"高校网络教育优秀作品展示活动"为依托,征集微电影、动漫、摄影、网文、公益广告、音频、短视频、校园歌曲等各类作品,在职业教育网络文化的实践中提升学生的价值判断、审美情趣和道德追求。

[1] 习近平.之江新语 [M].杭州:浙江人民出版社,2007:70.

三、大思政格局下职业教育校园生活思政教育

（一）职业教育校园生活育人的内涵、理论基础与特点

1. 职业教育校园生活育人的内涵

从词义上看，《新华汉语辞典》对"生活"一词主要有 5 种解释。"①人或动物为了生存和发展而进行的各种活动。②生存。③衣、食、住、行等方面的情况。④（工业、农业、手工业等方面的）活儿。⑤进行各种活动。"[1] 我们所讲的生活是一种狭义的生活，一般泛指的是人们每天饮食、工作、学习、休闲等方面的基本情况。

教育和生活有紧密的联系。从教育的起源看，在原始社会中，教育和生活是合二为一、融为一体的。为了维系生存，氏族中的长者向年轻一代传授基本的生存技能和生活常识，使其在生产生活中练习并掌握生活技能，这时的教育主要就是生活教育。例如，"平原印第安人的孩子在很小的年纪便使弓弄箭，八九岁时就能猎射一些小鸟或兔子。儿童还组织会社，练习作战的本领，以牛羊狮作假想的敌人"[2]。随着生产力的提高和社会分工的发展，物质生产和精神生产逐渐分离，出现了专门从事脑力劳动的精神生产者，教育也逐渐从生活中分离出来成为一个单独的部门——学校教育，"教育被压缩在学校的教学活动中，它向人展示的只能是经过理性的过滤和瓦解的'客观——科学世界'"[3]。教育和生活相分离主要表现在以下几个方面。一是教育目的与生活分离。教育本是健全人格、促进人的全面发展的重要手段，但在科技主义思潮的影响下，教育工具化，成为服务科技发展和大工业生产的手段，教育目的窄化为培养掌握知识和技能的人，人的个性、情感等被忽视，人的发展片面化、畸形化。二是教育内容和生活的分离。"为我们完满的生活做准备是教育应尽的责任"[4]，这就要求教育内容要贴近生活，为生活服务。如我国古代的"六艺"教育，注重人的多个领域全面发展。在科学理性主义的影响下，学校教育

[1]《新华汉语词典》编委会. 新华汉语词典（最新修订版）[M]. 北京：商务印书馆，2013：880.

[2] 方娇. 浅论教育与生活的关系 [J]. 文教资料，2014（25）：79-80.

[3] 项贤明. 泛教育论 [M]. 太原：山西教育出版社，2000：10.

[4]（英）斯宾塞. 斯宾塞教育论著选 [M]. 胡毅等译. 北京：人民教育出版社，1997：419.

"呈现出比较明显的知识中心的理性主义倾向"[1]，教学注重体系化、抽象化、学理化的知识传授，并且课本知识陈旧，与现实生活联系不够紧密。三是教育方法与生活的分离。"受科技主义效率观的影响，为了让学生在规定时间内掌握更多的科学技术知识，学校教育方法多以教师讲——学生听、教师说——学生记的灌输式为主。"[2] 尽管学生能够掌握知识，却不知道知识的应用，导致学和用的脱节，学生应用能力和实践能力不足。四是教育场域和生活的分离。处处皆是课堂，处处皆是教育，教育应该无处不在的。然而，教育和生活相分离背景下，教学活动主要是在课堂中进行，对学生课后生活时间的教育关注不够。同时，学生局限在学校的象牙塔之中，与社会疏离，学校教育成为一种"鸟笼子式的教育"。

教育和生活分离的弊端是显著的。正如英国教育家斯宾塞所指出的，人们"所学的其他东西大部分都同生产无关，而同生产活动有直接关系的大量知识又完全被忽略了"[3]。因而，"教育和生活的关系"这一传统命题再次引起了学者们的广泛关注和深入探讨。胡塞尔提出"教育世界主要属于科学世界的范畴。生活世界是教育世界的基础和源泉"[4]。陶行知提出"生活即教育"，主张"教育要通过生活才能发出力量而成为真正的教育"[5]。"教育回归生活"的呼声越来越强烈。

校园生活是学生生活的主要部分，对学生的成长具有重要影响。有人指出，校园生活目的具有特殊性，即"培养学生对各项职能的学习能力，学生在丰富多彩的校园生活中，心理和人格逐渐变得成熟、全面，学会与人交往，自主学习和参与集体活动等"[6]。校园生活首先具有空间的限定，即它只能发生在校园内。当然，校园生活也具有广义和狭义之分。广义的校园生活是指学生在校园内的所有活动，包括课堂学习、社团活动、宿舍生活等。狭义的校园生活是指学生在校园内除了课堂学习的其他活动。本节内容所涉及的校园生

[1] 郑巧玉，冯文全.教育世界与生活世界：从疏离到融合 [J].唐山师范学院学报，2013（1）：130-132.

[2] 李玉芳.疏离与回归：从教育与生活的关系检视现代学校教育 [J].教育导刊，2012（2）：16-19.

[3] （英）斯宾塞.教育论 [M].胡毅，译.北京：人民教育出版社，1962：14-15.

[4] 郭晋燕.论教育回归生活世界 [J].首都师范大学学报（社会科学版），2010（3）：92.

[5] 陶行知.陶行知全集（第二卷）[M].长沙：湖南教育出版社，1985：267.

[6] 王蓉.校园生活对大学生思想政治教育实效性的影响研究 [D].长江大学，2017：5.

活主要是从狭义的角度来界定。简单来说，职教校园生活育人就是要根据职业学院特点、院校特色和学生成长成才规律，充分运用学生课后生活时间，开展各种实践活动，提升学生的思想素质、创新能力、职业素养和生活能力，促进学生的全面发展，形成全员全程全方位育人。

2.职业教育校园生活育人的特点

职业教育校园生活育人既具有校园生活育人的一般特点，也具有其自身特色。把握职业教育校园生活育人的特点有助于我们更加精准地开展育人实践活动，达成育人目标。

一是人本性。人是生活的主体，教育归根到底是要促进人的全面发展。因此，校园生活要突出人的主体地位，应始终围绕学生、关照学生、服务学生。正如杜威所说："生活的目的，不在于作为终极目标的尽善尽美，而在于永远持续的不断改善、不断成长、不断精炼的过程……生长自身才是唯一的道德的'目的'。"[1]职业教育校园生活育人本质上就是顺应学生的成长规律，关注学生的现实诉求，依托各种载体，将育人的内容、理念、要求等融入学生的校园日常生活之中，促进学生的成长。

二是广泛性。在课堂教学中，教学目标的制定、内容的选择、活动的开展等方面都依赖于教师，教师作为单一的育人主体，在教学过程中起着主导作用。而在校园生活中，育人的主体更加广泛。不仅包括学校的教师、辅导员、管理人员、工作人员，还包括学生自己。如发挥先进学生的榜样作用，以朋辈领航青年成长，学生的自我教育等。不仅包括校内人员，还包括校外的人员，如校外专家的学术讲座、高雅艺术进校园。不仅包括活生生的人，还包括物，如学校的校史馆、宣传栏、标语口号、文化墙、校园建筑等。就此而言，校园生活育人的主体更加多元化。

三是全面性。学生的校园生活是丰富多样的，包括党团生活、社团生活、宿舍生活、文化生活等，涵盖方方面面。每种不同类型的校园生活在培养学生的能力方面也各有所侧重。例如，党团生活主要是加强学生的思想政治教育，提升学生的政治素养；社团生活丰富学生的校园文化生活，发展学生的兴趣与

---

[1] 杜威.杜威教育论著选[M].赵祥麟，等，译.上海：华东师范大学出版社，1981.

特长；宿舍生活培养学生良好的生活习惯和人际相处能力；劳动教育培养学生正确的劳动观念，掌握劳动技能。因此，需要立足于立德树人这个根本任务，以促进学生的全面发展为目标，构建起五育并举的校园生活育人体系，以丰富的教育内容提升学生的素质能力。

四是职业性。职业性是职业院校同其他院校的主要区别。职业教育直接面向行业企业和劳动力市场，以促进就业为导向，培养的是技术技能人才。无论是课程体系设置还是培养过程，都强调实践性和应用性，注重学生职业能力和操作技能的提升。因此，职业院校校园生活育人要结合学生的专业特点和未来职业发展，提升学生职业素养，增强未来职业适应力和胜任力。例如，通过开展养成教育提升学生的职业行为准则、职业行为习惯和职业礼仪规范；在劳动教育方面，旅游职业院校就可组织烹饪专业学生到校内生产型教学实训基地、学校食堂等实践，提升烹饪技能等。

3. 职业教育校园生活育人的理论基础

"凡是科学的实践活动都离不开合理的理论依据作为强有力的后盾。"[1]马克思的"生活世界理论"和陶行知"生活即教育理论"为职业教育校园生活育人奠定了坚实的理论基础。

（1）马克思"生活世界理论"

马克思并没有明确提出"生活世界"这个概念，但马克思主义理论中蕴含着丰富的生活世界思想，具有丰富的内涵。

首先，人是生活世界的主体。古往今来哲学家们从未停止对人的探讨。在黑格尔那里，人是"一个抽象的实体"。费尔巴哈尽管恢复了人的自然属性，但又撇开历史的进程，把人看作是抽象的——孤立的——人的个体，没有"真正回答人如何从自然存在过渡到社会存在的问题"[2]。马克思通过对唯心主义的批判，将"现实的人"确立为历史唯物主义研究的出发点。正如他在《德意志意识形态》中所说："我们不是从人们所说的、所设想的、所想象的东西出发，也不是从口头说的、思考出来的、设想出来的、想象出来的人出发，去理解有

[1] 杨永明 . 大学生思想政治教育生活化研究 [D]. 西安：长安大学，2010.

[2] 陈培永 . 对马克思关于人的本质问题论断的再理解 [J]. 思想理论教育导刊，2021（9）：51-57.

血有肉的人。"[1]在生活世界中,人不是孤立抽象的,而是从事实际活动、处在一定社会关系之中,是普遍联系的。马克思主义哲学将哲学从虚幻的天国拉回到历史的现实世界,以"现实的人"为立足点,探讨了人的自由全面发展问题,凸显了生活世界中人的主体地位。对职业教育校园生活思政教育而言,既然人是生活世界的主体,就需要树立"以生为本"的理念,从学生实际出发,关注其现实诉求,着眼于学生的成长。

其次,实践是生活世界的本质。实践是人类认识世界和改造世界的客观物质活动,是人的主体性的充分体现。在马克思主义哲学之前,唯心主义把实践作为一种观念的活动,旧唯物主义则是从客体的或直观的形式去理解,忽视主体的能动性。马克思通过对唯心主义的批判和旧唯物主义的改造,阐明了实践的本质、特征、类型、作用等一系列问题,创立了科学的实践观。马克思指出:"全部的社会生活在本质上是实践的。"[2]实践使人类社会从自然界中分化出来,物质世界被区分为自然界和人类社会。人类社会既作为自然界的一个部分,又具有独立性。实践也是将自然界和人类社会统一起来的现实基础,"正是在改造对象世界的过程中,人才真正地证明自己是类存在物"[3],在改造世界的实践中也塑造着人与人、人与社会、人与自然的关系。因此,职业教育校园生活思政教育要依托学生校园生活的实践,在实践中提升学生的思想素质、道德水平和实践能力。

最后,生活世界处在不断变化的环境之中。生活世界不是固定的,不是一成不变的,而是处在具体的、历史的环境之中,在不断地生成变化。马克思批判了单向的"环境决定论",强调"环境的改变和人的活动或自我改变的一致"[4]。一方面,人能够改变环境。环境是客观的,作为实践主体的人并不是像动物一样被动地去适应环境。相反,人能够发挥主观能动性,按照自己的需求去改造环境,将自在自然转换为人化自然,更好地符合人类生存和发展的需要。另一方面,个体的发展也受到外部环境的制约。正如马克思所说:"人们的观念、观点和概念,一句话,人们的意识,随着人们的生活条件、人们的社

---

[1] 马克思,恩格斯.马克思恩格斯选集(第1卷)[M].北京:人民出版社,1972:73.

[2] 马克思,恩格斯.马克思恩格斯选集(第1卷)[M].北京:人民出版社,2012:139.

[3] 马克思,恩格斯.马克思恩格斯文集(第1卷)[M].北京:人民出版社,2012:163.

[4] 马克思,恩格斯.马克思恩格斯选集(第1卷)[M].北京:人民出版社,2012:172.

会关系、人们的社会存在的改变而改变。"[1] 人与环境的双向互动性要求在职业教育校园生活思政育人过程中，育人主体要主动改造和创造良好的校园育人环境，以润物无声的方式浸润学生的心灵与精神，塑造学生的思想与行为。

（2）陶行知"生活教育理论"

陶行知是我国著名的人民教育家，曾留学美国，师承实用主义哲学家、教育家杜威。回国后，他积极投身于中国旧传统教育的改造，试图以教育改造社会。在借鉴杜威教育理论的基础上和推动国内生活教育运动的实践中，形成了以"生活即教育""社会即学校""教学做合一"为主要内容的生活教育理论，为职业教育校园生活思政育人提供了理论借鉴。

一是"生活即教育"。陶行知"生活即教育"是对杜威"教育即生活"这一命题的改造。19 世纪 90 年代，美国正处在从传统农业社会向现代工业社会的转型时期，工业化的发展带来了社会物质财富的极大增长，而精神文化却逐渐滞后。当时美国的教育大都沿用欧洲国家的教育体系，学校教育腐朽呆板、流于形式，脱离社会生活。杜威提出"教育即生活"就是要解决教育与生活脱节的问题。杜威认为，教育作为培养人的社会活动，要为人服务，要用教育改造生活，促进生活水平提高。陶行知则认为，教育的目标是改造社会、挽救国家，需要培养一批救国人才。在当时战乱频发、四分五裂的中国，仅依靠学校教育是很难实现的，必须推行"大众教育"。因而，他提出"生活即教育"，强调"教育只有通过生活才能产生作用并真正成为教育"[2]，要让人民在生活中接受教育，教育的内容和方法都要立足生活、取材于生活，同时，还要用教育改造生活，"用前进的生活来改造落后的生活，最后让大家一起享受前进的教育和生活"[3]，实现生活与教育的同步发展。

二是"社会即学校"。陶行知"社会即学校"是对杜威"学校即社会"这一命题的改造。杜威认为，学校教育必须呈现现实的生活，要把社会现实生活引入学校，在学校里面创造出一个小型的、理想的社会，在模拟的环境中进行教

[1] 马克思，恩格斯. 马克思恩格斯选集（第 1 卷）[M]. 北京：人民出版社，2012：134.

[2] 郭元详. 生活与教育——回归生活世界的基础教育论纲 [M]. 武汉：华中师范大学出版社，2002：129.

[3] 陶行知. 陶行知教育论著选 [M]. 董宝良主编. 北京：人民教育出版社，1991：463.

育。陶行知批判了这种"鸟笼式"的教育，指出"从前的学校完全是一只鸟笼，改良的学校是放大的鸟笼。要把小孩子从鸟笼中解放出来，放大的鸟笼比鸟笼大些，有一棵树，有假山，有猴子陪着玩，但仍然是个放大的模范鸟笼，不是鸟的家乡，不是鸟的世界"[1]。"社会即学校"就是要完全打破学校和社会之间的围墙，让教育冲开校门，扩展到社会中去。正如陶行知所言"到处是生活，即处处是教育；整个的社会是生活的场所，亦即教育之场所"。同时，陶行知还提出"不运用社会的力量，便是无能的教育；不了解社会的需求，便是盲目的教育"[2]。学校应该加强和社会的合作，用好社会的资源和力量促进教育的发展，也要关注社会的需求，培养社会所需的人才，提升学生的社会适应能力，用教育反哺社会的发展进步。

三是"教学做合一"。"教学做合一是生活法，也就是教育法。"[3] 在传统教育中，教学主要在学校课堂中进行，以书本知识为载体，教师负责教授，学生负责学习，重教轻学，重知轻行，制造出一大批书呆子。陶行知批判了传统教育的弊端，通过对杜威"从做中学"命题的改造，提出了"教学做合一"，将教授和学习、教师和学生、理论与实践有机统一起来。"教学做"不是三个毫无关联的过程，"教的方法根据学的方法，学的方法根据做的方法。事怎样做便怎样学，怎样学便怎样教"[4]。陶行知尤其强调"做"的重要性，提出"教与学都以'做'为中心"。好比种田，教师不能在教室中讲授种田知识，而是要在田里教，学生在田里学，教师和学生要在同步空间完成教和学，在做中获得知识，提升应用能力。

无论是马克思主义的"生活世界思想"还是陶行知"生活教育理论"，对职业教育校园生活育人都具有重要的借鉴和启示，体现在以下三个方面。其一，职业教育校园生活育人要坚持以人为本。学校的专业教育和生活教育都为实现立德树人根本目标和促进学生成长成才服务。要着眼于学生的全面发展，做到围绕学生、关照学生、服务学生。其二，职业教育校园生活育人要扎根校

[1] 陶行知. 陶行知全集（第三卷）[M]. 长沙：湖南教育出版，1985：524-525.

[2] 陶行知. 陶行知全集（第三卷）[M]. 成都：四川教育出版社，1991：594.

[3] 陶行知. 陶行知全集（第三卷）[M]. 成都：四川教育出版社，1991：437.

[4] 课题组. 陶行知生活教育理论及现代价值[J]. 民办高等教育研究，2013（3）：83.

园生活。校园生活是育人的沃土，离开了现实的校园生活土壤，教育就失去了生命力。诚如陶行知所说，"教育不通过生活是没有用的，需要生活的教育，用生活来教育，为生活而教育"[1]。职业教育校园生活育人要立足和取材于学生现实的校园生活，在校园生活实现教育的目的。其三，职业教育校园生活育人要注重生活体验。无论是马克思还是陶行知，都强调实践，在实践中获得知识。职业教育校园生活育人要引导学生参加生产劳动、职业养成等校园活动，在实践中提升认知，培养感情，锻炼能力。

（二）职业教育校园生活育人的思政教育范畴与内容

日常生活是学生生活的重要组成部分，也是学校教育的重要场域。有学者就指出："学校日常生活可以引发学习主动而自然地发生，更好地促进社会性学习，是一种独特的文化育人路径。"[2]职业院校要结合学校和学生的特点，广泛开展养成教育、劳动教育、朋辈教育等，实现全员、全程、全方位育人。

1. 养成教育

职业教育以就业为导向，主要是培养经济社会发展需要的高素质技术技能人才，使受教育者具备从事某种职业所需要的素质能力。2019年6月，教育部印发《关于职业院校专业人才培养方案制订与实施工作的指导意见》，其中就提出要"强化学生职业素养养成"。养成教育则是教育者根据职业岗位要求，有计划、有组织地对受教育者进行训练，使其具备良好的职业素养和岗位能力，以提高学生的职业适应能力。加强养成教育，一方面，要提升学生的职业道德。职业道德是学生未来"在职业活动中所应遵循的道德规范以及该职业所要求的道德准则、道德情操和道德品质的总和"[3]。职业道德是职业素养中最基本的要求，也是企业选人用人的第一标准。要大力弘扬以爱岗敬业、诚实守信、办事公道、热情服务、奉献社会为主要内容的职业道德，结合行业的具体要求，加强职业道德教育，增强职业认同。另一方面，要提升学生的职业能力。职业能力是职业素养中最核心的部分，是支撑岗位工作和职业发展的根基。

[1] 陶行知. 陶行知教育论著选 [M]. 董宝良主编. 北京：人民教育出版社，1991：477

[2] 杨朝晖. 学校日常生活育人的意义与路径 [J]. 宁波大学学报（教育科学版），2021（3）：10.

[3] 蔡静. 大学生职业道德养成教育调查研究 [J]. 职业技术，2013（12）：48.

职业能力既包括沟通能力、协作能力等一般职业能力，也包括专业知识、专业技能等工作岗位所需的专业能力。要重点加强学生职业能力的培养，提升学生就业竞争力，为学生成长成才奠定基础。

2. 劳动教育

劳动是人类所特有的社会实践活动，是人与动物相区别的根本标志。马克思指出："一旦人开始生产自己的生活资料……人本身就开始把自己和动物区别开来。"[1] 人通过劳动创造物质生活资料，不仅维系了自身的生存和发展，还促进了社会的再生产和人类社会的延续。可以说劳动创造了人本身，人在劳动中彰显了自身的主体性。同时，马克思还指出劳动是实现人的全面发展的重要途径，提出了"教育与生产劳动相结合"的教育原则。在全国教育大会上，习近平总书记提出要"培养德智体美劳全面发展的社会主义建设者和接班人"[2]，首次将劳育纳入教育方针，强调要将劳动教育贯穿人才培养的全过程，引导学生在劳动中树德、增智、强体、育美，"培养一代又一代热爱劳动、勤于劳动、善于劳动的高素质劳动者"[3]。2020 年 3 月，中共中央、国务院印发了《关于全面加强新时代大中小学劳动教育的意见》，同年 7 月，教育部制定出台了《大中小学劳动教育指导纲要（试行）》，对新时代劳动教育的价值、目标、原则、路径等提出了明确的要求。高校开展劳动教育，要重点引导学生树立正确的劳动观念，提升学生的劳动能力，培育积极的劳动精神，养成良好的劳动习惯和品质，让学生在劳动中接受锻炼，磨炼意志，提升综合素质。

3. 朋辈教育

朋辈教育是指"具有相同背景或是由于某种原因使具有共同语言的人在一起分享信息、观念或行为技能，以实现教育目标的教育方法"[4]。和其他教育方式相比，朋辈教育有其突出的优势。一是尊重学生的主体地位。传统的课堂教学主要以灌输为主，教师起着主导作用。然而在教育过程中，学生不是完全

[1] 马克思，恩格斯. 马克思恩格斯文集（第 1 卷）[M]. 北京：人民出版社，2009：519.

[2] 习近平. 论党的青年工作 [M]. 北京：中央文献出版社，2022：170.

[3] 习近平. 论党的青年工作 [M]. 北京：中央文献出版社，2022：47.

[4] 陶宏. 论朋辈教育模式在高校学生工作中的应用——以山东大学威海分校商学院为例 [J]. 中国成人教育，2011（22）：91.

被动的客体,而是作为有情感、有思想的人参与其中,他们自身的认识、情感、需求等会对教育效果产生重要影响。在朋辈教育中,教育双方是平等的,教育主客体的界限并不是泾渭分明的,更加容易形成轻松、和谐的氛围,激发学生的主体性。二是提升教育的亲和力。"亲和力是亲近与结合的力量,是一种涵容度,体现的是工作主体与受体之间的紧密感、亲切感、信任感、互动感和接受度等。"[1]由于朋辈群体具有相近的年龄、兴趣爱好、生活背景、价值观念等,能够拉近双方的距离,缩小沟通鸿沟,促进互动交流。三是发挥榜样示范功能。榜样的力量是无穷的,具有极强的示范引领作用。在朋辈教育中,教育主体都是学生中的先进分子,都是在学生之间产生,更具有亲近感,让榜样可望可及。因此,学校要重视朋辈教育,用身边人身边事教育学生,用"小人物""小故事"诠释"大道理",引导学生见贤思齐,从朋辈中汲取成长的力量。

4. 校园文化育人

文化是一个国家最深沉的基石,是一种不可忽视的力量。文化的功能是多方面的,包括凝聚功能、教化功能、规范功能等。尤其是对文化的教化功能,历来为人们所重视。如《易经》所提出的"观乎人文,以化成天下",强调用文化教化百姓,实现天下安定。校园文化作为一种特殊的文化形态,"是一个学校在办学过程中,通过师生员工的共同努力和创造,积淀和凝聚于校园之中的精神成果和物质成果的总和"[2]。一般而言,校园文化可以分为物质文化、制度文化和行为文化。校园文化具有强大的育人功能,主要是通过潜移默化的方式使具有"各种人文意识的文化符号以各种客观形态传输到大学生的心智结构之中"[3],实现对学生思想观念、价值理念和行为方式的引导和塑造。习近平总书记指出:"要注重文化浸润、感染、熏陶,既要重视显性教育,也要重视潜移默化的隐性教育,实现入芝兰之室久而自芳的效果。"[4]高校要推进校园文化建设,

[1] 王道红,王永章."四维"并进:提升思想政治理论课亲和力[J].吉林师范大学学报(人文社会科学版),2020(1):118-124.

[2] 韩笑真.高职院校校园文化建设育人探析[J].教育探索,2014(12):109.

[3] 程刚.新时代高校文化育人途径探析[J].思想理论教育导刊,2018(10):136-139.

[4] 习近平.把思想政治工作贯穿教育教学全过程 开创我国高等教育事业发展新局面[N].人民日报,2016-12-09(01).

坚持以文化人、以文育人，深入开展中华优秀传统文化、革命文化、社会主义先进文化教育，积极培育和践行社会主义核心价值观，挖掘校史校风校训校歌的教育作用，建设优美环境，用积极健康的校园文化滋养师生心灵，涵育师生品行，引领社会风尚。

5.“一站式”学生社区育人

生活空间是开展思想政治教育的重要场域，人“努力地塑造生活的空间，同时，在空间中塑造着自己的生活”[1]。长期以来，高校思想政治教育主要以思政课程为主，通过理论灌输的方式去武装学生头脑、占领思想阵地，不同程度上存在着教学与生活、课上和课后、思政教育和专业教育“两张皮”的现象。并且思政课以宏观叙事为主，和学生的生活实际联系不够紧密，难以做到打动心灵、感动学生、入脑入心。习近平总书记指出：“要注意把我们所提倡的与人们日常生活紧密联系起来，在落细、落小、落实上下功夫。”[2]因为思想政治工作从根本上说是做人的工作，只有深入学生、了解学生、关注学生、围绕学生，才能吸引学生、引领学生。2020年，教育部等八部门发布《关于加快构建高校思想政治工作体系的意见》，提出要推动“一站式”学生社区建设，提升高校思想政治工作质量与学生思想政治教育的效果。高校要加强“一站式”学生社区建设，把校院领导力量、管理力量、服务力量、思政力量压到教育管理服务学生一线，把“一站式”学生社区建设成为“学生思想教育、师生交流、文化活动、生活服务于一体的教育生活园地”[3]，引领学生成长的价值方向，促进学生成长成才。

（三）职业教育校园生活育人的思政教育改革路径

“生活重构既是教育的目的，也是教育的手段。”[4]职业教育校园生活育人要聚焦养成教育、劳动教育、双创教育等五大范畴，将思政教育和学生校园

[1] 苏贾.寻求空间正义[M].高春花，强乃社等译.北京：社会科学文献出版社，2016：70.

[2] 习近平.论党的宣传思想工作[M].北京：中央文献出版社，2020：58.

[3] 教育部等八部门关于加快构建高校思想政治工作体系的意见[EB/OL].（2020-04-28）[2024-09-05].http://www.moe.gov.cn/srcsite/A12/moe_1407/s253/202005/t20200511_452697.html.

[4] 鲁洁.道德教育的根本作为：引导生活的建构[J].教育研究，2010（6）：5.

生活结合起来，使受教育者在实践中实现素质提升。

1. 加强养成教育，提升职业素养

职业院校要坚持理论和实践相统一的原则，加强养成教育，提升学生职业能力。一是注重提升学生的职业意识。比如，开设"大学生职业生涯与发展规划"课程，开展职业生涯规划系列讲座，举办大学生职业规划大赛，加强学生职业生涯教育，帮助学生走出迷茫的状态，找准人生定位，明确自身未来的发展目标，回答好"想成为什么样的人"这一人生课题，做好未来的职业规划。二是提升职业胜任力。紧紧围绕着"如何才能成为我想要成为的人"这一课题，对标差距，补齐自身存在的短板。如开展职业道德教育，帮助学生提升职业道德规范；开设"沟通技巧""职业礼仪"等课程，规范学生的职业素养，形成良好的职业习惯；开好专业课程，让学生掌握扎实的专业知识，更好地用来指导自身的职业实践。三是注重实践的养成。依托校内外实践活动，提升学生的职业技能。例如，旅游专业培养的学生主要面向服务行业，要求学生具备良好的服务意识。南京旅游职业学院安排学生到行政楼、教学楼进行职业礼仪、素养、技能的养成教育，通过几十年的不断坚持探索，已经形成了独具特色的品牌性教育活动。南京旅游职业学院还依托学院"成才杯"学生职业技能大赛，结合专业特色和典型技能设计项目，中餐翻锅、点茶、口布折花、研学设计等，培养学生解决问题的能力，提升学生专业技能。校外实践主要是参与企业实践和各类服务活动，近年来，南京旅游职业学院组织学生以养成教育方式承担了2023年两岸企业家峰会、第三届江苏发展大会等接待工作，帮助学生在实践中练技能、强素质，为将来走向工作岗位打牢基础。

2. 加强劳动教育，提升劳动技能

职业院校要积极探索和挖掘隐性教育资源，将劳动教育贯穿学生校园日常生活。一方面，要将劳动教育融入校园文化建设，大力宣传引导，增强学生的劳动意识，树立尊重劳动、崇尚劳动的观念。比如，南京旅游职业学院每年举办的"劳动教育文化周"系列活动，广泛开展劳模讲堂、劳模故事分享会、以劳动为主题的班会和团日活动、劳动主题征文活动、劳动主题演讲比赛，征集劳动教育主题歌歌词、劳动照片，以及在校园空间和网络空间做好以劳动为

主题的宣传活动，多层次、多角度引导学生树立正确的劳动观，养成良好的劳动习惯。另一方面，将劳动教育贯穿各类实践活动，强化劳动知识与专业技能的融合提升。比如，将劳动教育和专业教育结合，借助实践、实习、实训等途径，在专业实践中提升劳动技能。将劳动教育与志愿服务相结合。如清洁校园、菜园地种植采摘、服务社区、服务养老院等，帮助学生正确认识劳动的内涵，在劳动中增强自身的综合素质和品德修养，增长知识见识，培养奋斗精神。

3. 加强朋辈教育，强化榜样引领

各职业院校应重视朋辈教育，善于抓典型，充分发挥其示范引领作用。一是要构建朋辈教育制度。学院要注重顶层设计，整合不同部门的力量，完善朋辈教育管理制度、队伍建设、评价奖励等相关制度，构建朋辈教育工作体系，使朋辈教育有章可循、有规可依，在实践中能够有序推进，不断完善，形成长效机制。二是要重视朋辈队伍的建设。朋辈教育队伍是开展朋辈教育的主体，各院校要严格朋辈队伍的选拔标准，选拔一批思想素质好和各方面突出的优秀学生。具体而言，要注重朋辈队伍类型的多样性，如学习成绩优异、学科竞赛突出、道德模范榜样、志愿服务达人等，以便开展不同类型的朋辈教育。同时，朋辈教育重在教育朋辈，要加强对朋辈教育者的培训，提升他们的表达能力、沟通能力、教育技巧，在朋辈交流中更好地帮助受教育者释疑解惑，引导受教育者成长。三是要搭建朋辈交流的平台。各院校不仅要选树一批典型，加大宣传力度，营造向先进看齐的良好氛围，还要组织相关活动，举办经验分享会、成长沙龙等，让榜样走进学生，影响学生。如南京旅游职业学院组织的"榜样的力量"系列活动，邀请学院优秀毕业生、行业模范人物分享自己的奋斗故事和成功经验，帮助学生找准人生方向，努力学习、积极进取，为实现人生价值而奋斗，起到了很好的教育作用。

4. 坚持以文润心，促进文化育人

职业院校应高度重视文化的熏陶作用，坚持以文润心、以文化人，发挥校园文化的育人作用。一是重视校园物质文化建设。校园物质文化是校园的"硬"环境，通常是看得见、摸得着的显性的物体，具有直观性。各院校要重视校园"硬"环境的建设，如通过横幅、板报、橱窗对党的创新理论、社会主义核心

价值观等进行宣传，对学校校训、校风、学风进行宣传，将职业文化融入校园建筑景观，使校园的一砖一瓦、一草一木都成为育人资源。二是深入挖掘校史资源的育人价值。校史资源是对学校办学历史的真实记录，包括学校的发展历程、重大事件、建筑遗迹、档案资料等，尤其是校史资源中的办学理念和大学精神，最能体现一个学校深厚的文化底蕴。要挖掘校史的育人价值，从校史中见人、见事、见物、见精神，使校史馆成为师生教育的生动课堂，引导广大师生知校史、明校情、铸校魂、爱校园。三是广泛开展校园文化活动。将政治性和趣味性结合起来，寓教于乐，形成品牌化的校园文化活动，提高文化育人的效果。如，各院校可持续开展高雅艺术进校园、大学生文化艺术节暨运河文化节、各类学术讲座、中华经典诵读大赛、"一二·九"大合唱比赛等，陶冶学生情操，升华学生人格。

5. 推进社区育人，打造育人阵地

职业院校应把"一站式"学生社区打造成为立德树人的新阵地，服务学生成长，切实提升育人效力。一是强化组织领导。职业院校应制定"一站式"学生社区建设实施方案，成立"一站式"学生社区建设领导小组，定期召开会议研究部署，把"一站式"学生社区建设作为学校"时代新人铸魂工程""十项行动"之一，纳入学校思想政治工作全局进行谋划，同时，完善"一站式"学生社区的硬件设施，满足学生学习、师生交流、生活服务、活动开展等的需要。二是整合育人力量。"'一站式'学生社区治理得好不好，关键的是要让队伍走得进来、留得下来、联合得起来。"[1]职业院校可整合不同群体力量，形成"领导干部＋辅导员队伍＋专任教师＋优秀学生"的育人格局，形成育人合力。尤其是各层级领导干部应走进一线，常态化走进学生社区与其谈心谈话，了解学生的诉求，听取学生意见，及时解决涉及学生思想、学习、生活、发展等实际问题。三是注重学生参与。"一站式"学生社区作为新型育人平台，要以活动为载体，组织学生广泛参与，在活动中实现育人目标。比如，南京旅游职业学院围绕"德智体美劳"五育要求，形成特色系列活动品牌。在德育方面，邀请思政教师、模范先锋、退休干部走进社区开展"思政讲堂"，提升学生的思想觉悟和理论水

---

[1] 张荣. 深化"一站式"学生社区建设塑造一流育人生态 [J]. 中国高等教育，2023（18）：4-7.

平。在劳育方面，结合学校文旅特色，以非遗传承为主题，开展漆扇手工制作、二十四节气创意纸浆画体验、手工剪纸等系列活动，让学生深入了解传统文化的精髓和魅力。

四、实证分析：旅游职教大思政类学生社团组织管理研究与实践

本部分，结合南京旅游职业学院知行社、普法社、德美社三个大思政类学生社团的具体实践，阐述旅游职业教育大思政类学生社团的功能定位、日常管理、活动开展和考核评价，以具体的案例阐述和分析大思政类学生社团在旅游职业教育隐性课程改革中的作用。

（一）旅游职教大思政类学生社团的功能定位

大思政类学生社团的属性和特点，决定了其功能的特殊性，要始终坚持成为党的创新理论的传播者、课程教学改革的协同者和繁荣校园文化的促进者，传播主流意识形态，引领青年成长方向。

首先，党的创新理论的传播者。高校大思政类学生社团由青年学生组成，以学习、研究、宣传马克思主义为目标，研讨国家大政方针和时政热点，提升学生思想觉悟、政治素养和理论水平。传播党的创新理论是思政类学生社团的题中之义。从历史上看，早在五四时期，以北京大学马克思主义研究会、新民学会等为代表的马克思主义社团，就努力研究马克思主义，创办社团刊物，积极宣传马克思主义，促进了马克思主义在中国的广泛传播和先进青年的觉醒，他们把马克思主义作为指导改造社会的思想武器。因此，思政类社团要发挥载体作用，成为宣传党的创新理论的窗口，促进党的创新理论在校园传播，占领意识形态阵地，有效引领青年思想方向。

其次，课程教学改革的协同者。根据调研数据，"理论说教过多（48.5%）、教学形式单一（41.5%）、缺乏实践教学（40.0%）、授课内容枯燥乏味（47.9%）等"[1]是当前思政课教学中存在的主要问题。同时，由于受课程内容、教学学时、

---

[1] 沈壮海. 学习习近平总书记关于思想政治理论课建设的重要论述 [J]. 马克思主义研究，2022（6）：1-8+155.

课堂规模等因素的影响，单靠思政课课堂教学是不够的。中共中央、国务院《关于进一步加强和改进大学生思想政治教育的意见》指出，要依托班级、社团等组织形式，开展大学生思想政治教育。思政课和思政类社团两者在性质、目标等方面具有一致性，在育人方式上具有互补性，要实现思政课教学与学生社团活动的有机融合，有效缓解思政课堂教学压力，促进思政教育阵地的拓展和延伸。

最后，繁荣校园文化的促进者。学生社团是校园文化的重要载体，也是促进校园文化建设的重要力量。学生社团通过开展积极健康、形式多样的校园文化活动，丰富学生的课后生活，培养学生的兴趣爱好，提升学生的文化素养，促进学生的个性发展。在社团活动长期开展中形成健康积极的校园文化氛围，使学生从中受到濡染和熏陶，传递主流价值观念，帮助学生形成正确的思想观念和行为规范，促进文化育人目标的实现。因此，思政类学生社团要明晰自身的优势，形成社团的品牌化活动，积极参与校园文化创建，做繁荣校园文化的促进者。

（二）旅游职教大思政类学生社团的日常管理

旅游职教思政类学生社团要加强日常管理，促进社团制度化、规范化运行，保证各项工作的有序进行。

首先，加强社团的制度建设。制度具有规范性、长期性、稳定性，是解决社团组织松散、活动无序的根本措施。思政类学生社团在日常管理中应重点加强制度建设，保证社团管理有章可依、有制可据。各思政类学生社团都制定了本社团的章程，对本社团的名称、性质、宗旨、社团成员入社资格及其权利义务、社团组织管理制度、执行机构的产生程序及权限等相关事项做出了明确规定。此外，各思政类学生社团还建立了例会制度、骨干工作汇报会制度等，保证工作得到及时传达、安排和完成。

其次，加强社团的人员管理。社员是学生社团的细胞，是构成学生社团的基本单位。没有社员，各项工作就不能落地落实，得到有效执行，社团也就成了有名无实的空架子。在社团成员管理方面做好三项工作。一是做好社团成员的招新工作。每年招聘素质高、能力强的学生加入社团，壮大社团队伍，为社团补充新鲜的血液，保证社团的活力。二是做好成员的日常管理。比如，例会考勤管理、活动参与管理、日常思想政治教育等。三是做好骨干成员的培养。从社团成员中选拔优秀分子，放到重要岗位实践锻炼，推荐到社联参加骨干培训，提升其综合素质和工作能力。

最后，加强社团的活动管理。活动是社团的生命，是社团参与校园文化建设的主要途径。在社团活动方面，各思政类学生社团在学期初都会结合本社团的定位、特点、重大时间节点以及学校社团工作的总体安排，讨论制订本学期社团活动计划，使之有序推进。在社团活动开展中，社团建立了"指导教师—挂靠单位—团委"三级审批制度，注重程序的合规性，严格把关活动内容，有效防范和避免意识形态风险。对于每次活动，都要以高度的责任感，认真筹划打磨，努力提升活动质量。事后及时总结活动开展的经验和不足，提出改进措施。总之，全过程的活动管理，有效提升了社团活动的质效。南京旅游职业学院学生社团实行年审制度。年审内容包括社团成员构成、社团负责人工作及学习情况、年度活动清单、指导教师工作情况、业务指导单位意见、财务状况、有无违纪违规情况等。对年审合格的学生社团进行注册登记，只有进行注册登记的学生社团方可继续开展活动。对运行情况良好的社团，可在评奖评优、活动经费等方面给予适当的表彰激励。对年审不合格的学生社团提出整改意见，整改期限一般 3~6 个月，整改期间社团不得开展除整改以外的其他活动。

（三）旅游职教大思政类学生社团的活动开展

活动是育人的载体，旅游职教大思政类学生社团紧紧围绕着社团的功能定位开展系列社团活动，有效促进了社团思政育人功能的实现，提升了社团的影响力。

围绕宣传党的创新理论开展活动。南京旅游职业学院大思政类学生社团把宣传习近平新时代中国特色社会主义思想作为重点工作，通过讲座、实践等形式广泛宣传党的创新理论。例如，知行社邀请校内外专家，组织开展"中国特色社会主义文化自信的历史逻辑""中国共产党为什么能""社会主义核心价值观对大学生道德修养培育的启示""中华传统美德的当代价值"等学术讲座，推动党的创新理论进校园、进头脑。普法社以学习贯彻习近平法治思想为主线,以重大时间节点为契机,开展法治宣传教育。比如,在清明节组织学习宣传《中华人民共和国英雄烈士保护法》,在"4·15全民国家安全教育日"学习宣传《中华人民共和国国家安全法》等,教育引导学生尊法学法守法用法。

围绕思政课教学改革开展活动。思政课要向改革创新要活力,大力推进实践教学改革。目前,学院思政课程明确了改革方向,确定了思政实践教学的活动。思政类学生社团活动主动对接思政课实践教学,促进两个课堂联动贯通。比如,在"毛泽东思想和中国特色社会主义理论体系概论"课程中,毛泽东诗词朗诵是该课程实践教学活动之一,旨在激励青年学生在爱国主义诗词朗诵中体悟和弘扬中国精神、厚植家国情怀、涵养进取品格。初赛由任课教师在所教班级进行并择优推荐,复赛和决赛则由知行社承办,全程负责筹划和协调,实现思政课程和思政学生社团活动的衔接。再如,在"思想道德与法治"课程中,确立了德育美育一体化的课程改革思路。在实施方面,由社团组织开展"不忘初心 手绘红船"等德育美育一体化实践教育活动,这不仅培育了学生的思想品德,还提升了学生的美学素养,促进审美教育与思政教育同向同行。

融入校园文化创建开展活动。学院各大思政类学生社团发挥自身的特点和优势,积极参与社团巡礼、专业文化节、大学生文化艺术节等校园文化创建活动,为繁荣校园文化贡献社团力量。同时,各思政类学生社团还形成自己的品牌活动,持续做优,提升品牌活动的影响力。比如,知行社举办的社团联合辩论赛,迄今已经举办四届,每届都吸引数百名社团学生参加。不仅提升了同学们的辩论能力、团队协作能力、思维反应速度、语言组织能力和应变能力,还丰富了同学们的课余生活,促进了学校社团间友好关系的发展。再如,知行社的"红色影视文化节"活动,定期组织学生观看《建党伟业》《建军大业》《长津湖》等红色电影,引导学生"深刻认识红色政权来之不易,新中国来之不易,中国特色社会主义来之不易"[1],铭记先烈的丰功伟绩,传承先烈的精神品格,从而内化为实现民族复兴奋斗的精神动力。

(四)旅游职教大思政类学生社团的考核评价

考核评价是社团建设管理重要的一环。建立科学规范的考核评价制度,

---

[1] 习近平.论党的宣传思想工作[M].北京:中央文献出版社,2020:29.

能够对学生社团起到约束和激励作用,规范社团建设,保证社团健康发展,提升社团育人工作质量。

　　旅游职业教育大思政类学生社团的考核评价主要涵盖两个维度。一是外部评价,即学院层面对所有社团的考核评价。学院建立了量化考核的评价指标体系,包括社团成员管理、社团建设运行、社团活动开展、社团经费使用、指导教师工作等方面。每年年底,由学工部门下发社团年度考核通知,各社团负责人现场汇报过去一学年本社团工作开展情况、存在的问题和努力方向,并提交书面总结报告和支撑材料。学工部门综合材料对社团进行评级打分,加强社团年度考核结果的运用,对表现优秀、运行良好的社团,适当在评奖评优、活动经费等方面给予支持;对考核不合格的社团限期整改,达不到整改要求的予以注销。二是内部层面,即社团和社员之间的互相评价。一方面,思政社团从思想素质、出勤情况、活动参与等方面对社团成员进行考核,对优秀社员进行表彰,对不合格社员进行谈话。另一方面,社员也要从本社团活动开展的成效、社团活动对自身是否有帮助、社团干部素质、教师指导情况等方面对社团作出评价,为改进社团工作提供参考。

参考文献

[1] 习近平.论党的宣传思想工作[M].北京：人民出版社，2020.

[2] 习近平.在知识分子、劳动模范、青年代表座谈会上的讲话[M].北京：人民出版社，2016.

[3] 习近平.之江新语[M].杭州：浙江人民出版社，2007.

[4] 习近平.在北京大学师生座谈会上的讲话[M].北京：人民出版社，2018.

[5] 习近平.习近平谈治国理政（第一卷）[M].北京：外文出版社，2018.

[6] 习近平.习近平谈治国理政（第二卷）[M].北京：外文出版社，2017.

[7] 习近平.习近平谈治国理政（第三卷）[M].北京：外文出版社，2020.

[8] 习近平.习近平谈治国理政（第四卷）[M].北京：外文出版社，2022.

[9] 习近平.习近平著作选读（第一卷）[M].北京：人民出版社，2023：58.

[10] 习近平.论党的青年工作[M].北京：中央文献出版社，2022.

[11] 习近平.高举中国特色社会主义伟大旗帜 为全面建设社会主义现代化国家而团结奋斗——在中国共产党第二十次全国代表大会上的报告[M].北京：人民出版社，2022.

[12] 习近平.决胜全面建成小康社会 夺取新时代中国特色社会主义伟大胜利——在中国共产党第十九次全国代表大会上的报告[M].北京：人民出版社，2017.

[13] 习近平.思政课是落实立德树人根本任务的关键课程[J].求是，2020（17）.

[14] 习近平.在河北省阜平县考察扶贫开发工作时的讲话[J].求是，2021（4）.

[15] 习近平.加强文化遗产保护传承 弘扬中华优秀传统文化[J].求是，2024（8）.

[16] 习近平.深入实施新时代人才强国战略 加快建设世界重要人才中心和创新高地 [J].求是，2021（24）.

[17] 习近平.学好"四史" 永葆初心、永担使命 [J].求是，2021（11）.

[18] 习近平.巩固发展最广泛的爱国统一战线 为实现中国梦提供广泛力量支持 [J].中国纪检监察，2015（10）.

[19] 马克思,恩格斯.共产党宣言 [M].北京：人民出版社，2014.

[20] 马克思,恩格斯.1844 年经济学哲学手稿 [M].北京：人民出版社，2018.

[21] 马克思,恩格斯.马克思恩格斯文集 [M].北京：人民出版社，2012.

[22] 列宁.列宁全集（第五十五卷）[M].北京：人民出版社，2017.

[23] 中共中央宣传部.习近平新时代中国特色社会主义思想学习问答 [M].北京：人民出版社，2021.

[24] 中共中央党史和文献研究院.习近平关于网络强国论述摘编 [M].北京：中央文献出版社，2021.

[25] 中共中央党史和文献研究院.习近平关于青少年和共青团工作论述摘编 [M].北京：中央文献出版社，2017.

[26] 中共中央党史和文献研究院.习近平关于总体国家安全观论述摘编 [M].北京：中央文献出版社，2018.

[27] 本书编写组.习近平总书记教育重要论述讲义 [M].北京：高等教育出版社，2020：30.

[28] 蔡元培.蔡元培教育论集 [M].长沙：湖南教育出版社，1987.

[29] 王磊.马克思恩格斯论道德 [M].北京：人民出版社，2011.

[30] 邱耕田.整体发展论 [M].北京：社会科学文献出版社，2020.

[31] 谢彦君.基础旅游学 [M].北京：中国旅游出版社，2004.

[32] 刘叔成,夏之放,楼昔勇.美学基本原理 [M].上海：上海人民出版社，2001.

[33] 靳玉乐.现代课程论 [M].重庆：西南师范大学出版社，1995.

[34] 仓道来.思想政治教育学 [M].北京：北京大学出版社，2004.

[35] 张耀灿.现代思想政治教育学 [M].北京：人民教育出版社，2016.

[36] 岳修峰.普通高等学校"三全育人"研究 [M].北京：社会科学文献出版社，2018.

[37] 陈万柏，张耀灿.思想政治教育学原理 [M].3 版.北京：高等教育出版社，2015.

[38] 项贤明.泛教育论 [M].太原：山西教育出版社，2000.

[39] 陶行知全集（第二卷）[M].长沙：湖南教育出版社，1985.

[40] 陶行知.陶行知全集（第三卷）[M].成都：四川教育出版社，1991.

[41] 陶行知.陶行知教育论著选 [M].董宝良主编.北京：人民教育出版社，1991.

[42] 郭元详.生活与教育——回归生活世界的基础教育论纲 [M].武汉：华中师范大学出版社，2002.

[43] 托马斯·弗里德曼.世界是平的 [M].何帆，肖莹莹，郝正非，译.长沙：湖南科学技术出版社，2006.

[44] 爱德华·泰勒.原始文化 [M].南宁：广西师范大学出版社，2005.

[45] 斯宾塞.斯宾塞教育论著选 [M].胡毅，等，译.北京：人民教育出版社，1997.

[46] 斯宾塞.教育论 [M].胡毅，译.北京：人民教育出版社，1962.

[47] 苏贾.寻求空间正义 [M].高春花，强乃社，等，译.北京：社会科学文献出版社，2016.

[48] 埃里克·麦克卢汉，弗兰克·秦格龙.麦克卢汉精粹 [M].何道宽，译.南京：南京大学出版社，2000.

[49] c.p.斯诺.两种文化 [M].上海：三联出版社，1994.

[50] R.梅汉.教育社会学 [M].2 版.北京：人民教育出版社，1998.

[51] 黑格尔.美学（第一卷）[M].朱光潜，译.北京：商务印书馆，2006.

[52] 艾德加·莫兰.社会学思考 [M].闫索伟，译.上海：上海人民出版社，2001.

[53] 杜威.杜威教育论著选 [M].赵祥麟，等，译.上海：华东师范大学出版社，1981.

[54] 石书臣，韩笑."大思政课"协同机制建设：问题与策略 [J].思想理论教育，2022（6）.

[55] 曹群.适应性视域下职业院校"大思政课"教学探索 [J].思想教育研究，2022（10）.

[56] 蒋先立."大思政"视野下高职学生生态文明观教育 [J].北京教育（高教），2015（2）.

[57] 孙其昂.推进高校构建"大思政"格局 [J].群众，2018（9）.

[58] 杨晓慧.以"大思政"理念创新思政育人格局 [J].思想教育研究，2020（9）.

[59] 叶安胜、赵倩等.新时代背景下"大思政"育人格局的构建与探索 [J].中国大学教学，2021（7）.

[60] 陈海娜，刘志文，等.职业院校"大思政"育人体系：价值、模型与路径探索 [J].职教论坛，2021（4）.

[61] 莫少聪.大思政背景下高校思想政治教育社会资源整合思路 [J].世纪桥，2024（6）.

[62] 刘晓平.大思政格局下高职院校思政协同育人体系研究 [J].河北能源职业技术学院学报，2024（2）.

[63] 杨晓慧.以"大思政"理念创新思政育人格局 [J].思想教育研究，2020（9）.

[64] 贺才乐、黄洁萍."大思政课"视域下高校思想政治教育协同育人论 [J].湖南第一师范学院学报，2023（2）.

[65] 陈秀秀.大思政格局下高职院校思政教育方法探究 [J].天津职业院校联合学报，2019（2）.

[66] 吴增礼，高美月.何以为"大"："大思政课"科学意涵的多维探讨 [J].马克思主义理论教学与研究，2023（1）.

[67] 张栓兴，武炎旻，等.试论思想政治教育的动力保障机制 [J].理论导刊，2006（3）.

[68] 黄建军,赵倩倩.高校思想政治教育显性教育和隐性教育相统一的内在逻辑与路径优化 [J].思想教育研究,2020（11）.

[69] 任友群.优化职业教育类型定位 建设高质量职业教育教师队伍 [J].中国职业技术教育,2023（5）.

[70] 朱静.新时期实现高校思政课程教育资源的有效整合 [J].湖北开放职业学院学报,2020（20）.

[71] 张会峰.高校思想政治理论课讲道理的叙事逻辑与语言转换 [J].思想教育研究,2023（5）.

[72] 邱伟光.课程思政的价值意蕴与生成路径[J].思想理论教育,2017(7).

[73] 符文忠.高校德育与隐性课程的建设[J].课程·教材·教法,2006(5).

[74] 赵浩,隋欣.新文科交叉下五育在培养艺术人才中的模式研究[J].艺术研究,2024（1）.

[75] 金美兰,朱波,隽雨仙,等.本科院校旅游类专业通识教育改革研究[J].旅游论坛,2023,16（2）.

[76] 黄震方,黄睿,侯国林.新文科背景下旅游管理类专业本科课程改革与"金课"建设 [J].旅游学刊,2020,35（10）.

[77] 朱俊平.高职院校体育与健康课程教学研究[J].大学教育,2024(12).

[78] 朱志平,周玲玉,杜超.课程思政视域下高校思政教育与艺术类通识课程的融合建构[J].中国农业教育,2020,21（5）.

[79] 刘泽汀.高职院校旅游类专业劳动教育在线教学模式改革路径探索[J].山西经济管理干部学院学报,2022,30（3）.

[80] 张名扬,王恒愉,潘星霖.专业课程协同思想政治理论课进行思想政治教育研究[J].思想教育研究,2020（8）.

[81] 张波.培养完整的人——课程思政导向的价值观育人[J].教育研究,2023,44（5）.

[82] 李祖猛,卢宁,叶和平,等."大思政"协同育人背景下职业院校课程思政建设研究——基于"网络技术基础"课程思政实践[J].职业技术,2024,23（7）.

[83] 宫长瑞,张乃亮.人工智能赋能"大思政课"的育人图景和实践策略[J].中国大学教学,2022(8).

[84] 王代清.通识课课程思政教学改革实践探索——以"大学生心理健康教育"为例[J].教师,2023(14).

[85] 马新宇,韩米.高校思政教育融入传统文化的思考[J].文教资料,2019(33).

[86] 许冬玲.论美育对大学德育的促进作用[J].求索,2004(1).

[87] 陈燕.美育发展与思想政治教育结合研究[J].山西财经大学学报,2012,34(S4).

[88] 徐荣荣.现阶段高校德育与美育协同发展的内涵及实现路径[J].江西电力职业技术学院学报,2021,34(8).

[89] 蒯金娜,张骏,卢凤萍.新时代"大思政"理念下职业教育德育美育一体化发展研究[J].美术教育研究,2023(15).

[90] 杜卫.论美育的内在德育功能——当代中国美育基础理论问题研究之二[J].社会科学辑刊,2018.

[91] 陈旻."三同三力"推进高校思政课程与课程思政相结合析论[J].思想教育研究,2021,323(5):.

[92] 张丹.美育视域下高校社会主义核心价值观培育的路径探析[J].思想政治教育研究,2019,35(4).

[93] 王淑荣,董翠翠."课程思政"中专业课教师政治素养的四重维度[J].河南师范大学学报(哲学社会科学版),2022(2).

[94] 雷绍业.高校隐性课程的德育功能探究[J].湖南医学高等专科学校学报,2002(1).

[95] 迟慧.大学生理论学习社团建设存在的问题及对策[J].思想理论教育导刊,2018(6).

[96] 于丹,周先进.高校学生社团的发展、类型及德育功能研究[J].中国农业教育,2011(5).

[97] 匡文波.论网络文化[J].图书馆,1999(2).

[98] 冯永泰.网络文化释义 [J].西华大学学报（哲学社会科学版），2005（2）.

[99] 骆郁廷.校园网络文化的发展与创新 [J].思想政治教育研究，2011(1).

[100] 李玉芳.疏离与回归：从教育与生活的关系检视现代学校教育 [J].教育导刊，2012（2）.

[101] 郭晋燕.论教育回归生活世界 [J].首都师范大学学报（社会科学版），2010（3）.

[102] 陈培永.对马克思关于人的本质问题论断的再理解 [J].思想理论教育导刊，2021（9）.

[103] 课题组.陶行知生活教育理论及现代价值 [J].民办高等教育研究，2013（3）.

[104] 杨朝晖.学校日常生活育人的意义与路径 [J].宁波大学学报（教育科学版），2021（3）.

[105] 蔡静.大学生职业道德养成教育调查研究 [J].职业技术，2013(12).

[106] 陶宏.论朋辈教育模式在高校学生工作中的应用——以山东大学威海分校商学院为例 [J].中国成人教育，2011（22）.

[107] 王道红，王永章."四维"并进：提升思想政治理论课亲和力 [J].吉林师范大学学报（人文社会科学版），2020（1）.

[108] 韩笑真.高职院校校园文化建设育人探析 [J].教育探索，2014(12).

[109] 程刚.新时代高校文化育人途径探析 [J].思想理论教育导刊，2018（10）.

[110] 鲁洁.道德教育的根本作为：引导生活的建构 [J].教育研究，2010（6）.

[111] 张荣.深化"一站式"学生社区建设塑造一流育人生态 [J].中国高等教育，2023（18）.

[112] 沈壮海.学习习近平总书记关于思想政治理论课建设的重要论述 [J].马克思主义研究，2022（6）.

[113] 黄碧玉.高校网络文化产品育人：出场语境、本质意蕴和实践策略 [J].高校辅导员学刊，2024（4）.

[114] 方娇.浅论教育与生活的关系 [J].文教资料，2014（25）.

[115] 郑巧玉，冯文全.教育世界与生活世界：从疏离到融合 [J].唐山师范学院学报，2013（1）.

[116] 吴慧玲.大学隐性课程的建设研究 [D].贵州财经大学，2014.

[117] 刘宇菲.高校思政课程与课程思政协同育人机制建设研究 [D].海南大学，2022.

[118] 栗嘉忻.新时代中国高校德育与美育协同发展研究 [D].吉林大学，2019.

[119] 白赛楠."三全育人"视域下大学生隐性思想政治教育研究 [D].辽宁中医药大学，2021：20.

[120] 王蓉.校园生活对大学生思想政治教育实效性的影响研究 [D].长江大学，2017：5.

项目策划：段向民
责任编辑：孙妍峰　王心利
责任印制：钱　戌
封面设计：温　泉

图书在版编目（ＣＩＰ）数据

大思政格局下职业教育课程改革研究与实践 ／ 张骏
等著． -- 北京 ： 中国旅游出版社，2025. 5. -- ISBN
978-7-5032-7529-6

Ⅰ．G719.2

中国国家版本馆 CIP 数据核字第 2025DX9534 号

书　　名：大思政格局下职业教育课程改革研究与实践

作　　者：张　骏　等
出版发行：中国旅游出版社
　　　　　（北京静安东里 6 号　邮编：100028）
　　　　　https://www.cttp.net.cn　E-mail:cttp@mct.gov.cn
　　　　　营销中心电话：010-57377103，010-57377106
　　　　　读者服务部电话：010-57377107
排　　版：北京数启智云文化科技有限公司
经　　销：全国各地新华书店
印　　刷：北京工商事务印刷有限公司
版　　次：2025 年 5 月第 1 版　　2025 年 5 月第 1 次印刷
开　　本：720 毫米 ×970 毫米　1/16
印　　张：16.5
字　　数：248 千
定　　价：68.00 元
ＩＳＢＮ　978-7-5032-7529-6
